재미있는

실험으로 엮어가는

물리 이야기

L. J. 가리펠시타인 지음 / 홍영의 옮김

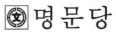 명문당

재미있는 물리 이야기

목 차

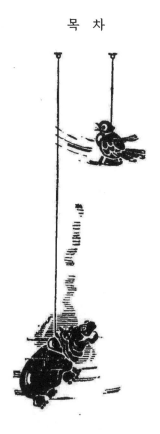

재미있는
물리 이야기 PART 1

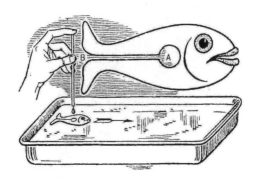

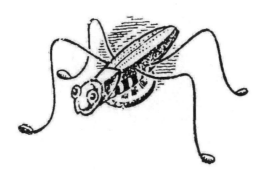

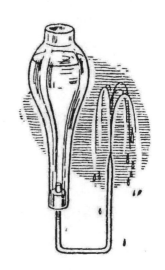

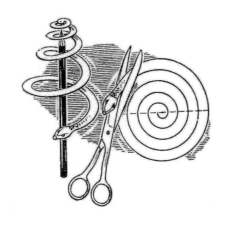

재미있는
물리 이야기 PART 2

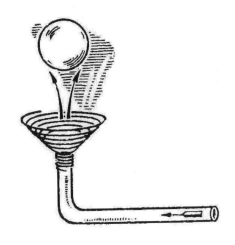

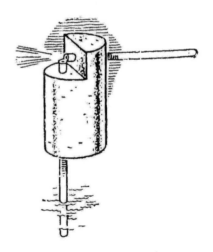

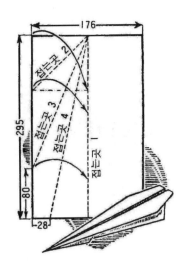

4. 자기의 『전염』

5. 머리가 좋은 거위

6. 정말로 거위는 영리한 놈

7. 자석의 고기 낚기

8. 자석의 힘이 순식간에 사라졌다!

9. 자석의 쥐와 그 친척

재미있는 **물리 이야기**

PART 1

제1장 공중 레일

1. 공중 레일이란 무엇인가?

대도시의 도로에는 오가는 차량으로 가득, 사방의 교차로에는 신호등, 전속력으로 달려가기에는 무리입니다. 만일 지하철처럼 땅 밑에 뚫어 놓은 길이라면 지상의 혼잡한 도로보다는 경쾌하게 달릴 수 있겠지요. 그러나 땅 밑으로 터널을 뚫는 공사에는 대단히 많은 시간과 비용이 듭니다.

그렇다면 『공중』 도로를 건설하여 레일을 깔자! 이리하여 기술자들은 공중에 레일을 깔 것을 생각해 냈습니다. 아무리 빌딩이 즐비하게 늘어서 있는 도시일지라도 그 공중에는 자유로운 공간이 얼마든지 있습니다.

"그렇지만 그 레일을 무엇에 붙들어 매지요?"라는 의문이 머릿속

에 떠오르지 않겠어요? 물론 구름에 달아맬 수는 없습니다. 튼튼한 기둥을 세우고 그 위에 길을 만드는 것입니다. 움직이는 계단인 『에스컬레이터』는 승객을 하늘 높이 플랫폼에까지 실어 나릅니다. 그때 『공중 열차』가 도착합니다. 자아, 한번 타보자꾸나! 자동 도어가 소리도 없이 닫히고, 열차의 모터소리가 난다. 이젠 출발이다!

눈 아래는 버스며 승용차며, 그리고 보행자들이 분주히 오가는 모습이 내려다보였습니다. 도로의 신호등이 색색으로 장식된 수많은 가로등처럼 켜졌다 꺼졌다 하는 광경이 내려다보입니다. 그렇지만 이 공중 열차는 땅 위에서 무슨 일이 일어나든 조금도 개의치 않습니다.

열차는 더욱더 속도를 내어 점점 더 멀리 달려갑니다. 마주 불어오는 바람은 윙윙 소리를 내고 아름답게 칠해진 열차는 햇빛에 반짝거리고 있습니다. 하지만 항상 보아 와서 눈에 익은 보행자들은 그 열차를 쳐다보려고도 하지 않습니다.

한번 생각 좀 해보십시오. 공중 열차라는 것은 아주 근사한 탈것

* 『모노레일 카』의 준말인데, 단궤철도라고 합니다. 도시의 교통 기관으로서 본격적으로 실용화한 최초의 모노레일은 서독의 뷰펠탈 시의 것인데, 1901년에 개통되었습니다. 13킬로미터 정도의 거리를 달리는 현수식(懸垂式) 모노레일인데, 한 칸에 정원 100명을 태우고 시속 100킬로미터의 고속으로 달립니다.

이 아니겠어요!

2. 왜 레일은 한 개밖에 없을까?

보행자들이 위를 쳐다보지 않는 것은 유감스러운 일입니다. 거기에는 재미있는 것이 보이는데……. 『공중 철도』는 레일이 두 개가 아니라 한 개밖에 없습니다. 그래서 이 철도는 그리스어인 『모노스』—『1』이라는 말—라는 말을 써서 『모노레일』*이라고 불립니다. 자전거 바퀴처럼 생긴 타이어가 붙은 조그만 열차 바퀴가 단 한 개의 레일을 따라 차례차례 달려가는데, 그 대차(臺車)에는 승객을 태우는 차체가 매달려 있습니다. 다시 말하면, 열차는 레일 아래쪽에 매달린 꼴이 되어 있습니다. 그리고 그 레일 아래쪽에는 충분한 자유 공간을 만들 수 있습니다.

모노레일이 생겨나면 누구든지 기꺼이 이 『공중에 매달린 급행 열차』를 탈 것입니다. 그런데 레일이 한 개밖에 없는 것은 무슨 까

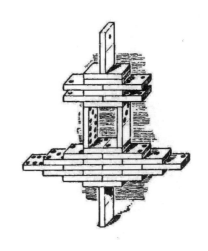

닭일까요? 여러분은 모노레일의 차체가 뒤집어지지 않는다고 정말로 자신 있게 말할 수 있습니까?

그렇다면 그것을 확인하기 위해서 몇 가지 실험을 해보기로 합시다. 제일 먼저 『도미노』를 사용한 실험입니다. 모두 28장의 도미노 패를 그림에 나타난 것과 같은 모양이 되도록 테이블 위에 짜 올려 보십시오.

이것은 그렇게 손쉽게 조립되지는 않겠지요. 실험을 하기 전에 우선 『테이블이 평평할 것』, 『테이블이 반듯이 놓여 있고 건들거리지 않는 것』을 확인해 주십시오. 그런 다음, 이 무너지기 쉬운 도미노 건물을 한 장의 도미노 짝 위에 간신히 짜 올리는 것인데, 틀림없이 단번에는 성공하지 못할 것입니다.

처음에는 테이블 위에 세우는 도미노 짝을 한 장이 아니라 세 장을 합쳐서 기둥으로 삼아 보십시오. 그리고 도미노 건물이 다 지어지거든 양쪽에서 한 장씩 받침이 되어 있던 도미노 짝을 조심해서 빼 내십시오. 방금 빼 낸 두 장의 도미노 짝은 짜 올린 건물의

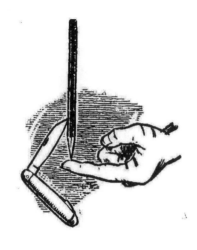

옥상에 올려놓지 않으면 안 되는 나머지 짝입니다.

도미노 건물을 완성하기까지는 최대한 주의를 하되 흔들리게 하거나 숨을 내쉬거나 하지 말아야 합니다. 이 『외다리 거인』을 쓰러뜨리는 것은 눈 깜짝할 사이의 일이니까요!

그렇다면 모노레일도 역시 이 도미노로 만들어진 건물처럼 불안정한 것일까요?

3. 아, 연필은 안 넘어지네!

두 번째 실험은 나이프의 칼끝을 사용하여 연필을 똑바로 세우는 실험입니다. 도미노를 사용한 실험은 여러분이 참을성만 있으면 틀림없이 성공할 테지만, 연필 끝의 뾰족한 쪽을 아래로 가게 하여 똑바로 세우려고 해도 그렇게만 해가지고는 하루 종일 애를 써도 틀림없이 잘 되지 않을 것입니다.

하지만 연필을 세우는 아주 간단한 방법이 있습니다. 접을 수 있

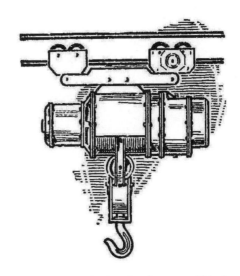

게 만들어진 작은 나이프를 그림과 같은 모양이 될 정도로 빼내어 연필의 나무 부분에 푹 찌릅니다! 이 방법은 그림처럼 하면 좋습니다.

나이프를 벌리는 각도를 조절함으로써 연필을 똑바로 세울 뿐만 아니라 비스듬히 세울 수도 있습니다. 그리고 약간 밀어도 흔들리기는 해도 넘어지지는 않습니다.

나이프를 푹 찌르지 않은 연필은 넘어지고 말지만, 나이프를 푹 찔러 놓은 연필은 넘어지지 않는 것은 무슨 까닭일까요? 첫 번째 경우(연필로만 할 때)에는 받치는 점이 연필 전체의 아래쪽(연필 끝)에 있음에 반해서, 두 번째의 경우(나이프가 박힌 연필)에는 받치는 점보다도 아래쪽에 나이프가 축 늘어져 있는 모양이 되어 있습니다. 문제는 이 나이프에 있다는 것은 분명합니다.

만일 연필이 기울어져 넘어지려고 하면 나이프는 위로 솟구치려고 합니다. 그렇지만 나이프 쪽이 무겁기 때문에 나이프는 아래쪽으로 기울어지고 연필은 다시금 똑바로 섭니다. 요컨대 전체의 대부분의 무게가 받치는 점보다도 아래에 있으면 균형이 잡힌 안정된 상태를 만들 수 있습니다. 이런 이치로 보아, 여러분은 이제 모노레일을 타더라도 조금도 걱정할 필요가 없습니다. 모노레일의 차체(車體)는 레일 밑에 매달려 있고, 그 무게의 대부분은 받치는 점보다 아래쪽에 있으니까요!

작은 모노레일 철도는 큰 공장이나, 차고, 그리고 수리공장 등과 같은, 무거운 것을 들어 올린다든지, 내린다든지, 옮겨 놓는다든지 할 필요가 있는 곳이라면 어디서나 쉽게 볼 수 있습니다.

그러한 곳에서는 천장 쪽을 올려다보면 한 개의 레일(모노레일)이 놓여 있습니다. 그리고 짐을 나르는 장치를 매달아 놓은 대차(臺車)가 그 레일을 따라 움직입니다. 이 장치는 와이어로프를 감아올리는 드럼통을 가지고 있고, 로프에는 갈고리가 달려 있습니다. 전동기(모터)가 드럼을 한쪽 방향으로 돌리기 시작하면 로프가 감기면서 짐이 올라갑니다.

또한 모터가 거꾸로 돌아가기 시작하면 드럼에 감겨 있던 로프

*전문용어로는 이 톱니바퀴를 『스프로킷 휠』 또는 『체인 스프로킷 휠』이라고 말합니다. 자전거, 에스컬레이터, 영사기 등에 쓰입니다.

가 내려가기 시작하고 짐도 내려놓게 됩니다. 작업하는 인부는 누르는 단추식으로 된 스위치를 누르면서 운전을 합니다.

전동기가 없는 수동식 장치도 흔히 쓰이고 있습니다. 이것은 자전거의 페달을 돌리는 축에 붙어 있는 것과 같은 체인과 맞물리는 기어와 비슷한 톱니바퀴가* 붙어 있습니다.

그리고 톱니바퀴가 있는 데서 긴 쇠사슬이 늘어져 있는데, 작업하는 사람은 그 밑에 서서 쇠사슬을 잡아당길 수 있는 얼개로 되어 있습니다. 물론 수동식 장치는 짐을 들어 올리거나 내리는 일이 적은 곳이나, 짐이 별로 무겁지 않은 경우 등에 쓰이고 있습니다.

4. 나이프를 위로 해도 된다

연필로 하는 실험에서는 접는 칼이 아래에 있었지만, 그것을 위로 할 수도 있습니다. 그러기 위해서는 어쨌든 무게의 대부분이 받침점 아래쪽으로 오도록 좀 더 무거운 물건을 사용하는 게 좋습니

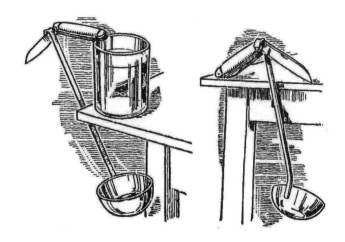

다.

이 실험에 가장 좋은 것은 수프를 큰 냄비에서 수프 접시에 떠 놓을 때 사용하는 국자입니다. 이것은 나이프보다도 더 무겁기 때 문입니다. 뿐만 아니라, 국자의 자루 끝이 갈고리처럼 구부려져 있 어서 손쉽게 매달아 놓을 수 있습니다.

접는 식으로 된 나이프를 반쯤 벌려 테이블 가에 세운 다음, 그 림에서처럼 국자를 이 나이프에 매답니다. 그러면 몇 번인가 건들 거리다가 균형이 잡혀 멈춰 섭니다. 만일 국자가 없었더라면 나이 프는 단 1초도 그대로 있지 못할 것은 뻔한 노릇입니다.

국자가 무거우면 무거울수록 나이프는 똑바로 섭니다. 이것은 국 자에 모래를 넣어 보면 간단히 확인할 수 있습니다. 그러면 나이프 는 한층 더 똑바로 서려고 합니다.

국자와 나이프를 사용해서 좀 더 어려운 실험을 해 봅시다. 우선 국자를 그림에서 보는 것처럼 나이프의 칼날 밑동에 걸쳐 놓습니 다. 국자가 미끄러지지 않도록 주의하면서 나이프를 잔뜩 벌린 상

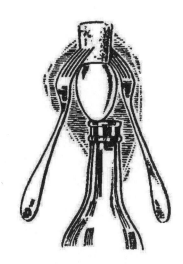

태에서 약 45도 각도가 되게 접습니다. 그리고는 나이프자루 끝(받침점)을 손가락으로 받치면 균형이 잘 잡힙니다. 이것을 테이블 끝에 얹어 놓거나 물을 넣어 무겁게 한(쓰러지지 않도록) 컵의 가장자리에도 올려놓을 수 있습니다.

5. 포크를 사용한 실험

무거운 포크가 있으면 두 가지 재미있는 실험을 할 수 있습니다.

첫 번째 실험에서는 한 개의 병과 달걀 한 개, 그리고 코르크 마개(당근 토막이라도 좋다) 한 개를 준비합니다. 그리하여 코르크 마개의 밑면을 도려내어 그림에서처럼 달걀표면과 딱 맞춥니다. 그리고는 포크를 코르크 마개의 양쪽에서 푹 찔러 보십시오. 이렇게 달걀에 포크를 찌른 『모자』를 씌운 다음에는 병의 주둥이 위에 잘 앉을 만한 위치를 찾아내기는 손쉬울 것입니다. 병의 주둥이 위에 쑥 올려놓으면 되니까요. 그뿐만 아니라 병의 주둥이 가에 얹어 놓을

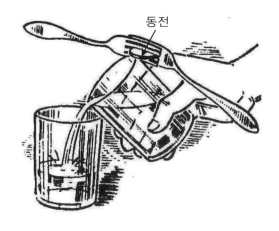

동전

수도 있습니다. 다만 신중히 해주십시오.

두 번째 실험은 두툼한 큰 동전(5백원짜리)이 필요합니다. 동전은 포크의 이 사이에 꼭 끼어 들어가지 않으면 안 됩니다.

포크 두 개를 사용하는데, 한쪽 포크의 이가 다른 쪽 포크의 이 위에 걸리게 한 다음, 한가운데의 이와 이 사이의 틈새에 동전을 찔러 넣습니다. 몇 번은 실패할 테지만, 익숙해지면 이 동전과 포크로 만들어진 천평을 컵의 가장자리에 올려놓을 수 있게 됩니다. 그러면 그림에서처럼 동전과 포크를 떨어뜨리지 않고 컵에 담긴 물을 따를 수 있을까요? 이것은 그렇게 어려운 일은 아닙니다. 한번 실험해 보십시오.

6. 바늘 끝에 접시가 올라앉았다!

바늘 끝에 접시를 올려놓고 균형을 잡으려면 어떻게 하면 좋을까요? 그렇게 하기 위해서는 여러분은 퍼뜩, 접시보다 뭔가 무거운 것

26

이 필요하다는 생각을 하게 될 것입니다. 그래서 포크 네 개를 사용하여 실험해 봅시다. 다만, 포크는 무거운 것이 아니면 성공할 수 없습니다. 그 포크를 들고 식사를 하면 손이 힘겨울 만큼 무거운 것이 좋습니다.

다음에는 코르크 마개 두 개를 준비하여 세로로 자릅니다. 만일 코르크 마개를 구할 수 없거든 당근 토막 두 개(크기가 같은 것)를 구해서 그것들을 두 쪽으로 잘라서 써도 됩니다. 여기까지 준비가 되거든, 이번에는 네 쪽이 된 코르크 마개를 포크에 하나씩 끼우는데, 이때 코르크 마개의 잘린 절단면과 포크 손잡이 사이가 직각보다 약간 작은 각도가 되게 합니다. 그리고 코르크 마개가 꽂혀 있는 포크를 접시 가에 같은 간격이 되도록 해서 올려놓습니다. 안정성이 있도록 하기 위해서는 포크의 이빨 부분이 접시 가에 닿아 있지 않으면 안 됩니다.

그리하여 마지막으로, 다른 코르크 마개에 꽂아 놓은 바늘 끝에 포크를 걸쳐 놓은 접시를 얹어 균형이 잘 잡히게 해 봅시다. 언뜻

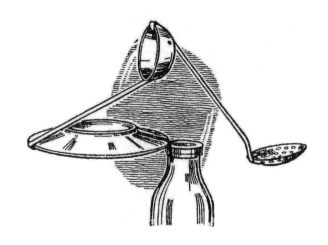

보아서는 불가능한 실험인 것처럼 보이지만, 그래도 역시 접시는 바늘 위에서 까딱도 않고 가만히 있을 수 있습니다. 또한 충분히 주의하면서 빨리 돌려주면 빙글빙글 회전시킬 수도 있습니다. 그리하여 접시는 오랫동안 계속 돌고 있을 것입니다. 왜냐하면 바늘 끝과 접시 사이의 마찰에 의한 저항은 아주 사소한 것이니까요.

7. 국자를 사용한 실험

나이프는 연필보다 무겁다. 또 국자는 나이프보다 무겁다. 그렇다면 국자보다 더 무거운 것으로는 어떤 것이 좋을까? 접시일까? 그렇다, 접시라면 안성맞춤이다! 자, 보십시오! 국자가 자기의 걸 프렌드(구멍 뚫린 국자)하고 손을 잡고 능란하게 균형을 잡고 있지 않습니까. 엎어 놓은 접시는 병의 주둥이에 가장자리를 살짝 얹어 놓고도 확고하게 안정된 자세로 균형을 잡고 있습니다.

8. 열심히 켜대는 장난감 톱

나무판자는 어떻게 켜는지 알고 있습니까? 나무를 켜는 데에는 특별한 기계가 있어야 합니다. 그것을 『제재용(製材用) 톱대(臺)』라고 부릅니다. 그 기계 속에서는―톱이 달린 강철로 된 테가 위 아래로 움직이고, 톱의 날카로운 이가 번쩍번쩍 빛납니다.

기계는 통나무를 붙잡으면 톱 쪽으로 똑바로 밀어냅니다. 그러면 톱은 그 통나무를 사정없이 쌩, 쌩 소리를 내며 켜댑니다! 그리고 톱밥이 분수처럼 날아 흩어지죠! 기계의 반대쪽에서 나오는 것은 이젠 통나무가 아닌, 긴 판자 다발입니다.

나무를 켜는 기계가 없었던 옛날에는 사람이 통나무를 톱으로 잘라서 썼습니다. 먼저 통나무를 높직한 나무 켜는 받침대 위에 올려놓은 다음, 톱질을 하는 톱장이 한 사람이 그 위에 서고 또 한 사람이 그 밑에 가서 섭니다. 그들은 긴 톱의 양쪽 끝 손잡이를 잡고서 일어섰다 웅크렸다, 일어섰다 웅크렸다 하면서 하루 종일 절

을 하고 있는 꼴이 되는 것입니다. 통나무를 따
라 톱으로 한번 켜고 나면 판자가 한 장이 나오
고, 다시 한 번 켜대면 또 다시 한 장이 나오곤
하는 식이었습니다. 이것은 굉장히 힘겨운 노동이었습니다.

　오늘날에는 이와 같이 톱질을 하는 광경은 어디서도 찾아볼 수
없게 되었습니다. 하지만 장난감 톱장이라면 금세 만들 수 있습니
다. 그 장난감은 아주 열심히 고개를 꾸벅거리면서 테이블 가를 톱
으로 켜댈 것입니다. 그렇다고 해서 이 장난감 때문에 테이블에 손
상이 가는 것은 아니므로 걱정하지 말고 만들어 봅시다. 톱장이 인
형의 몸통으로는 병마개로 쓰이는 코르크가 좋습니다. 코르크는 클
수록 좋은데, 만일 구할 수 없으면 길이 4.5센티미터 되는 굵은 당
근 토막 같은 것도 상관없습니다. 다만 당근 같은 것을 쓰면 하루
만에 수분이 빠져 쭈그러들어 버리므로 오래 가지는 못합니다.

　다음에 성냥개비 두 개를 준비하여 그 끄트머리를 뾰족하게 깎
아 밑에서부터 푹 꽂습니다. 이게 인형의 다리입니다. 성냥개비의

대가리가 톱장이의 신발처럼 보이겠지요. 톱은 굵은 철사로 만듭니다. 철사 길이는 인형의 키보다 2.3배 정도 필요합니다. 철사의 위쪽 끄트머리는 코르크로 된 몸통의 앞가슴에 튼튼하게 푹 꽂습니다. 철사의 아래쪽 끄트머리에는 감자를 꽂아 놓거나, 그렇지 않으면 무거운 나사 같은 것이라도 끼워 놓으면 될 것입니다.

인형의 머리와 손은 종이를 오려 내어 몸통에 붙여 놓아도 되고, 찰흙으로 만들어도 좋습니다. 철사를 톱처럼 보이게 하기 위해서는 거기에 이를 냅니다. 가늘고 긴 종이를 톱니처럼 오려내어 접착제로 철사에 붙이면 됩니다. 톱장이 인형은 즉시 자기의 수고스러운 노동에 착수할 수 있습니다.

인형을 테이블 가에 세워 놓고 벌렁 넘어지지 않도록 철사를 구부려 조절합니다. 그러면 감자(또는 나사)를 잡고 흔들어 봅시다. 톱장이는 톱질을 하기 시작합니다. 하나 둘, 하나 둘……. 이리하여 인형은 오랫동안 톱질하는 일을 합니다. 지쳐서 움직이지 않으면 또다시 흔들어 주면 되니까요.

제2장 참새가 나뭇가지에 앉았다

1. 나뭇가지에 앉은 참새

이것도 안정 상태를 유지하려고 하는 균형을 위한 재미있는 장난감입니다. 참새의 몸과 머리는 찰흙을 빚어서 만들기로 합니다. 아름다운 부리는 아카시아 등과 같은 가시가 있는 식물의 가시를 쓰면 좋은데, 만일 적당한 가시가 없으면 짤막한 막대기를 뾰족하게 깎아서 부리로 삼기 바랍니다.

참새의 눈은 작은 장식용 구슬이나 성냥골을 이용할 수 있습니다. 꽁지와 깃으로는 어딘가에 떨어져 있는 새의 깃털을 써도 좋고, 종이로 만들어도 될 것입니다. 발은 성냥골로 충분합니다.

철사 한 개를 마련하여 그것을 참새의 몸에 꽂은 다음, 한쪽 끝에는 그림과 같이 균형을 잡기 위한 추를 답니다. 이 추는 찰흙 덩

어리와 작은 감자, 혹은 철사를 낚싯바늘 끝처럼 꼬부려 나사를 걸어 놓아도 됩니다.

추의 무게가 충분하면 참새는 손가락 위에 잘 앉게 될 것입니다. 만일 이 참새를 정원의 작은 나뭇가지에 올려놓으면 장난감 참새는 진짜 작은 새처럼 가볍게 흔들릴 것입니다. 겨울이 되면 크리스마스를 축하할 때 쓰이는 전나무 가지에 앉혀 놓는 것도 재미있는 생각입니다.

그러면, 이 참새의 몸에 달아 놓은 추가 참새의 몸무게보다도 훨씬 더 가볍다면 어떻게 될까요? 이 귀여운 작은 새는 나뭇가지에 계속 앉아 있을까요, 그렇지 않으면 굴러 떨어져 버릴까요?

연필과 나이프를 사용한 실험을 했을 때에는 무게의 대부분이 받침점보다도 밑에 있으면 연필은 균형이 잡혀 똑바로 설 수 있었습니다. 그런데 추가 가벼운 참새의 경우에는 대부분의 무게가 참새의 몸통 부분, 즉 받침점이 되어 있는 발보다도 위에 와버리는 것입니다. 그렇다면 추가 가벼운 참새는 나뭇가지에 앉아 있을 수 없는 가엾은 작은 새일까요?

해답을 서두르지 말기를! 다시 한 번 처음부터 실험을 해 봅시다. 철사에 달아맨 추를 철사를 따라 위아래로 조금씩 움직여 보십시오. 그 가벼운 추를 이리저리 자리를 옮겨 보고 참새가 안정감 있게 균형이 잡히는 위치가 발견되면 그 추는 아래쪽에 있을수록 안정된다는 것을 알게 될 것입니다. 또한 추가 높은 위치(참새의 몸통에 가까운 위치)에 오면 참새는 벌렁 넘어져 버리고 맙니다. 그러니까 안정감 있게 균형이 잡히기 위해서는 무게만이 아니라 추의 위치도 관계가 있습니다.

이 점을 좀 더 잘 알아보기 위해서는 참새를 사용하여 또 하나의 실험을 해볼 필요가 있습니다. 자나 가늘고 긴 나뭇조각 위에 참새의 철사 부분을 그림과 같이 올려놓고 균형을 잡습니다. 추를 참새의 몸통 쪽으로 가까이 접근시킬수록 자에 닿은 철사 부분의 위치는 참새에 접근하려고 하는 것을 알게 될 것입니다. 이 위치를 장난감 참새 전체의 『중심(重心)』이라고 합니다.

　실험하는 시간을 아까워하지 말고 좀 더 계속해 봅시다. 그렇게 한다면 참새의 중심이 받침점(참새의 발이 손가락에 닿는 점)보다 밑에 있기만 하면 참새는 손가락에 앉아 있을 수 있다는 것을 확인할 수 있으니까요. 그리고 참새의 중심이 받침점보다도 조금이라도 위쪽이 되기 시작하면 이 가엾은 작은 새는 벌렁 넘어지려고 할 것입니다.

　요컨대 무게의 대부분이 아래쪽에 있는 것은 반드시 필요한 일이 아니며, 중요한 것은 중심(重心)이 받침점보다도 아래에 있어야 한다는 것입니다. 균형 상태가 어떤 형태로든 깨지면 중심은 위로 쳐들리려고 합니다.

　이 중심이 쳐들린다는 것은 참새나 추나 철사 전체의 무게가 다 같이 쳐들린다는 것과 같은 말입니다. 물론 중심은 항상 밑으로 되돌리려고 하는 힘―이것을 중력(重力)이라고 하는데―에 의하여 잡아 당겨지고 있으므로 균형이 회복되는 것입니다.

2. 작은 요술 상자

중심(重心)에 대해서는 충분히 이해했으리라고 생각합니다. 그러나 또 한 가지 뜻밖의 일이 여러분을 기다리고 있습니다. 그것은 성냥갑 속에 숨겨져 있는데, 그렇다고 해서 손으로 건드릴 수도 없는 작은 것은 아닙니다. 우선 성냥갑 속에 무거운 나사나 그와 비슷한 추가 될 만한 것을 넣어, 그 추를 될 수 있는 대로 상자의 한쪽 가에 밀어 놓습니다. 이렇게 해두면 성냥갑의 거의 전부가 테이블 가에서 밖으로 나와 있어도 추가 들어 있는 쪽의 상자 끝은 테이블 위에 버티고 있습니다.

이 실험은 국자나 접시를 사용한 실험 같은 진기한 맛은 없지만, 하나의 중요한 성질을 나타내고 있습니다. 이 실험에서는 성냥갑 전체의 무게가 받침점보다 위에 있지만 성냥갑은 떨어지지 않습니다.

왜 그럴까요? 여러분은 이미 짐작을 하고 있을지도 모르겠군요.

사실은 성냥갑이 테이블 가에서 떨어지려고 하면 추가 쳐들린다는 것이 중요한 점입니다. 그래서 균형 상태로 되돌아가려고 하는 것입니다. 재미있는 것은 테이블, 베드, 버스, 전차 등과 같은 수많은 사물이 이 안정된 균형 상태에 있습니다. 그리고 그것들이 넘어지지 않는 것은 그와 같은 이유에서입니다.

『균형 상태가 깨지면 중심은 쳐들린다.』―이것이 여기서 알게 된 중요한 성질입니다.

3. 고분고분한 달걀과 말을 안 듣는 달걀

달걀에 성냥골만한 구멍 2개를 뚫고 속에 들어 있는 것을 전부 빼냅니다. 그리하여 달걀의 내부를 물로 몇 번 씻어 냅니다. 내부를 잘 말리기 위해서 하루 이틀쯤 양지쪽에서 말립니다. 그런 다음에 접착제나 밥풀 같은 것으로 한쪽 구멍을 막고 겉면을 깨끗이 닦은 후 흰 칠을 해서 구멍자국을 알아 볼 수 없게 해 놓습니다.

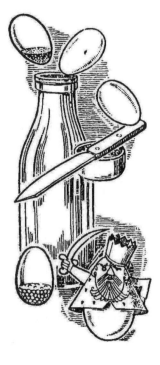

　　달걀 속에 깨끗한 마른 모래를 4분의 1
쯤 넣습니다. 그러고 나서 나머지 구멍을
막고 마찬가지로 흰 칠을 하여 둡니다. 이
렇게 해서 『고분고분한 달걀』이 완성되었
습니다! 여러분은 여러분이 마음먹은 그대
로의 자세로 이 달걀을 세울 수 있게 된 것입니다. 그렇게 하기 위
해서는 달걀을 자기가 원하는 자세로 가볍게 흔들어 주기만 하면
되는 것입니다. 그렇게 하면 속에 들어 있는 모래가 이동하여 달걀
은 안정된 균형 잡힌 상태가 됩니다.

　　다음에는 『말을 안 듣는 달걀』을 만들기로 합시다. 그러기 위해
서는 모래와 똑같은 정도의 가는 금속 부스러기가 좋습니다. 그 부
스러기를 모래를 넣어 만든 『고분고분한 달걀』 정도의 무게가 될
때까지 달걀 속에 밀어 넣습니다.

　　그리고 양초를 가늘게 쪼개어 마찬가지로 달걀 속에 넣고 바깥
에서 따뜻하게 하여 그 초를 녹입니다. 달걀을 식혀 초를 굳히면

38

그 초가 쇠 부스러기 사이나 달걀 껍데기에 들러붙어 접착제 구실을 합니다. 마지막으로 달걀에 뚫려 있는 구멍을 막아버리면 완성됩니다.

『말을 안 듣는 달걀』은 뉘어 놓으려고 해도 금세 일어나고 맙니다. 하지만 그 자세대로라면 테이블 위는 물론이요, 병의 주둥이 언저리나 나이프 자루 위에도 얹어 놓을 수 있습니다.

그렇지만 이와 같은 장난감은 여러분은 이미 알고 있겠지요. 사실은 이것은 『오뚝이』입니다. 오뚝이를 한자어로는 『부도옹(不倒翁)』이라고 합니다.

이 같은 방법으로 만들면 비슷비슷한 장난감을 많이 만들 수 있을 것입니다. 달걀의 동글동글한 쪽의 아래쪽에 추를 붙이고, 껍데기에는 그림을 그려 넣어 색을 칠해 봅시다. 종이를 오려내어 손을 만든다든지 옷이나 모자를 만드는 것도 좋겠지요. 그렇게 해서 여러분의 책상 위에 장식해 보십시오!

4. 비탈길을 오르는 『얼굴』

우리는 실생활 속에서 어떤 물건의 중심(重心)이든지 찾아낼 수 있는 능력을 자신도 모르는 사이에 갖추어 가고 있습니다. 어떻게 해야 하는지를 눈 깜짝할 사이에 머릿속으로 생각해 버립니다. 그렇지만 오뚝이는 우리들의 직감을 틀려버리게 하는 『요술』을 보여 줍니다.

그 중심은 우리가 생각하고 있는 곳에는 없습니다. 그러니까 오뚝이는 부자연스럽게 보이는 자세를 계속 취할 수 있습니다.

그러면 또다시 실험 한 가지를 해봅시다. 언뜻 보면 균형의 법칙에 어긋난 실험처럼 보일지도 모릅니다. 우선 빳빳한 종이나 판지로 바퀴를 만들어 풀로 맞붙입니다. 그리고 그 바퀴의 안쪽에 한 군데에만 추를 붙여 둡니다. 그 바퀴보다도 작고 무거운 것이면 무엇이든지 추 노릇을 할 수 있습니다.

예를 들면 나뭇조각이나 돌멩이가 있으면 그것으로 충분합니다.

추를 붙인 다음에는 그것이 보이지 않도록 양쪽에 종이를 대어 뚜 껑을 만들어 놓습니다. 그 종이 위에 이를테면 얼굴이라든지, 재미 있는 그림을 그려 보십시오. 만일 추가 붙어 있는 쪽에 턱을 그려 놓으면 얼굴은 거꾸로 서서 멈춰 서는 일은 없습니다.

다 그려진 『얼굴』은 비탈길을 올라갈 수도 있는 바퀴로 갑자기 변해 버립니다. 그림을 보십시오. 자의 한쪽 끝을 책 위에 올려놓아 비탈길을 만들어 놓습니다.

보통의 바퀴 같으면 비탈길을 아래쪽으로 굴러갈 테지만, 이 『얼 굴』은 반대의 행동을 하려고 합니다. 『얼굴』이 그려진 바퀴를 자의 오른쪽 끝의 낮은 곳에 놓고, 추를 붙인 턱 부분을 바로 위에서 왼 쪽으로 약간 밀었다가 손을 뗍니다. 그러면 『얼굴』은 비탈길을 위 쪽으로 올라가려고 하지 않겠습니까!

물론 턱이 자에 닿는 위치까지 굴러가면 『얼굴』은 정지하려고 합니다. 사실은 이때 중심이 가장 낮은 위치에 와 있기 때문입니다.

5. 외바퀴차에 올라타는 피에로

만일 빈 깡통이나 플라스틱 뚜껑(인스턴트커피 병 등의 뚜껑)이 있으면 균형의 법칙을 이용한 재미있는 장난감을 만들 수 있습니다. 그 장난감의 얼개는 그림에 나타난 것과 같습니다.

그러면 빈 깡통을 이용하여 그림과 같은 장난감을 만들기로 합시다. 깡통 밑바닥과 뚜껑이 될 부분의 한 가운데에 굵은 철사가 지나갈 만한 구멍을 뚫습니다. 그런 다음, 굵은 철사로 굴대를 만드는데, 그 철사의 한가운데를 그림에서처럼 꼬부려서 납처럼 무거운 추를 매답니다.

깡통 밑바닥과 뚜껑에 뚫어 놓은 구멍에 이 철사로 만든 굴대를 질러 놓아 뚜껑이 떨어지지 않도록 닫습니다. 다음에는 피에로의 그림을 종이에 그려 판지에 붙인 후에 그걸 오려 냅니다. 마지막으로 깡통의 양쪽으로 나와 있는 철사로 된 굴대 위에 피에로의 발을 딱 고정시키면 되는 것입니다.

그러면 이젠 깡통을 밀어서 굴려 봅시다. 피에로는 『외바퀴차』를 타고서 유쾌하게 고개를 꾸벅거리면서 빙빙 돌아가겠지요.

제3장 하마와 작은 새

1. 작은 새가 하마를 들어올렸다!

갑자기 여러분은 무거운 양복장을 들어 올리라는 말을 들었다고 합시다. 그렇게 기운이 센 장사는 아니라고요? 나약한 소리를 할 것은 없습니다. 그 옷장의 아래쪽 가에 튼튼한 몽둥이를 질러 넣으면 힘 안 들이고 들어 올릴 수 있으니까요.

다음에는, 호두가 먹고 싶어서 호두를 까려고 하는데, 손으로 깔 수는 도저히 없습니다. ……그렇다! 호두를 까는 특별한 펜치가 있다! 그걸로 호두를 까면 여러분은 간단히 이 문제를 해결할 수 있을 것입니다.

그리고 또한, 여러분은 생철을 자르지 않으면 안 된다고 합시다. 물론 나이프로 자를 수 있는 것은 아니니까 철물에 쓰는 가위를 쓰게 됩니다. 잘 드는 가위라면 생철을 종잇장처럼 잘라버릴 것입니

다. 언뜻 봐서는 이런 것들은 각각 아주 다른 것들이라고 생각하기 쉬운데, 사실은 서로 공통되는 점을 지니고 있습니다.

옷장의 예를 비롯하여 이것저것 일을 하려고 해도 여러분은 그만한 힘을 낼 수 있을 것 같지 않았습니다. 그래서 여러분은 뭔가 도구를 손에 들었지요. 그러니까 일은 당장에 해결이 나고 말았던 것입니다!

여기에서 가장 이상한 도구―몽둥이, 펜치, 가위 등―에는 모터가 달려 있지 않으며, 그 자체로는 아무런 힘도 낼 수 없습니다. 도구는 단지 여러분이 내는 힘을 크게 해주고 있을 따름입니다.

그러면 그 까닭을 알아보기 위한 실험을 해 봅시다. 우선 무게가 서로 다른 물건을 두 가지 마련합니다. 여기서는 찰흙으로 만들어진 하마 인형과 그보다도 훨씬 더 가벼운 나무로 된 작은 새를 쓰기로 했습니다. 그리하여 자의 한가운데가 동그란 연필 위에 오도록 한 다음, 그 자의 양쪽 가에 하마와 작은 새를 올려놓습니다. 어느 쪽이 상대방을 들어 올릴까요? 물론 하마입니다. 하마 쪽이

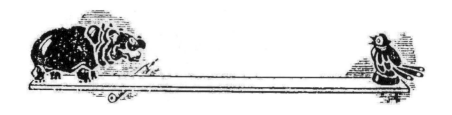

더 무거우니까요.

그렇다면 연필을 하마 쪽으로 가까이 가져간다면 어떻게 될까요? 좀더, 좀 더 가까이 가져가 보세요! 어럽쇼, 저것 좀 보십시오. 하마와 작은 새가 균형이 잡히지 않았습니까! 그럼, 연필을 좀 더 하마 쪽으로 가까이 가져간다면…… 어, 작은 새가 하마를 들어 올렸네!

가벼운 작은 새가 무거운 하마를 들어 올리는 데는 도대체 무엇이 필요했을까요? 실험 장치는 자와 연필로 되어 있는데, 연필의 등에 자가 얹혀 있습니다. 이 자와 연필이 맞닿아 있는 곳을 『받침점』 또는 『지탱점』이라고 합니다.

이 실험에서 자를 사용한 이유는 인형을 그 위에 올려놓기에 안성맞춤이기 때문입니다. 납작하고 긴 막대기 등 얇고 긴 물건이라면 뭐든지 쓸 수 있습니다. 어느 것을 쓰든지 작용은 똑같지만, 무게를 비교하는 하마와 작은 새를 그 위에 올려놓을 수 없는 것이면 붙들어 매거나 끈으로 매달거나 못으로 고정해 둡니다.

『받침점(지탱점)』을 가진 긴 막대기를 『지레』라고 합니다. 이것은 먼 옛날부터 있어 온 도구입니다. 고대 그리스의 유명한 과학자이며 수학자인 아르키메데스*는 『지레』에 대하여 다음과 같이 말했습니다.

"나에게 받침점을 일러다오. 그러면 지구도 들어 올려 보이겠다."

양복장 밑에 쑤셔 넣은 막대기―그것이 『지레』였던 것입니다. 그리고 여러분은 자기가 『작은 새』가 되어, 그 지레 위에 앉아 있는 『하마』―큰 양복장―를 들어 올릴 것입니다.

호두까기 펜치에 있는 두 개의 손잡이―이것도 『지레』입니다. 여기서는 여러분의 손이 『작은 새』이고, 그리고 『하마』에 해당하는 호두의 딱딱한 껍데기의 저항하는 힘을 짓눌러 버리고 마는 것입니다.

가위 손잡이 부분―이것도 펜치와 똑같은 『지레』가 됩니다. 여러분의 손이 『작은 새』의 구실을 하여, 가위의 날에 걸리는 저항을 짓누르고 물건을 자른다―이 『하마』를 들어 올리는 것입니다.

이와 같이 지레를 이용하는 것은 많습니다. 여러분도 주변에 있는 것 중에서 『받침점의 위치』와 『힘을 주는 위치(작은 새)』, 그리고 『저항하는 힘이 작용하는 위치(하마)』를 발견해 보기 바랍니다.

2. 영리한 작은 새

도대체 작은 새는 어떤 점에 머리를 썼을까요? 어떻게 하여 작은 새는 무거운 하마를 들어 올렸을까요? 그리고 옷장을 간단히 들어 올린다든지 호두를 손쉽게 깔 수 있었던 것은 무슨 까닭일까요? 이와 같은 실험들에서는 모터 같은 동력(動力)은 전혀 쓰고 있지 않습니다. 그런데도 가해진 힘이 커져서 작용하고 있지 않습니까!

설명할 것도 없이 여기서 문제가 되는 것은 지레의 받침점(지탱점)에서 양쪽 끝까지의 길이가 각각 다르다는 점입니다. 사실은 작은 새가 하마를 들어 올릴 수 있도록 받침점인 연필을 하마 쪽으로 가까이 가져다 놓은 것입니다. 그때에 가서야 겨우 작은 새는 하마를 들어 올릴 수 있었습니다. 이 고집 센 하마를 겨우 몇 센티미터 들어올리기 위해서 작은 새는 매우 높은 곳에서 내려오지 않으면 안 됩니다.

옷장의 경우에도 아주 조금만 들어 올렸는데도 손 쪽은 큰 운동을 하고 있었습니다. 가위나 호두까기 펜치의 경우에도 똑같은 결과였습니다. 작은 새는 지레의 받침점으로부터 거리가 먼 쪽의 끄트머리에 앉지 않으면 하마를 들어 올릴 수 없습니다. 그러나 이때 작은 새는 높은 곳에서 크게 움직이지 않으면 안 됩니다. 그와는 반대로 하마는 약간만 움직일 따름입니다.

작은 새의 힘은 지레의 끝까지의 길이가 길수록 커집니다. 정확히 말하면 작은 새가 앉아 있는 발의 위치에서 받침점까지의 거리를 말하는데, 이 길이를 『지레의 팔 길이』라고 합니다.

예를 들면, 한쪽 팔의 길이가 다른 쪽 팔의 길이의 두 배라면 짧은 팔 쪽의 끄트머리에 작용하는 힘은 두 배가 됩니다(긴 팔 쪽의 끄트머리는 2분의 1의 힘이면 됩니다). 그와 마찬가지로, 팔의 길이를 반대쪽보다 10배로 늘이면 힘도 10배로 작용시킬 수 있습니다.

3. 지레를 이용한 지울

얼마 전까지만 해도—요즘은 대부분 디지털 저울을 사용하지만—우체국 같은 데서는 분동(分銅)을 이용한 『저울』이 쓰이고 있습니다. 저울대 위에 얹는 우편물은 앞에서 한 이야기에 나온 『하마』와 똑같은 구실을 합니다. 그리고 저울의 멜대 위를 좌우로 미끄러져 왔다 갔다 하는 추가 『작은 새』입니다. 물론 이 저울의 얼개는 지레를 이용한 우리들의 실험에 등장한 저울보다는 복잡하게 만들어져 있습니다. 그 저울 속에는 두 개의 지레가 쓰이고 있는데, 기본원리는 아주 똑같습니다. 저울의 멜대 위에서 분동을 크게 움직여도 저울대의 움직임은 조금밖에 되지 않습니다.

이 저울과 얼개가 비슷한 것은 커다란 짐의 무게를 다는 『십진법(十進法) 천칭』인데, 화물 창고나 철도역의 수화물 접수처 등에

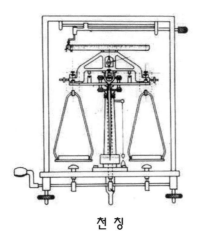

천 칭

있습니다. 그 밖에 약국이나 학교 실험용으로 쓰이고 있는 저울도 지레를 이용한 것입니다.

그러면 여기서 『천칭(天秤)』을 만들어 봅시다. 이 천칭의 『지레』가 되는 부분과 『저울판』이 되는 부분은 앞의 실험에서 쓴 국자를 이용합니다. 그리고 지레의 판 위를 움직이는 추의 구실을 국자의 걸프랜드―구멍 뚫린 국자로 하여금 하게 합시다. 또한 받침점으로는 포크의 이빨 끝을 이용합니다. 포크의 이빨 끝은 그림처럼 코르크에 박은 두 개의 못대가리에 살짝 얹어 놓습니다. 포크의 손잡이 끝은 벗겨지지 않도록 코르크 토막 같은 것과 함께 국자의 갈고리 부분에 끼웁니다.

완성된 『천칭』을 벽 옆에 가까이 넘어지지 않도록 놓습니다. 그리고 종이에 직선을 하나 그 천칭 뒤의 벽에 붙입니다. 이때 종이에 그은 직선은 수평이 되게 해주십시오. 그 직선과 평행이 되도록 천칭의 추(구멍 뚫린 국자)를 움직여 조절합니다.

그리고 이 저울에도 진짜 저울과 마찬가지로 눈금을 매겨 봅시

다. 우선 달 물건을 얹어 놓지 않았을 때의 구멍 뚫린 국자의 위치를 국자 자루 위에 표시합니다. 그런 다음에 미리 무게를 정확히 달아둔 물품을 국자의 저울판 위에 얹었습니다. 그리하여 다시금 균형이 잡힐 때까지 구멍 뚫린 국자를 움직여 그 위치에 표시를 하는 것입니다. 이와 같이 하여 0, 100, 200, 300그램……하는 식으로 눈금을 매겨두면 되는 것입니다. 이렇게 해서 저울이 다 만들어졌습니다!

제4장 체스 말은 왜 넘어지지 않는가?

1. 체스와 관성

나는 어린 시절에 『관성(慣性)』이라는 말을 처음으로 들은 것을 지금도 기억하고 있습니다. 나의 아버지는 열광적인 체스(서양장기) 애호가였습니다. 그리하여 만일 누구든지 체스를 좋아하는 사람이 집에 찾아오면 아버지는 즉시 회양목으로 만들어진 묵직한 상자를 꺼내 가지고 오는 것이었습니다.

그 상자 속에는 역시 회양목으로 만들어진 체스의 말이 소중히 간직되어 있고, 뚜껑은 체스판(장기판)으로 재빨리 변하는 것이었습니다. 이것은 아버지가 어느 경기 대회에서 우승했을 때 받은 상품이었습니다. 그리고 아버지와 손님은 밤새도록 체스에 열중해 버린 나머지 무슨 말을 하던 건성으로 들어버리고, 밤참에 불러도 들리

지 않는 모양이었습니다.

　이 같은 태도는 나의 어머니를 대단히 화나게 만들었습니다. 어머니는 격식을 갖춰 손님을 접대할 줄을 알고 있었으며, 손님들에게 즐거운 얘기를 하게 하는 것을 좋아하는 분이었으니까, 어떤 경우든지 한번 부르면 즉시 식탁에 와 앉기를 바랐던 것입니다.

　그러던 어느 날의 일이었습니다. 식사는 싹 식어버렸는데도 아버지와 친구는 몇 번씩이나 부르는 소리를 듣고도 대답 대신에 뭐라고 중얼거리고 있을 따름이었습니다. 마침내 어머니는 화가 머리끝까지 나서 회양목 상자가 놓여 있는 테이블보의 한쪽 귀퉁이를 움켜잡더니 『에잇!』하고 잡아당겼습니다.

　어머니는 그 지긋지긋한 체스게임을 중지시키고 싶었던 것입니다. 그런데 놀랍게도, 테이블보는 상자 밑에서 손쉽게 빠져나왔는데도 체스의 말은 조금도 흔들리지 않고 체스판 위에 서 있지 않겠습니까!

　어머니는 테이블보를 움켜쥔 채 그저 어안이 벙벙해질 따름이었습니다. 아버지와 손님은 어머니의 표정을 살펴보고는 갑자기 와아 하고 웃어버렸습니다.

그러자 어머니의 화도 금방 가라앉아 버리고 아버지와 함께 덩달아 웃고 마는 것이었습니다.

"이봐요, 글쎄." 하고 아버지는 너무 웃은 나머지 흘러나온 눈물을 닦으면서 말했습니다.

"요컨대 이게 바로 관성이라는 게야!"

어머니는,

"정말 그렇군요. 하지만 그 체스에 못지않게 여러분들에게도 어지간히 관성이 붙으셨군요! 이 자리에서 꼼짝달싹도 하질 않으시니!" 하고 대답했던 것입니다.

이런 말이 오고간 다음에야 겨우 우리는 다 같이 식탁에 마주앉게 되었습니다. 하지만 그때 나는 "관성이란 도대체 무얼까? 체스는 왜 넘어지지 않을까?" 하고 골똘히 생각하게 되었던 것입니다.

*오델로 게임이라고 합니다. 64간으로 된 체스판처럼 생긴 판 위에 겉면은 희고 뒷면은 검은 바둑알 같은 말을 늘어놓고 서로 상대방의 말을 에워싸면 따먹는데, 마지막에는 그 따먹은 돌의 수로 승부를 가리는 놀이.

2. 오델로도 넘어지지 않는다!

아마도 여러분은 옛날에 나의 어머니가 해냈던 실험과 똑같은 실험을 해 보고 싶을 것입니다. 하지만 체스의 도구가 전부 갖춰지지 않아도 할 수 있습니다. 표면이 반들반들한 판자로서 되도록이면 묵직한 것을 준비합니다. 그리고 테이블보는 비단이나 나일론, 리넨(linen)처럼 매끌매끌한 천을 씁니다. 만일 나무로 된 장기판이나 판판한 책상이 있으면 오델로*를 사용하여 비슷한 실험을 할 수 있습니다.

오델로를 사용한 최초의 실험은 다음과 같이 합니다. 책상이나 판자 위에 오델로의 말을 10~12개를 기둥처럼 쌓아 올립니다. 조금만 연습하면 맨 밑에 있는 말을 자로 재빨리 때려 그 말을 빼내어도 기둥은 넘어지지 않을 것입니다.

오델로를 사용한 두 번째 실험도 그다지 어려운 것은 아닙니다. 종이를 가늘고 길게 잘라내어 책상이나 판자 가에 놓고 오델로의

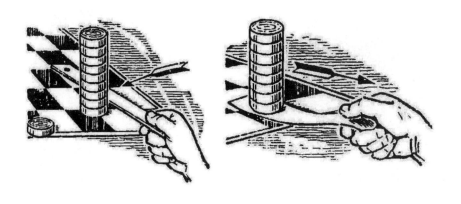

말을 몇 개 그 종이 위에 쌓아 올립니다. 그런 다음에 종이를 잡아 당겨 보십시오. 천천히 잡아당기면 오델로의 말은 종이와 함께 움직여 허물어져 버리는데, 아주 재빨리 잡아당기면 오델로의 말은 조금도 흔들리지 않고 서 있을 수 있습니다. 여러분은 빼낸 종이를 쥔 채로 나의 어머니가 경험한 것과 같은 놀라움(?)을 느낄 수 있습니다.

3. 동전을 이용한 세 가지 실험

무겁고 두꺼운 동전으로 재미있는 실험을 할 수 있습니다. 10원 짜리 동전보다는 5백원짜리 동전같이 모서리가 넓은 큰 동전이 잘 됩니다. 앞의 실험에서 사용한 것과 같은 종이를 판판한 테이블 가에 펴 놓고 그 위에 동전을 세우는 것입니다. 만일 좀처럼 서지 않거든 동전을 2~3개 겹쳐서 붙여 놓으면 될 것입니다.

그리고 준비가 되거든 이 종이의 한쪽 끄트머리를 그림에서처럼

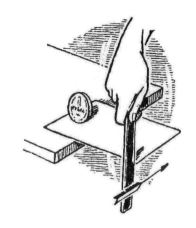

잡고 있다가 다른 손의 손가락으로는 재빨리 그 종이를 위에서 아래를 향해 탁 칩니다. 종이는 테이블에서 미끄러지듯이 빠져나가고 동전은 그대로 서 있지 않겠습니까!

동전을 사용한 실험을 좀 색다른 방법으로 해 볼 수도 있습니다. 자기에게 온 낡은 엽서로 해도 좋지만, 그 엽서를 테이블 위에 엎어놓고 약 3분의 2가 테이블 끝에서 밖으로 쑥 나오게 합니다. 그리고 그 위(테이블 쪽의 엽서 위)에 동전을 세웁니다. 물론 앞에서 한 실험의 경우와 마찬가지로 테이블보는 쓰지 않습니다. 그런 다음에 자나 북채 같은 것으로 엽서의 쑥 나와 있는 끄트머리를 그림에서처럼 탁 칩니다. 이 실험은 앞에서 한 경우보다도 좀 어려운 것이므로 잠시 연습을 할 필요가 있습니다. 재빨리 능숙하게 치기만 하면 엽서만이 빠져 날아가고 동전은 그대로 가만히 서 있습니다.

세 번째의 실험을 해봅시다. 엽서를 바른 네모꼴로 자른 다음 집게손가락 위에 그림과 같이 올려놓습니다. 그리고 그 위에 무거운

동전을 올려놓습니다. 이 네모꼴의 엽서를 손가락으로 힘껏 튕기면 엽서는 날아가고 동전만이 손가락 위에 놓여 있을 것입니다.

이와 같은 모든 실험의 비밀은 도대체 어디에 있을까요? 지금까지의 이야기 속에 나온 동전이나 오델로나 체스판은 모두가 같은 자리에 놓여 있었고, 또한 움직이지도 않았습니다. 만일 그것들을 건드리지 않는다면 물론 언제까지나 그 자리에 가만히 있을 것입니다.

우리는 테이블보나, 종이, 그리고 오델로의 말을 재빨리 움직였습니다. 이 운동은 당연히 동전이나 체스나 오델로에 전해지는 듯한 생각이 듭니다. 그런데 물체들이 서로 매끄럽게 미끄러지고 운동이 매우 빨리 행해지면 운동이 전해질 여유가 없습니다. 위쪽에 있는 물체는 같은 위치에 머물러 있으려고 합니다.

물리학자가 말하는, 모든 물체에 공통하는 성질이 여기에 나타나 있습니다. 모든 물체는 정지 상태를 유지하려고 합니다. 물체가 가지고 있는 이 성질을 『관성』이라고 합니다.

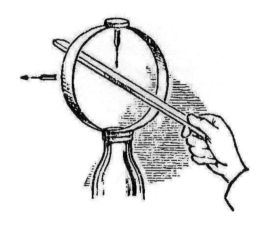

　『관성』—이 현상은 아주 흔히 경험하는 것입니다. 그러므로 좀
처럼 움직이려고 하지 않는 『엉덩이가 무거운 사람』은 요컨대 움직
이지 않으려고 기를 쓰고 노력하는 『관성』이 큰 사람일 것입니다.
나의 어머니가 아버지에게 말한 『관성』이라는 말은 바로 이와 같은
의미가 담긴 말이었습니다.

4. 관성에 관한 여러 가지 실험

　맨 먼저, 동전을 사용한 실험을 한 가지 더 소개하겠습니다. 노
트를 쓰고 남은 종이가 있거든 그것을 1.5센티미터 정도의 폭이 되
게 잘라서 테를 만듭니다. 그리고 빈 주스병의 주둥이 위에 그림에
서처럼 올려놓습니다. 동전을 한 개 마련하여 병의 주둥이 바로 위
에 해당하는 종이 테 위에 떨어지지 않게 놓습니다.
　그런 다음, 가는 막대기나 자를 테 속에 집어넣고 되도록이면 급
격한 속도로 테를 수평 방향으로 쳐서 날립니다. 동전은 어디로 갔

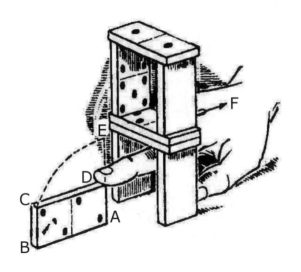

을까요? 같은 자리에 머물러 있을까요? 물론 그렇지는 않습니다. 동전은 병 속에 떨어질 것입니다. 여기서도 역시 『관성』이 작용하여 동전은 종이 테와 함께 날아가지 않습니다. 밑으로 떨어지는 건 어쩔 수 없습니다. 동전이 공중에 떠서 정지해 있을 수는 없으니까요.

재미있는 실험을 도미노(서양 골패)로도 할 수 있는데, 나무로 된 골패 짝은 잘 미끄러지지 않으므로 플라스틱으로 된 것을 씁니다.

그림에 나타내 보인 것과 같이 도미노 짝을 두 장 세워 놓고, 또 한 장은 위에 다리를 걸쳐놓아 문 같은 모양을 만듭니다. 그 문 위에 다시 한 장의 도미노 짝을 올려놓고 이층집 문을 만듭니다. 여기서 아주 신중히 하면 문을 허물어뜨리지 않고 최초로 다리를 놓은 도미노 짝을 쳐서 나오게 할 수 있습니다.

우선 그림을 주의 깊게 살펴봐 주십시오. 문 앞에 변 AB를 밑으로 가게 하여 한 장의 도미노 짝을 놓습니다. 아래 문에 손가락을

넣어 D의 모서리를 누르면 AB가 AE의 위치로 일어나도록 이 도
미노 짝을 재빨리 일으킬 수 있습니다. 그 때 C점은 문 위에 건너
질러 다리가 되어 있는 아래쪽 도미노 짝을 칩니다. 만일 도미노
짝을 재빠르게 힘 있게 일으키면 문 위에 있는 도미노 짝은 화살표
F의 방향으로 튀어 나오고, 위층은 무너지지 않은 채 아래 문 위에
내려앉을 것입니다.

여러분은 앞에서 한 실험에서 동전 밑에서 엽서를 튕겨 날아가
게 했지요. 힘껏 세게 튕길 수가 있다면 달걀 밑에서 엽서를 튕겨
날릴 수도 있습니다. 컵 속에 절반쯤 물을 넣고 그 위에 엽서를 올
려놓은 다음 작은 테(금속이나 플라스틱으로 된 것) 같은 것을 올
려놓고 그 위에 달걀을 세워 놓습니다.

손가락으로 세게 탁 튕긴다—달걀은 컵 속에 풍당!

여러분의 솜씨를 의심하는 것은 아니지만, 달걀은 날달걀이 아니
라 푹 삶은 달걀이 좋으리라고 나는 생각합니다.

5. 이것이 종이 기술이다!

한 개의 막대기와 두 개의 나이프로 놀라운 실험을 해 보이겠습니다.

사실은 당장에 할 수 있게 되지는 않으므로 얼마간의 수업을 쌓지 않으면 안 됩니다.

우선 1미터쯤 되는 길이의 가늘고 잘 마른 막대기(처음에는 잘 부러지는 막대기가 좋습니다)를 찾아가지고 와야 합니다. 다음에는 종이로 테를 두 개 만들어, 누군가 두 사람에게 부탁하여 다음 페이지의 그림에 그려진 것과 같은 모양으로 종이 테를 나이프의 날에 걸쳐 들고 있게 합니다. 그리고 막대기의 양 끝을 그 테에 걸칩니다.

다음에는 튼튼한 막대기를 찾아가지고 와서 매달린 막대기의 한 가운데를 단숨에 내려칩니다. 검도를 알고 있는 사람이라면 실제로 칼로 치듯이 내려치면 되는 것입니다. 종이가 끊어지지 않을까 하

고 걱정할 것은 없습니다. 종이는 끊어지지 않고 매달린 막대기만
이 부러져 버리고 맙니다.

수련을 많이 쌓으면 이 실험은 보통의 종이가 아니라 얇은 종이
나 머리카락으로 테를 만들어 가지고 해도 성공할 수 있습니다.

원인은—이것 역시 『관성』입니다. 매달려 있는 막대기는 정지 상
태를 유지하려고 합니다. 힘껏 내려치는 일격에 의해서 생기는 누
르는 힘은 다른 곳에 전해질 여유가 없습니다. 그 힘이 막대기 양
끝에 전해지기도 전에 막대기는 부러져버리고 맙니다.

6. 에스컬레이터의 진기한 사건

에스컬레이터란 어떤 것인지 여러분은 물론 알고 있겠지요. 그것
은 움직이는 계단입니다. 에스컬레이터는 일부 지하철역이나 백화
점 같은 곳에 가면 대개 다 있습니다. 매일같이 수많은 사람이 이
것을 이용하고 있는데, 이 에스컬레이터라고 하는 것은 기분 좋게

탈 수 있고 안전하기도 합니다.

그런데 어느 날, 약간 진기한 사건이 일어났습니다. 어떤 멍청이가 길쭉한 빨래통을 들고 내려가는 에스컬레이터를 탔습니다. 그런데 들고 있던 통을 무심코 떨어뜨리고 만 것입니다. 길쭉한 통은 언덕 위에서 썰매가 미끄러져 내리듯이 에스컬레이터의 층계를 아래를 향해서 미끄러져 내려갔습니다. 그리고 속도가 붙게 된 통은 양손에 쇼핑을 해서 물건을 잔뜩 안은 뚱뚱한 손님의 장딴지에 부딪쳤습니다. 그 뚱보손님은 다리에 통이 부딪치는 바람에 그만 엉덩방아를 찧고 말았습니다. 어디에 엉덩방아를 찧었느냐고요? 물론 통 속이죠!

종이 테 위에 있는 동전이 테가 빠져나가자 바로 밑에 있는 통 속에 떨어졌듯이 손님은 통 속에 넘어지고 말았던 것입니다. 이 책임은 『관성』에 있었습니다. 만일 이 뚱보손님이 정지 상태를 유지하려고 하지 않는다면(관성이 작용하지 않는다면) 손님은 한 순간에 움직이기 시작하여 발이 걸리더라도 통에 넘어지지 않고 통 앞으로 넘어지고 말았을 것입니다.

어쨌든 『관성』은 자기의 임무를 완수했고, 그 뚱보손님은 손발을 버둥거리고 비명을 지르면서 미끄러져 내려갔으며, 아래층에 있던 사람들을 놀라 흩어지게 했습니다. 그리고 에스컬레이터를 끝까지 다 내려가고 나서도 비명과 떠들썩한 소리를 실은 통은 돌로 된 바닥을 몇 미터나 더 미끄러져 나갔던 것입니다. 통이 갑자기 멈춰서자 그 뚱보손님은 갓난아기가 요람에서 내던져지듯이 그 통에서 내던져지고 말았습니다.

이 이야기가 사실인지 어떤지 나는 모릅니다. 너무나도 잘 꾸며진 이야기처럼 생각되는데⋯⋯. 하지만 정말로 일어난다고 한다면 이 이야기와 같은 진기한 사태가 되겠지요.

이 진기한 사건의 마지막 대목에서 뚱보손님이 통 속에서 밖으로 내던져지는 장면이 있었지요? 이것은 여러분이 버스에 타고 있을 때 버스가 갑자기 브레이크를 밟는 순간 여러분이 경험하는 것과 아주 똑같은 일이 일어나는 것입니다. 돌로 된 바닥 위에 갑자

* 쇠뇌 투사기(投射器), 투석기, 옛날 전쟁을 할 때 적군을 향해서 창, 돌, 불 등을 쏘아대는 데 쓰이던 장치를 캐터펠트라고 했습니다. 오늘날에는 활주로가 좁은 항공모함에 있는 비행기를 쏘아 올리는 장치를 가리킵니다.

기 멈추어버린 통과 마찬가지로 버스의 움직임도 정지합니다. 그러면 그 뚱보 손님처럼 앞쪽으로 쑥 튀어나가고 맙니다.

이것도 『관성』일까요?―그렇습니다. 이것도 『관성』입니다. 『관성』에는 『정지의 관성』만이 아니라 『운동의 관성』도 있습니다. 물체는 그것이 처음부터 정지해 있을 경우에만 그 정지 상태를 유지하려고 합니다. 반대로 물체가 처음부터 운동을 하고 있을 경우에는 그 운동을 그대로 계속하려고 합니다.

7. 공포의 캐터펠트

『관성』에 대해서 좀 더 자세히 연구하기 위해서 실험을 해봅시다.

여러분은 에스컬레이터의 진기한 사건을 실제로 해 보고 싶은 기분이 들 테지만, 그것은 일단 단념하기로 하고, 그 대신에 고대의 캐터펠트(투사기)*를 만들 계획을 세웁시다. 이것은 대단히 재미있

캐터펄트

는 장치입니다. 하지만 캐터펄트란 어떤 것인지 여러분은 잘 알지 못할지도 모르겠군요. 그럼, 시간을 거슬러 올라가 보기로 합시다. 여러분은 에스컬레이터 위에서 약 2천 년 전의 옛날을 향해서 미끄러져 내렸다고 생각해 주십시오.

그런 까닭으로 해서 우리는 과거의 시대로 되돌아가 있습니다. 보십시오, 전쟁이 일어나고 있습니다! 고대의 로마군이 도시를 포위하고 있어요. 저것 보세요, 로마군단은 돌격을 개시했습니다. 그러나 그 도시는 그저 예사로운 도시는 아닙니다. 과연 도시는 굵은 통나무로 만들어진 담으로 에워싸여 있습니다. 그리고 모퉁이마다 삼엄한 망루(望樓)가 서 있고, 굳게 잠겨 있는 망루의 묵직한 문에는 튼튼한 빗장(가로대)이 질러져 있습니다.

시민들은 있는 힘을 다하여 방어하고 있습니다. 노예가 되는 일을 누가 바라겠습니까?

화살이 비 오듯이 날아오고, 칼이며 창이 번쩍번쩍 빛나고, 무거운 몽둥이가 소리를 냅니다. 담 위에서는 뜨거운 물이 쏟아져 내리

68

고 돌무더기가 떨어져 내립니다. 마침내 돌격은 격퇴되고 로마군단은 후퇴했습니다. 하지만 저걸 좀 보십시오!

　시민들이 쏘아대는 화살이 미치지 못하는 곳에 다른 로마 병사들이 뭔가 큰 나무로 된 무기를 설치하고 있습니다. 그것은 대포가 아닙니다(그 당시에는 아직 대포가 발명되어 있지 않았습니다). 이것은 『캐터펄트(투사기)』입니다! 단숨에 적을 격퇴한 시민들의 눈에 로마군은 굵은 각목으로 된 무슨 틀을 설치하는 것이 보였습니다. 그 위쪽에는 『Π(폐)』라는 러시아문자 같은 모양의 장치가 불쑥 나와 있습니다. 『Π』자 모양의 굵은 다리는 다시 튼튼하게 비스듬한 기둥으로 받쳐지고, 튼튼해 보이는 가로대에는 뭔가 부드러운 것이 감겨 있었습니다.

　『Π』자 모양의 것 밑(각이 진 나무로 얽어 짠 구조물 사이)에 황소의 힘줄을 비틀어 엮은 굵은 것이 펼쳐져 있고, 그 속에 스푼처럼 생긴 자루가 끼워져 있었습니다. 그렇습니다! 확실히 스푼입니다! 어찌나 큰지, 마치 거인이 쓰는 스푼 같습니다.

* 볼을 잘 경우, 차는 방법에 따라서는 볼 자체에 여러 가지 회전을 하게 할 수 있습니다. 그렇게 함으로써 변화구를 날릴 수 있는데, 여기서는 기본적인 물리적 성질을 설명하기 위해서 간단히 『일직선』이라고 했습니다.

그림을 잘 살펴봐 주십시오. 스푼의 손잡이 부분에 훅(걸쇠)이 달려 있고, 거기에 로프가 감겨 있는 것을 알 수 있습니까? 그 로프는 두 명의 병사가 돌리는, 감아올리는 윈치에 감겨 있습니다. 처음에는 수월하지만, 스푼이 아래로 잡아당겨짐에 따라서 스푼의 끄트머리 힘줄을 강하게 비틉니다. 힘줄은 세게 비틀려서 금세 끊어질 것만 같습니다.

병사들은 힘겨운 듯이 숨을 몰아쉬기 시작했습니다. 감아올리는 윈치는 삐익 삐익 소리를 내면서 힘껏 기운을 짜냅니다. 그리하여 간신히 스푼은 수평이 되었습니다. 병사들은 타르가 들어있는 나무통을 굴려 가지고 와서 그것을 스푼에 올려놓고 나무통 밑바닥을 두들겨 부수더니 횃불을 가까이 들이댔습니다.

타르는 타오르기 시작하고, 끊일 듯 이어지는 호령소리가 울려 퍼졌습니다. 그 순간, 로프에서 벗어난 스푼은 탁 튀어 오르고, 가로대의 심한 충격……캐터펄트는 달달달 떨면서 가볍게 펄쩍 뛰었습니다. 그리고는 나무통은 활활 타오르는 타르의 새빨간 꼬리를 길

*러시아의 무게 단위. 1푸드는 약 16.4킬로그램

게 끌면서 날아가더니, 도시의 바깥벽을 넘어 나무로 지어진 집의 지붕에 떨어졌습니다.

성 안은 온통 불바다!

시민들은 불을 끄느라고 정신이 없지만, 로마군은 다음의 발사 준비를 시작하고 있습니다. 그리하여 다시 한 방 쏘고, 또 한 방— 이런 식으로 불덩어리는 도시를 향해서 날아가는 것입니다.

이리하여 여기저기서 불길이 솟아오르기 시작하자 로마군은 캐터 펄트에 돌덩이를 담기 시작했습니다.

2푸드*나 되는 돌덩이가 활 모양을 그리면서 공중을 날아가더니, 요란한 소리와 함께 도시의 바깥벽에 푹 박혔습니다. 도대체 이게 어떻게 된 일일까요! 그 굵은 통나무가 작은 나뭇가지처럼 부러져 버리지 않겠습니까! 흩어져 날아가는 것은 단순한 나뭇조각뿐. 먼지가 구름처럼 휘말려 올라가고, 사람들은 허둥지둥 구멍을 막으려고 줄달음을 치며 이리저리 뛰어다니고 있습니다. 그러는 동안에도 로마군은 또다시 다음의 발사준비를 시작하고 있습니다.

* 고대 메소포타미아 문명이 발달한 티그리스강과 유프라테스강 유역에 기원전 1천 년 전후부터 세력을 떨치기 시작한 아시리아라는 나라를 말합니다. 아시리아의 군대는 쇠로 된 무기를 써서 각지를 정복했는데, 그들 역시 기원 전 606년에 멸망했습니다.

* 옛날 그리스에서 쓰인 발리스타는 활줄을 수평으로 잡아당기는 것이었는데, 역시 캐터펄트처럼 규모가 큰 것이었습니다. 발리스타는 원래 성을 공격할 때 돌을 쏘아대는 장치였는데, 노포(弩砲) 또는 대노(大弩)라고 합니다.

　그 돌은 같은 곳에는 더 이상 계속해서 떨어지지 않을지도 모릅니다. 캐터펄트는 정확히 발사되는 것은 아니니까요. 그러나 얼마 안 가서 도시의 바깥벽에는 큰 구멍이 뚫리고, 로마군사는 칼을 머리 위로 쳐들어 최후의 승리를 위한 돌격을 개시하겠지요…….

　고대의 캐터펄트는 이와 같은 구실을 했던 것입니다―고대의 요새(要塞)에 있어서의 공포는 고대의 놀라운 군사기술이었던 것입니다. 이것은 아마도 아시리아인*에 의해서 발명되고, 그것을 고대 그리스인이나 로마인이 개량한 것이라고 생각합니다.

　그 후『발리스타*』라고 하는 다른 무기가 고안되어 나왔습니다. 그것은 무겁고 큰 화살이라든지 쇠를 씌운 통나무를 날아가게 할 수 있는 것이었습니다. 길이 3.5미터쯤 되는 통나무를 이 장치로 발사하면 4겹으로 에워싼 튼튼한 울짱이라도 구멍이 뚫렸다고 합니다.

8. 스튜 냄비와 스푼 캐터펄트

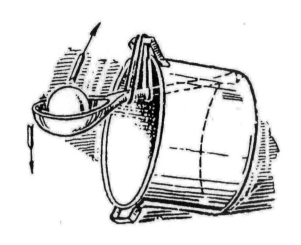

만들기 쉬운 캐터펄트 장난감은 부엌에서 고안할 수 있습니다. 중요한 부품 중의 한 가지—스푼—는 로마의 캐터펄트와 조금이라도 흡사한 나무로 된 것이 있으면 안성맞춤입니다. 물론 스테인리스로 된 스푼이라도 충분히 쓸모가 있습니다. 캐터펄트 받침은 너무 크지 않은 스튜 냄비 같은 걸 씁니다.

황소의 힘줄 대신으로는 고무 밴드를 몇 개 이용합니다. 우선 고무 밴드를 그림에서 보는 것과 같이 냄비 손잡이에 걸어놓고 거기에 스푼 손잡이를 끼워 냄비의 바닥 가에 스푼 손잡이의 끄트머리가 닿게 합니다.

냄비를 테이블 위에 올려놓고 한쪽 손으로 꽉 붙잡습니다. 스푼속에 탄환을 담습니다. 탁구공이나 작은 감자, 당근 토막 같은 것은 어떨까요?

자아, 이렇게 해서 발사준비 완료. 스푼을 아래쪽으로 잡아당겼다가 탁 놓습니다! 고무줄의 힘으로 되돌아간 스푼이 일어나서 냄비 가장자리에 탁 부딪칩니다. 탄환이 튀어나가 공중에 보기 좋은 타원을 그릴 것입니다. 어쩌면 스푼도 탄환의 뒤를 쫓아가려고 할는지도 모르지만, 멀리는 가지 못할 것입니다.

탄환이 날아간 것은 무슨 까닭일까요? 고대의 캐터펄트와 마찬가지로 그것은 처음에는 스푼과 함께 운동했습니다. 그렇지만 스푼은 장애물에 부딪쳐 정지했지만, 탄환이 날아가는 길에는 장애물이 없었습니다.

이와 같은 이유로 인하여 탄환은 『관성』에 의해서 운동을 계속하여 캐터펄트를 이탈하여 날아간 것입니다!

덧붙여 말하면, 현대에는 캐터펄트를 다시금 군사용으로 실제로 쓰고 있습니다. 비행기가 뜨고 내리는 장소가 좁은 항공모함 등의 갑판에서 비행기를 떠나보낼 경우, 그 발진(發進) 보조장치로서 캐터펄트가 쓰이고 있습니다.

또한 제트 전투기에는 공중에서 사고가 발생했을 때를 위해서 낙하산을 맨 비행사를 공중으로 튀어나가게 하는 장치(캐터펄트)가 있습니다―제트기에서는 속도가 빠르기 때문에 공기의 저항이 너무나도 커서 자기 힘으로 밖으로 뛰쳐나갈 수 없기 때문입니다.

물론 현대의 캐터펄트의 구조는 고대의 것과는 전혀 다릅니다. 그렇지만 원리는 같은 바로 『운동의 관성』입니다.

9. 여섯 가지 질문

여러분은 『운동의 관성』이란 어떤 것인지 잘 알았습니까? 그렇다면 다음의 질문에 대답해 보십시오.

(1) 공을 던져 올렸을 때 공이 여러분의 손에서 떠난 후에도 위쪽으로 날아가려고 하는 것은 무슨 까닭이죠?

(2) 점프대 끝에서 뛰어내린 스키선수가 수직으로 밑으로 떨어지지 않고 완만한 타원을 그리면서 날아가려고 하는 것은 무슨 까닭이죠?

(3) 달리기 선수가 발이 걸렸을 때 뒤로 넘어지지 않고 앞으로 넘어지는 것은 무슨 까닭이죠?

(4) 자동차 운전사가 갑자기 차도로 뛰쳐나온 어린이를 보고 급브레이크를 밟아도 차가 딱 멈춰 서지 않는 것은 무슨 까닭이죠?

(5) 가느다란 막대기로 통나무를 힘껏 두들겼을 때, 부러진 가는 막대의 끝이 운동 방향(두들긴 방향)으로 날아가려고 하는 것은 무슨 까닭이죠?

(6) 유리구슬이나 잔돌을 손가락으로 힘껏 튕겨냈을 때 그것이 여러분의 손가락 끝을 떠나서도 꽤 멀리까지 날아가는 것은 무슨 까닭이죠?

제5장 운동의 관성

1. 축구 이야기 한 토막

슛! 정확히 찬 볼이 골네트 위를 스칠 듯이 날아온다. 골키퍼가 휙 점프를 한다─볼은 키퍼가 뻗친 손을 스치고 위쪽으로 벗어나 라인 밖으로 날아간다.

골은 목숨을 걸고 지켜진 것입니다! 열광적인 팬들은 기뻐 어쩔 줄을 모릅니다. 그리고 물론 이 순간에 어느 누구도 물리학 같은 건 생각한 사람이 없었을 것입니다. 축구경기 중에 볼과 선수의 움직임이 물리학의 어떤 원리에 꼭 들어맞는지를 생각하면서 구경한 다는 것은 무리한 얘기입니다. 관객들은 모두가 열광적인 축구 팬들이니까요.

그건 그렇다 치고, 축구 코트에서는 무슨 일이 일어났을까요?

볼─이것을 물체라고 부르기로 합시다─은 골을 향해서 날아왔습니다. 물론 볼은 포워드 선수의 발에서 떠난 후에 되는 대로 아무렇게나 날아간 것은 아닙니다. 『관성』에 의해서 날아간 것입니다. 대포에서 발사된 포탄처럼, 활시위에서 떠나간 화살처럼, 캐터펄트에서 발사된 돌처럼—한 마디로 말하면 볼은 일직선으로* 날아간 것입니다. 만일 그 볼이, 즉 물체가 비행 중에 갑자기 지그재그로 된다든지, 원을 그리기 시작하는 등 불규칙한 운동을 하면서 골에 날아갔다면 이상하게 생각지 않을 사람은 없을 것입니다.

하지만 볼이 골키퍼의 손에 부딪치고 골에서 벗어난 방향으로 날아갔을 때에는 아무도 이상하게 생각지 않았습니다. 거기에는 원인이 있었기 때문입니다. 키퍼는 볼을 빗나가게 하기 위해서 어떤 행동을 한 것입니다. 그는 볼을 쳐서 날아가는 방향을 딴 데로 돌린 것입니다. 그러니까 골은 목숨을 걸고 지켜진 것입니다.

2. 병에서 흘러나오지 않는 물

주둥이가 넓은 병, 예를 들어 주스병에 물을 넣고 그 병을 거꾸로 기울인다면 어떻게 될까요?

아무도 실험을 해 보려고는 생각지 않았지요. 눈 깜짝할 사이에 물이 쏟아져버릴 것은 뻔한 일입니다.

그렇다면 병을 거꾸로 들어도 병에서 물이 쏟아지지 않도록 할 수 없을까요?

잠깐 실험을 통해서 확인해 봅시다. 다만 집 안에서가 아니라 뜰에서 합니다. 이 실험은 넓은 장소를 필요로 합니다. 여하튼 병을 거꾸로 숙일 뿐만 아니라 휘둘러대는 것이니까요.

우선 그물처럼 뜬 쇼핑 주머니(튼튼한 망사 주머니라면 어떤 것이라도 좋습니다)를 마련하여 그 속에 병을(주둥이를 위로 가게 하여) 넣어 주십시오. 그리고 나서 병에 물을 붓고 망사 주머니를 손에 꼭 쥐고서 조금씩 크게 흔듭니다. 마치 그네와도 같이 말입니다. 그리고 일정한 흔들림의 속도가 붙었을 때 대담하게 병을 한 바퀴 돌립니다. 그대로 계속해서 두 번, 세 번,……열 번.

병의 주둥이는 한 바퀴 돌 때마다 위를 향하기도 하고 아래로

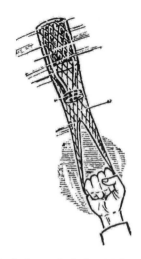

향하기도 하지만, 물은 한 방울도 흘러나오지 않습니다! 어째서 그럴까요? 물은 어떻게 되어버렸을까요? 그 원인은 회전시킨 데에 있는 것 같습니다.

3. 물이 위를 향해 떨어진다!

그리고 다음 실험에는 빈 깡통을 쓰기로 합니다. 빈 깡통에는 못으로 간단히 구멍을 뚫을 수 있습니다. 이 빈 깡통을 넣어 휘둘러댈 망사 주머니도 필요한데, 그것을 구할 수 없거든 깡통의 위쪽 가에 작은 구멍 두 개를 내어 거기에 튼튼한 끈을 꿰어 가지고 흔들어댈 수 있게 합니다. 잘 되는지 어떤지를 확인하기 위해서 처음에는 3분의 2쯤 물을 넣어 시험해 봅시다. 앞에서 한 실험과 마찬가지로 아무리 회전시켜도 물이 쏟아지지 않을 것입니다.

이번에는 그 깡통 밑바닥에 작은 구멍을 뚫으십시오. 뚫었습니까? 그럼, 물을 넣고 즉시 회전시켜 보십시오. 한 바퀴, 두 바퀴,

세 바퀴……밑바닥에 뚫은 구멍에서 물이 뿜어져 나올 것입니다. 아래쪽으로 향해서뿐만 아니라 옆으로 향해서도 뿜어져 나옵니다. 이것만으로도 이상한 일인데, 위를 향해서도 뿜어져 나오지 않겠어요! 깡통은 회전하면서 위쪽의 위치에 올 때마다 똑바로 물을 뿜어 올립니다.

회전하는 깡통 속의 물은 어째서 이와 같이 이상야릇한 짓을 하는 걸까요? 회전하는 병이나 깡통의 주둥이에서는 한 방울의 물도 나오지 않는데 밑바닥에 뚫어 놓은 작은 구멍에서는 분수처럼 뿜어 나오는 것은 도대체 어째서일까요?

틀림없이 여러분은 이 수수께끼가 회전운동 자체에 있다는 걸 이미 깨달았을 것입니다. 왜냐하면 깡통이 움직이지 않으면 물은 그 주둥이로나 작은 구멍으로나 위를 향해서 뿜어 나오진 않으니까요.

그렇지만 깡통이 운동하고 있을 때에는 물도 덩달아서 같이 운동하는 것입니다. 요컨대 『관성』에 의해서 운동하고 있습니다. 이미 여러분은 『관성』에 의해서 운동하는 물체는 자기 스스로 진로(운동의 방향)를 바꿀 수 없다는 것을 깨달았을지도 모릅니다. 예를 들면 축구 경기를 할 때, 골키퍼는 볼을 빗나가게 하기 위해서 볼에 힘을 빌려 주었습니다. 또한 깡통을 휘둘러댔을 때 여러분의 손은 깡통에 매단 끈에 의해서 계속해서 강하게 잡아당겨지고 있었겠지요.

깡통은 『관성』에 의해서 똑바로 날아가려고 합니다. 그러나 끈은 그것을 허락하지 않고 원을 그리려고 하지만, 깡통은 그것에 저항하여 끈을 잡아당길 것입니다.

깡통 속의 물도 『관성』에 의해서 똑바로 운동하려고 합니다. 그렇지만 그 물이 들어 있는 깡통이나 병이 그것을 허용하지 않고 원을 그리도록 하는 것입니다. 물은 그것에 저항하여 깡통이나 병의 밑바닥을 누릅니다. 그러니까 만일 밑바닥에 구멍이 뚫려 있으면 물은 분수처럼 뿜어 나오는 것입니다.

4. 우산과 세퍼레이터

우산을 활짝 펴서 땅바닥에 거꾸로 세워 놓고 빨리 회전시킵니다.

그리고 우산 속에 비치볼을 넣습니다. 우산이라는 회전목마를 타고 볼이 즐겁게 놀도록 내버려 둡시다. 하지만 볼은 뒹굴어 다니면서 재미있게 놀고만 있지는 않을 것입니다. 볼은 우산의 가장자리로 올라오고, 좀 더 강하게 회전시키면 우산의 가장자리로부터 뛰쳐나오고 맙니다. 그 이유를 여러분은 이젠 알고 있을 것입니다. 볼은 똑바로 운동하려고 하지만, 자기 스스로 방향을 바꾸려고는 하지 않습니다.

재미있는 것은, 우유의 분리기(分離器)가 하는 작용은 이 같은 현상을 이용한 것입니다. 외래어인 『세퍼레이터』라는 말은 이 『분리기』를 의미하는 말입니다. 그러므로 크림 분리기(세퍼레이터)라는 것은 우유에서 지방분이 많은 크림을 분리시키는 도구입니다.

여러분은 물론 우유 속에 지방분이 들어 있음을 알고 있겠지요. 지방은 우유의 수분이 많은 부분과 섞이려고 하지 않고 자잘한 알갱이 모양이 되어 그 속에 떠 있습니다. 그 알갱이는 현미경으로 들여다보지 않으면 알 수 없을 정도로 작은 것입니다. 만일 우유를 몇 시간이고 가만히 놓아두면 가벼운 지방의 알갱이는 조금씩 위로 떠올라 그릇의 위쪽에 모입니다[여기서 말하는 『우유』는 아직 가공되지 않은 『원유(原乳)』를 가리킵니다]. 이처럼 위에 모인 것이 지방분이 많은 크림이고, 아래쪽에는 지방성분이 적은 우유, 즉 탈지유(脫脂乳)가 남게 됩니다.

그렇지만 큰 낙농장(酪農場)이나 우유공장에서는 단번에 많은 양의 우유를 가공하여 크림을 만들지 않으면 안 됩니다. 크림이 자연히 분리되기를 기다리고 있을 여유가 없으므로 여기서 분리기(세퍼레이터)가 필요하게 되는 것입니다. 이것은 고속으로 회전하는 용기이며, 통 같은 모양으로 되어 있습니다. 『관성』이 작용하여 우유는 용기의 측면으로 꽉 눌리려고 합니다. 물이 들어 있는 빈 깡통

84

을 회전시키는 실험에서 물이 분수처럼 바깥쪽을 향해 뿜어져 나온 것을 생각해 보기 바랍니다.

수분은 우유 속에서는 무거운 성분에 해당합니다. 그렇기 때문에 수분은 가벼운 지방분보다는 강하게 바깥쪽으로 다가가려고 합니다. 이리하여 지방분은 용기의 중앙부로 밀려나가 중앙부에는 크림, 그리고 바깥쪽에는 탈지유가 모이게 되는 것입니다.

규모가 큰 분리기가 되면, 회전시킨 그대로의 상태에서 끊임없이 우유가 흘러 들어가고, 크림과 탈지유는 각각 다른 파이프로 빨려 들어가는 구조로 되어 있습니다.

버터를 만드는 규모가 큰 전용 분리기도 있습니다. 이 분리기의 경우에는 탈지유만이 흘러나오지만, 크림은 그대로 안에 남아 있습니다. 그 크림이 버터 상태로 굳어질 때까지 분리기를 회전시켜 수분을 빼내는 것입니다.

그 같은 작업이 끝나면 다 만들어진 버터를 분리기에서 꺼내서 깨끗이 씻은 다음 압축하게 됩니다. 자아, 이렇게 해서 버터가 만들

어졌습니다.

5. 돌 때에는 주의하라!

전차나 자동차가 커브를 틀려고 할 때 자기의 몸이 어쩐지 바깥쪽으로 기울어짐을 경험하게 될 것입니다. 여러분은 이것이 무슨 까닭인지 이미 알고 있을 것입니다. 여기서는 좀 더 똑바로 운동시키려고 하는 『관성의 힘』이 작용하고 있는 것입니다.

그러나 『관성의 힘』은 전차나 자동차 전체에도 작용하고 있습니다. 그러므로 길모퉁이(커브)에서 스피드를 늦추지 않으면 여러분만이 아니라 전차나 자동차 전체도 뒤집어지게 될 것입니다.

그럼, 스피드를 늦추지 않은 채, 그러면서도 이 뒤집어 놓으려고 하는 힘이 작용하지 않도록 돌아갈 수는 없을까요? 물론 할 수 있습니다.

예를 들면 철도의 레일은 커브가 있는 곳만 바깥쪽의 레일이 안

* 한 자동차 테스트 코스 (한 바퀴 5,500미터 되는 고속 둘레)는 시속 200킬로미터 이상의 고속으로 커브를 돌아도 운전사는 핸들을 돌리지 않고 똑바로 잡고 있기만 해도 안전하고도 안정된 자세로 커브를 돌아갈 수 있도록(노면에 급경사를 만들어) 설계되어 있습니다.

쪽의 레일보다도 높게 되어 있습니다. 또한 자동차경주장이나 자동차주행 테스트 코스 같은 곳도 커브가 진 부분은 바깥쪽의 노면이 안쪽보다도 높게 만들어진 곳이 거의 대부분입니다.* 이와 같은 커브 지점을 달리는 전차나 자동차는 차체가 안쪽으로 기울어지게 되는데, 이같이 되는 것이 차체로서는 안정을 유지할 수 있습니다. 그러므로 스피드를 늦추지 않고 달릴 수 있습니다.

여러분은 자전거에 타고 있을 때, 커브를 도는 동안에는 자신의 몸을 안쪽으로 기울이겠지요. 『관성의 힘』이 어떤 식으로 작용하고 있는지 생각해 보지도 않고 다만 무의식적으로 그렇게 하고 있습니다. 그렇게 하지 않으면 안정을 잃고 바깥쪽으로 쓰러지고 맙니다.

자전거 경주장이나 오토바이 경주장의 커브가 있는 곳은 자동차의 테스트 코스와 마찬가지로 경사를 특별히 크게 잡아 놓았습니다. 왜냐하면 고속도의 레이스가 행해지기 때문입니다. 또한 서커스 등에서 볼 수 있는데, 수직으로 된 벽을 그림에서 보는 것처럼 빙빙 달리는 오토바이 곡예(曲藝)나 커다란 공 모양으로 된 벽의 안

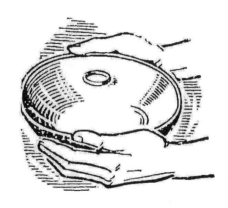

쪽을 몇 바퀴고 빙글빙글 도는 오토바이 곡예도 있습니다.

이와 아주 흡사한 곡예는 반지를 가지고 할 수 있습니다. 우선 반지와 사발(공기라도 괜찮다)을 준비합니다. 반지 대신에 동전이나 장난감 고리를 사용해도 상관없습니다. 그리고 사발 속에서 반지가 원을 그리며 돌도록 사발을 돌립니다.

처음에는 천천히, 잘 돌거든 좀 더 빨리 돌립니다. 그러면 반지는 사발의 경사면에 대해서 안쪽으로 기울면서 달리고 있음을 깨달을 것입니다. 만일 반지의 스피드가 좀 더 빨라지면 사발 가장자리에서 밖으로 튀어나오고 말 것입니다.

그러나 이것은 큰 사고가 되지는 않지만, 자동차나 오토바이, 자전거조차 이 『관성의 힘』을 충분히 이해하고 운전하지 않으면 사발 밖으로 튀어나오는 정도로 끝나지 않게 될 테니까요.

제6장 로켓은 왜 날아가는가?

1. 풍선 로켓

"보트는 왜 앞으로 나아가지?"—그것은 여러분이 노로 물을 저어 보트를 앞으로 나아가게 하려고 하기 때문입니다.

"새는 왜 날아갈 수 있죠?"—그것은 새가 날개를 파닥거려, 마치 노처럼 공기를 저어 자기의 몸을 앞으로 나아가게 하려고 하기 때문입니다.

"비행기는 왜 날아갈 수 있죠?"—그것은 비행기의 엔진이 프로펠러를 회전시키면 프로펠러가 마치 판자에 나사를 박아 들어가듯이 공기를 휘저어 기체(機體)를 앞으로 나아가게 하기 때문입니다.

만일 판자가 없으면 나사는 헛돌아 버릴 뿐이고 앞으로 나아가지 못합니다. 만일 공기가 없으면 프로펠러는 헛돌아서 앞으로 나아가지 못하게 됨은 나사의 경우와 똑같습니다. 요컨대 프로펠러

자신도 전진할 수 없을 뿐만 아니라, 비행기의 기체를 잡아당길 수도 없게 됩니다. 그러므로 프로펠러식 비행기는 공기가 있는 곳에서만 날 수 있습니다.

비행기가 달에 날아갈 수는 없습니다. 고도(高度)가 높아지면 공기는 희박해지고, 마지막에는 공기가 전혀 없는 공간이 시작됩니다. 그와 같은 공간을 어떻게 해야 날아갈 수 있을까요?

달에 갈 수 있는 것은 로켓뿐입니다. 로켓에는 공기가 필요 없습니다. 로켓은 자기 스스로 자신의 몸을 밀어내기 때문입니다. 로켓에는 특수한 엔진이 달려 있는데, 그 속에는 연료가 타서 높은 온도의 많은 양의 가스를 뒤로 힘차게 내뿜도록 되어 있습니다. 내뿜는 가스는 로켓 뒤에 새빨간 꼬리를 남기는 대신에 로켓을 앞쪽으로 밀어내는 것입니다. 이해하시겠습니까? 좀 더 확실히 하기 위해서 실험을 통해서 확인해 봅시다.

그렇지만 여러분과 함께 달을 향해서 날아가는 것이 아니라, 방 안에서만 날아가는 로켓을 말합니다. 자, 그래서 그걸 만들 차례인데 ……여기서는 그걸 직접 만들지 않아도 좋습니다. 다만 어린이가 가지고 노는 고무풍선을 구하는 것으로 족합니다.

우선 고무풍선을 부풀려 봅시다. 그런 다음에 그 공기를 불어 넣는 주둥이를 손으로 잡고서 초읽기를 하기 시작하는 것입니다. 손을 놓는 순간, 공기가 뒤쪽으로 힘차게 뿜어 나와, 여러분은 자신의 얼굴에 공기가 내뿜어지는 것을 확실히 느낄 것입니다.

그러므로 만일 부풀어진 고무풍선에서 공기가 제트처럼 내뿜어진다면 고무풍선은 로켓과 마찬가지로 날아갈 수 있지 않을까요?

그렇습니다. 그 말이 맞습니다! 고무풍선을 다시 부풀려 가지고 그 주둥이를 바로 아래로 향하고서 손을 놓아 보십시오. 로켓과 마찬가지로 날아오를 것입니다. 이때, 공기는 물론 금세 모조리 빠져버리므로 이 『로켓』은 순식간에 추락하고 맙니다.

2. 수력 회전목마

수력 메리고라운드(회전목마)는 고무풍선 로켓보다도 더 오랫동

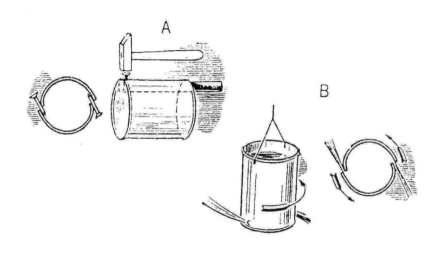

안 움직입니다. 그것은 빈 깡통으로 만듭니다. 도구는 매우 간단한 것—쇠망치와 작은 못뿐입니다.

빈 깡통의 옆면 바닥 가까이에 못으로 구멍을 뚫습니다.(그림 A)

그러고 나서 못을 구멍에 꽂아 놓은 채 한쪽을 뉘어 못의 허리를 쇠망치로 두드리면 구멍은 비스듬한 방향을 향하게 됩니다.(그림 B)

깡통의 반대쪽에도 처음 뚫었던 구멍과 똑같은 구멍을 뚫습니다. 다만 처음 구멍이 어느 쪽 방향을 향하고 있는지 확인해 주십시오. 만일 오른쪽 방향을 향하고 있으면 이번에도 오른쪽 방향을 향하도록 못을 뉘어 구멍을 뚫어 주십시오.

다음에, 빈 깡통 위쪽에 다시 두 개의 구멍을 뚫는데, 이 구멍도 마주보는 위치가 되도록 뚫습니다. 하지만 못을 눕힐 필요는 없습니다. 이 두 개의 구멍은 똑바로 뚫으면 됩니다.

깡통 위쪽에 뚫린 구멍에 긴 끈의 양끝을 꿰어 거기에 잡아맵니다. 자, 이젠 실험준비가 다 되었습니다. 물이 담긴 양동이를 들고

뜰로 나갑시다.

깡통을 양동이 속에 가라앉혀 물을 받고 끈을 잡아 들어 올립니다. 물은 아래쪽에 뚫은 구멍에서 두 줄기의 비스듬한 흐름이 되어 뿜어 나옵니다. 물론 이 물줄기는 진짜 로켓의 뒤쪽에서 뿜어 나오는 가스 줄기에 비하면 훨씬 약한 것입니다. 그러나 약하긴 하지만 진짜와 똑같은 작용을 합니다. 물줄기가 있는 방향으로 뿜어져 나오고 있으면 깡통은 그 물줄기 방향과는 반대방향으로 돌기 시작합니다.

이 실험이 다 끝날 무렵에는 뜰에 물웅덩이가 생기고, 여러분 자신도 흠뻑 젖어 버릴지도 모르지만……괜찮아, 괜찮아! 그 대신에 로켓이 어떻게 해서 날아가는지 그 이유를 알았으니까!

3. 물고기 로켓

판자를 사용하여 물고기를 오려냅시다. 물고기의 크기는 길이가

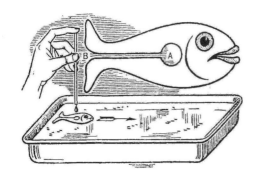

* 여기서 사용하는 기름은 자전 거 기름, 재봉틀 기름, 기계 기 름 등이 좋겠지요. 그 밖에도 튀김 기름, 샐러드 기름 등으로 시험해 보십시오. 어느 기름이 물고기 로켓의 스피드를 가장 잘 낼 수 있는지 실험해 보는 것도 좋습니다. 다만 매번 물을 새로 갈고, 기름을 닦아낸 다음 에 시작해 주십시오.

6~7센티미터쯤 되면 충분합니다. 물고기의 중심부에는 구멍(A)이 있고, 거기에는 꼬리까지 가느다란 틈(AB)이 오려져 있습니다. 큼 직한 대야에 물을 떠다가 그 속에 물고기를 가만히(수면에 뜨도록) 놓아 주십시오. 이때 포크를 이용하면 잘 뜰 수 있을 것입니다. 이 물고기를 포크 위에 올려놓고 수면에 살짝 놓습니다. 물고기가 뜨 거든 포크를 깊숙이 가라앉혀 꺼내면 됩니다.

다음에는 큼직한 기름방울*을 구멍(A) 속에 떨어뜨릴 준비를 합 니다. 이때에는 자전거용이나 재봉틀용 기름통을 쓰면 잘 됩니다. 그런 것이 없거든 빨대 한 개를 사용하여 기름 속에 2~3밀리미터 집어넣습니다. 반대쪽 빨대 끝을 손가락으로 막은 채 물고기의 구 멍(A)이 있는 데까지 가지고 가서 손가락을 떼기만 하면 됩니다.

기름은 수면으로 퍼져나가려고 틈(AB)을 지나 흘러 나가려고 합 니다. 그 기름은 퍼져나가려고 해도 주위가 물고기의 몸뚱이로 에 워싸여 있기 때문에 퍼져나가지 못하고, 그 틈새(AB)를 발견하고서 야 겨우 바깥쪽으로 나가려고 할 것입니다.

* 가정용 전기기구에 사용하는 헌 코드가 있으면 그 코드의 껍질(비닐 등으로 덮인 부분)을 잘 벗깁니다. 그러면 그 속에는 틀림없이 가는 선이 꽉 차 있을 테니까, 그 중의 한 개를 빼내어 써도 좋을 것입니다.

* 가는 철사에 기름을 바르는 것은 기름의 물을 겉도는 성질을 이용하여 물속에 가라앉지 못하게 하기 위해서입니다.

그런데 뒤로 흘러나가는 기름의 작용으로 물고기는 어떤 움직임을 하리라고 생각합니까? 그렇습니다. 물고기는 앞쪽을 향해서 헤엄치기 시작하는 것입니다! 약간 한가로이 앞으로 나아갈 텐데, 이것도 진짜 로켓이 날아가는 이유와 똑같습니다.

4. 빙빙 도는 소용돌이 선(線)

가느다란 철사를 준비해 주십시오. 머리카락 정도로 가느다란 철사*가 있으면 안성맞춤입니다. 그 철사를 소용돌이 모양으로 된 모기향처럼 돌돌 감아가지고, 거기에 기름*을 바른 다음 포크를 이용하여 수면에 띄웁니다. 그리고는 앞에서 실험했을 때와 마찬가지로 빨대나 기름통을 이용하여 기름을 떨어뜨립니다. 떨어뜨리는 곳은 소용돌이 중심입니다. 그러면 철사의 소용돌이는 그림의 화살표 방향으로 돌기 시작할 것입니다. 회전이 정지해 버리면 또다시 기름을 한 방울 떨어뜨려 보십시오. 소용돌이는 다시금 돌기 시작합니

다.

　왜 소용돌이는 다시 돌기 시작하는지 여러분은 물론 잘 알고 있을 것입니다. 그리고 소용돌이가 기름이 곧 흘러나오는 방향과 반대방향으로 도는 이유를 알고 있을 것입니다.

제7장 돌고 돈다

1. 성냥개비를 세워 보자

『공중 레일』의 장(章)에서 여러분은 옆으로 눕히는 편이 좋은 것이라든지, 옆으로 누울 수밖에 없는 것을 세우는 방법을 배웠습니다. 여러분은 연필 끝을 밑으로 가게 하여 세운다든지, 나이프를 테이블 끝에 세우는 방법도 배웠습니다.

그러나 끄트머리를 뾰족하게 깎은 성냥개비를 세우기 위해서는 어떻게 하면 좋을까요? 예컨대 성냥개비의 대가리를 위로 쳐들어 놓고 세우는 방법입니다.

거기에는 간단한 방법이 있습니다. 판지를 구해서 컵의 주둥이만한 크기의 원을 오려내어 그 중심에 구멍을 뚫고 성냥개비를 꽂으십시오. 여러분이 잘 알고 있는 장난감—팽이—이 만들어졌습니다.

그 팽이를 손가락으로 돌려 테이블 위에 올려놓아 보십시오. 팽

이가 돌고 있는 동안 성냥개비는 서 있을 것입니다.

　이 실험은 직접 시험해 보지 않아도 좋을 만큼 간단합니다. 누구나 다 알고 있으니까요. 그보다는 나무로 만든 원뿔꼴의 팽이가 더 재미있을 것입니다.

　이 소라 모양으로 생긴 원뿔꼴의 팽이는 손가락으로는 잘 깎이지 않으니까 목공용의 선반을 이용하지 않으면 매끈한 원뿔꼴이 되지 않습니다. 이 팽이를 만들 때에는 팽이의 끄트머리 꼭지가 빨리 닳아버리지 않도록 떡갈나무 같은 단단한 나무를 씁니다.

　이 팽이는 끈을 감아서 돌리는 팽이와는 달라서, 긴 팽이채 끝에 맨 채찍(끈)으로 치면서 돌리는 재미있는 것입니다. 채찍으로 한 번 쳐서 튀어 오르더라도 한쪽으로 기울어지지 않고 땅에 떨어져도 역시 똑바로 서서 돌고 있습니다. 만일 그 팽이의 옆구리(측면)를 쿡 찌르더라도 마찬가지로 한쪽으로 기울어지지 않고 획 비켜설 뿐입니다.

　그러므로 대답은 분명합니다. 즉, 회전하고 있는 팽이는 그 회전하는 축의 방향을 끊임없이 같은 방향으로 유지하려고 합니다.

2. 팽이의 원리와 서커스

부르릉, 부르릉, 탈탈탈탈······! 엔진소리를 울리면서 수직으로 된 벽을 오토바이가 방방 달립니다. 이미 여러분은 오토바이를 떠받치고 있는 것은 『관성의 힘』임을 알고 있었지요.

다음에는 다른 서커스 곡예사가 등장하여 관객을 향해서 정중히 고개 숙여 인사를 합니다······. 오케스트라는 명랑하고 기운찬 행진 곡을 연주하기 시작합니다. 그러자 어느 틈엔지 곡예사의 머리 위에는 가벼운 막대기 위에서 접시가 돌고 있지 않겠습니까! 아시겠지요? 접시돌리기의 곡예가 시작된 것입니다.

이것을 보고 여러분은 어떠한 물리의 법칙이 작용하고 있는지 알아차릴 수 있습니까? 저 팽이와 똑같은 원리입니다! 접시는 중심이 아니라 가장자리에 가까운 곳에 막대기로 떠받쳐져 있습니다.

그렇게 하는 편이 갑작스런 회전을 더 잘할 수 있게 됩니다. 그래
도 역시 접시는 막대기 위에 떠받쳐져 있습니다. 왜냐하면 접시는
회전하는 축의 방향을 끊임없이 같은 방향으로 유지하려고 하고 있
기 때문입니다.

접시는 계속 회전시키면서 곡예사는 뒹굴어 보이기도 하고 드러
눕기도 하는가 하면 막대기를 이 손에서 저 손으로 옮겨 가면서 회
전시켜 보이곤 합니다. 그런 뒤에 곡예사는 다른 곡예사에게 접시
를 던져 건네줍니다. 이번에는 다른 곡예사가 그 접시를 막대기 위
에 받아 가지고 그대로 계속 돌립니다.

다음에 곡예사들은 양 손에 막대기를 한 개씩 들고, 또 하나의
막대기를 발끝에 받치고서 접시를 돌리는 한편, 장대처럼 긴 막대
기를 이마에 세워 놓고 그 막대기 위에서 커다란 접시를 돌리기도
하고, 혹은 술잔이 잔뜩 담긴 쟁반을 올려놓거나 하는 것입니다.

서커스단 중에서 팽이의 원리는 곡예사의 접시에 이와 같이 절
묘한 곡예를 할 수 있게 한 것입니다! 그러나 물론 팽이의 이상한

성질만으로는 이와 같은 곡예를 할 수 없습니다. 곡예사가 되기 위해서는 몇 년간이고 이 같은 기술을 연마하지 않으면 안 됩니다. 서커스의 곡예사들은 기술을 익힌 후에도 매일같이 훈련을 하여 자기가 공연해 보일 종목을 반복해서 연습하는 데 몇 시간이고 노력을 기울이는 것입니다.

왜냐하면 관객 앞에서 놀랄 만큼 경쾌하게, 유유히, 싱글벙글 웃으면서 연기를 하지 않으면 안되니까요.

그러므로 이 실험—막대기 위에서 접시를 돌리는—을 여러분에게 시키려고 생각하지는 않습니다. 어쨌든 질흙으로 만들어진 접시는 물론이고, 플라스틱이나 금속으로 만들어진 접시일지라도 권할 수는 없습니다. 대부분의 접시는 금이 가거나 흠이 생겨버리거나 할 테니까요.

하지만 무슨 일이 있어도 꼭 해보고 싶다고 하는 사람은 판지나 스티로폼을 동그랗게 오려 가지고 해보기 바랍니다. 부디 성공하시기를!

3. 춤추는 달걀

만일 여러분에게 밑바닥이 판판하고 매끄러운 쟁반이 있으면 이
와 같은 재미있는 실험을 할 수 있습니다. 우선 쟁반을 뒤집어 놓
고 딱딱하게 삶은 달걀을 그 위에 올려놓습니다. 그리고 원을 그리
듯이 쟁반을 움직이다가 그 스피드를 점점 더 빨리해 주십시오. 그
러면 쟁반 한 가운데서 뒹굴고 있던 달걀은 이 움직임을 깨닫고 순
식간에 자기 자신이 지닌 회전의 축을 중심으로 하여 돌기 시작할
것입니다.

달걀은 조금씩 몸을 일으켜 팽이처럼 회전하면서 똑바로 일어서
는 것입니다.

이 실험에 성공하기 위해서는 달걀을 삶을 때 약간의 요령이 필
요합니다. 달걀은 냄비 속에 뉘어 놓으면 안 됩니다. 수직으로 세워
야 합니다. 그러기 위해서는 가령 굵직한 철사로 아래쪽을 넓게 퍼
지게 한 소용돌이를 만들어(그림처럼) 달걀을 세우면 되겠지요. 달

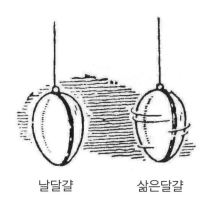

날달걀   삶은달걀

* 달걀의 노른자위는 흰자위보다도 비중이 크기 때문에 달걀을 수직으로 세우면 노른자위의 위치가 약간 아래쪽으로 이동하게 됩니다.

걀의 동글동글한 쪽의 끝 부분에는 공기실이 있습니다. 그러므로 수직으로 세워서 삶으면 이 공기실은 달걀의 축 위에 위치하기 때문에 실험을 할 때의 균형을 잡기가 쉬워집니다. 또한 달걀의 노른자위가 아래쪽에 가라앉은 모양으로 딱딱하게 삶아지기 때문에 달걀의 『중심(重心)』이 아래쪽으로 내려와서 안성맞춤이 되는 것입니다.*

만일 아무래도 달걀이 쟁반 위에서 춤을 추기를 싫어하거든, 이 실험을 쉽게 할 수 있도록 하기 위한 꾀를 가르쳐 드리겠습니다.

우선 쟁반의 가장자리를 테이블에서 쑥 나오도록(갑자기 언제든지 잡을 수 있도록) 놓습니다. 그리고 왼손 엄지손가락과 오른손 집게손가락(왼손잡이는 그 반대)으로 달걀을 떠받치면서 쟁반의 한가운데서 세웁니다. 손을 재빨리 움직이면 달걀은 회전합니다. 그런 다음에 쟁반을 붙잡고 가볍게 흔들어 움직이듯이 돌려주면 달걀은 계속 돌아갈 것입니다.

날달걀

삶은달걀

4. 삶은 달걀과 날달걀

팽이는 손에서 떠난 후에도 계속 도는 것은 무슨 까닭일까요? 거기에는 또 하나의 관성—『회전의 관성』이 작용하고 있습니다. 이 『회전의 관성』을 바탕으로 한 재미있는 실험—딱딱한 삶은 달걀과 날달걀—을 소개하겠습니다.

그림에서처럼 각 달걀에 고무 밴드를 세로로 끼운 다음에 실 끝에 매어 놓은 철사로 된 작은 훅(갈고리)에 고무 밴드를 걸쳐서 매달아 놓습니다. 그리고는 실이 같은 수만큼 꼬여지도록 양쪽 달걀을 몇 번인가 돌립니다.

달걀에서 손을 떼면 삶은 달걀은 한 방향으로 급회전을 시작하는데, 그 후에 이번에는 반대방향으론 돌기 시작합니다. 그리고는 다시 반대방향으로, 또다시 그 반대방향……이렇게 몇 번이고 되풀이합니다. 삶은 달걀이 마지막으로 정지할 때까지는 꽤 시간이 걸립니다.

그런데 날달걀은 당장에 서버리고 맙니다. 도대체 왜 그럴까요? 그 이유는 삶은 달걀은 그 속이 굳어져 있어서 껍데기와 속 전체가 한 몸이 되어 도는 데 반해서, 날달걀은 속이 액체로 되어 있어서 껍데기와 속이 한 몸이 되어 돌 수 없기 때문입니다.

　실은 꼬인 것을 도로 풀면서 달걀 껍데기를 회전시킵니다. 껍데기는 실이 꼬인 수만큼 회전합니다. 하지만 흐물흐물한 액체 상태인 속은 『정지의 관성』에 의해서 회전하지 않고 정지해 있으려고 하기 때문에 달걀의 회전에 브레이크를 건 상태가 되는 것입니다.

　이와 비슷한 실험으로, 달걀을 매달지 않고 간단히 하기 위해서는 접시나 매끄러운 테이블 위에서 손으로 달걀을 회전시켜 주면 됩니다. 삶은 달걀은 오랫동안 회전하고 있겠지만, 날달걀은 금세 정지해버리고 말 것입니다. 이 방법을 알아두면 달걀을 일부러 깨보지 않더라도 삶은 달걀과 날달걀을 확실히 구별할 수 있습니다.

　이 실험에는 재미있는 후속 이야기가 있습니다. 삶은 달걀을 접시 위에 올려놓고 팽이처럼 회전시켰다가 순간적으로 손을 대어 정지시키는 것입니다. 그 손을 순간적으로 떼는 것인데, 그 때는 이미 늦어서 다시금 회전하려고 하지 않습니다. 이것은 당연한 일이지만, 날달걀의 경우에는 이상한 짓을 합니다.

삶은 달걀의 경우와 마찬가지로 회전시키고 있는 날달걀에 한 순간 손을 대어 회전을 정지시켰습니다. 만일 이때 여러분이 될 수 있는 대로 빨리 손을 떼면 날달걀은 다시금 돌기 시작합니다. 이것은 무슨 까닭일까요? 물론 이 이상한 움직임을 하게 한 것은 『회전의 관성』입니다. 달걀이 회전하면 속에 든 것은 껍데기의 회전을 따라가지 않고 껍데기에 브레이크를 걸려고 하는데(정지의 관성), 외부에서 달걀을 갑자기 정지시키는 힘을 가하면 달걀의 껍데기는 금세 정지하더라도 이번에는 속에 든 내용물이 즉시 정지하지 않습니다(회전의 관성).

이와 같은 이유로, 여러분이 달걀(껍데기)을 순간적으로 정지시켰을 때 속에 든 내용물은 『회전의 관성』이 아직도 계속되고 있었다는 것을 의미합니다. 그리고 날달걀은 정지시킨 손을 뗀 후에 속

* 지구팽이는 보통 『자이로스코프 팽이』라고 불립니다. 『자이로스코프』는 회전의(回轉儀) 또는 윤전의(輪轉儀)라고 하는데, 공간 중에서 자유로이 회전할 수 있도록 장치된 일종의 복잡한 팽이를 말합니다. 중앙에 있는 금속성의 바퀴를 빨리 회전시켜, 회전축을 수평으로 놓으면 지구상에서는 회전축은 지구의 자전과 반대방향으로 이동합니다. 이 같은 원리는 지구 자전의 증명, 어뢰의 방향키 조정장치, 배의 동요 감소 등에 응용됩니다.

에 든 내용물이 껍데기를 회전하도록 작용을 가한 것입니다.

5. 지구팽이의 실험

만일 가게에서 쇠테 속에 끼워진 쇠 팽이를 구할 수 있다면 그것으로 대단히 재미있는 실험을 할 수 있습니다. 그것은 『지구팽이*』라는 이름을 가진 장난감인데, 널리 사랑을 받고 있는 것입니다.

이 팽이는 가늘고 질긴 실(연을 매는 실 같은 것)로 돌립니다. 이 지구팽이를 빠른 속도로 회전시킨 다음, 테에 붙어 있는 작은 손잡이 하나를 밑으로 가게 하여 세우면 이 팽이는 수직 자세를 유지하려고 합니다. 그리고 쓰러지지 않을 뿐만 아니라, 쓰러뜨리려고 하면 저항까지 합니다. 다만 팽이의 회전이 늦춰졌을 때 비로소 조금씩 옆으로 기울어지기 시작하는 것입니다.

그러나 이것은 손으로 간단히 만들어진 팽이의 실험을 통해서 이미 알고 있는 사실입니다. 그렇지만 가게에서 산 완성품인 지구

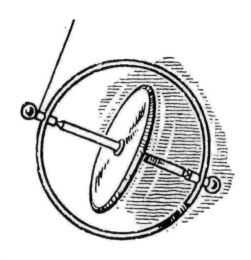

팽이라면 새로운 곡예를 시킬 수 있습니다.

예를 들면, 접시나 반들반들하고 매끈매끈한 표면을 가진 것 위에서 지구팽이의 다리를 막대기로 눌러주면 팽이는 쓰러지지 않고 이동합니다.

지구팽이는 모든 균형의 법칙에 어긋난다고 생각되는 자세를 취하게 할 수 있습니다. 예를 들면 바늘 끝에서 기울어진 채로 팽이를 돌릴 수도 있습니다. 그렇게 하려면 바늘 끄트머리가 위를 향하도록 하여 뭔가 쓰러지지 않는 것에 고정시켜 놓고 팽이를 돌려 그 바늘 끄트머리에 정확히 올려놓기만 하면 됩니다. 대부분의 지구팽이에는 축의 양쪽 끝에 있는 작은 손잡이(팽이의 다리)에 고랑이 져 있을 테니까, 지구팽이의 고랑을 바늘 끝에 얹어 놓습니다. 팽이는 기울어지면서 쓰러지지 않고 원을 그리듯이 고개를 흔들며 계속 돌아갈 것입니다.

그러나 사실은 팽이의 균형은 불안정한 것임을 여러분은 알고 있었겠지요. 팽이의 중심(重心)은 그걸 기울이면 아래쪽으로 이동합

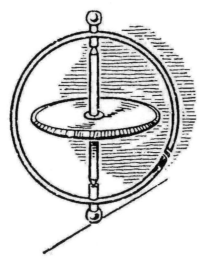

니다. 다시 말하면 팽이는 쓰러지지 않으면 안 되는 것입니다. 실제
로는 팽이의 회전이 늦춰지면 금세 쓰러져 버리지만, 어느 정도의
속도로 회전하고 있으면 팽이는 쓰러지지 않습니다. 회전의 축이
자신의 자세를 유지하려고 하기 때문입니다.

회전하고 있는 지구팽이는 마치 줄타기를 하는 곡예사처럼 가느
다란 실 위에서 자기의 몸을 떠받치고 있을 수 있습니다. 이 실험
을 할 때에는 실의 한쪽 끝을 창이나 도어의 손잡이 등에 매어 놓
고, 다른 한쪽 끝은 자기가 잡고 있습니다. 회전하고 있는 지구팽이
의 다리에 패어 있는 고랑을 그 실에 끼워 세웁니다. 그러면 팽이
는 부동자세를 취합니다.

또한 만일 실의 한쪽을 올리거나 내리거나 하면 그 팽이는 왔다
갔다 하는 왕복운동을 합니다. 충분한 속도로 돌린 팽이라면 방을
횡단 여행하는 것쯤은 식은 죽 먹기입니다.

지구팽이의 더욱 더 놀라운 곡예를 보여드리지요. 튼튼한 실을
팽이의 양쪽 끝에 있는 다리 중의 한쪽에 매어 매달아 놓습니다.

팽이가 회전하고 있지 않으면 물론 수직으로 그냥 매달려 있습니다. 그렇지만 팽이를 회전시키면 그 회전시켰을 때의 팽이의 자세 그대로 가만히 돌고 있을 수 있습니다. 비스듬히 기울어 있으면 기울어진 자세 그대로 말입니다.

6. 자전거와 탄환

이 두 가지에 공통하는 것은 무엇일까요? 크기도 다르고 모양이나 이름도 다른데 자전거와 탄환은 서로 친척관계에 있습니다. 그것들에 공통하는 친척이 되는 것은—팽이입니다.

요컨대 자전거의 균형은 여러분이 잘 알고 있는, 회전하는 축의 방향을 유지하려고 하는 팽이의 성질에 의지하고 있습니다.

사실은 자전거의 바퀴들은 똑바로 옆으로 뉘어 놓은 팽이입니다. 서 있는 자전거는 금세 쓰러져 버리지만, 바퀴가 회전하여 달리고 있으면 쓰러지지 않고 똑바로 서 있을 수 있습니다. 서커스에서는 자전거를 타고서 온갖 진기한 곡예를 벌이는 곡예사를 볼 수 있습니다. 그런데 현대의 자전거(2륜차)는 19세기 말(1800년대 말)에는 아직 3삼륜차였습니다. 그러므로 옛날에는 어린이뿐만 아니라 어른이 타는 자전거도 바퀴가 셋이었던 것입니다. 그런 까닭에 어린이가 타는 3륜차와 어른이 타는 2륜차는 원래 각각 다른 탈것—어린이용의 3륜차는 어른이 타는 자전거의 아들이 아니라 오히려 반대로 할아버지에 해당하는—이었습니다.

소총의 탄환도 날아가고 있는 사이에는 팽이처럼 회전합니다. 소총(라이플총 따위)을 『선조총(旋條銃)』이라는 이름으로 부르는 것은 총신에 나사모양의 선조(旋條 : 필라멘트)가 있기 때문입니다. 이 선조 때문에 총알은 총신 속을 달려 나갈 때 거센 회전운동을 합니다.

이런 연유로 공기 속을 날아가고 있는 동안 총알은 공중제비를 하는 일이 없습니다. 그리고 총알의 축은 총신이 향하고 있는 방향을 유지하려고 그 앞머리를 항상 앞쪽으로 향하는 것입니다.

* 총신의 안쪽에 나사 모양의 선조가 있는 근대 소총의 기본형이 완성된 것은 1814년에 드라이제 총이 발명되면서부터라고 합니다.

현대의 대포도 마찬가지로 되어 있습니다. 그 포탄도 팽이처럼 회전하여 마찬가지로 그 앞머리를 앞쪽으로 돌리고 날아갑니다. 그러므로 현대의 대포에 쓰이는 포탄은 옛날의 선조 없는 대포의 둥근 포탄보다도 멀리까지 날아가서 표적에 좀 더 정확히 명중합니다.

19세기 초엽에 이미 세계 각국의 보병들이 장비하고 있던 선조 없는 소총*은 오늘날에는 사냥에 이용되고 있을 뿐입니다. 왜냐하면 사냥꾼들은 산탄총(散彈銃)을 사용하고 있기 때문입니다. 또한 큰 들새에는 큰 산탄을 쓰고 있으며, 이 같은 사냥감에는 나사 모양으로 된 선조가 있는 총은 쓰이지 않습니다.

때로는 선조 없는 총으로 큼직한 납으로 된 탄환을 발사하는 경우도 있는데, 그다지 멀리까지는 가지 않습니다. 게다가 명중률도 좋지 않습니다. 이상으로 보아서, 어째서 탄환이 팽이와 친척관계에 있는지 알았으리라고 생각합니다.

7. 조종은 자이로스코프로

구름 위를 요란한 소리를 울리면서 제트 여객기가 비행한다. 우연히 우리는 이 여객기를 타고 가다가 조종실에 들어갈 수 있게 되었다고 합시다.

우리는 통신사는 거들떠보지도 않고 그 곳의 통로를 지나 안으로 들어갑니다. 그러자 유리를 끼운 실내의 앞쪽에 기장과 부조종사가 편안해 보이는 의자에 앉아 있는 것이 보입니다. 아니, 이건 도대체 어떻게 된 일일까요? 조종사들은 서로 한가로이 잡담을 하고 있지 않겠어요! 뿐만 아니라 조종간(操縱桿)을 잡으려는 생각조차도 전혀 없는 모양입니다.

이런 광경을 보고 우리는 무의식중에 깜짝 놀라고 말았습니다. 아무도 조종하고 있지 않은 여객기는 당장에라도 땅으로 추락하여 산산조각이 나버리지나 않을까 해서지요…….

그렇지만 비행기는 여느 때와 다름없이 날아가고 있습니다. 조종

* 이것은 지구팽이(자이로스코프 팽이)와 아주 흡사한 것으로, 중심이 한가운데 있는 금속제의 팽이를 3개의 금속 바퀴에 의해서 떠받치는 것으로, 팽이의 축이 자유로운 방향을 가리키게 할 수 있게 되어 있습니다. 자이로스코프를 응용한 것에는 이 밖에 배나 비행기의 방위를 알기 위한『자이로컴퍼스』, 항공모함이나 잠수함 등의 선체의 흔들림을 감소시키는『자이로스태빌라이저』 등을 비롯하여 모든 분야에서 이용되고 있습니다.

간은 마치 누군가 보이지 않는 손으로 그것을 잡고 있기라도 한 듯이 조금씩 움직이거나 흔들리거나 하고 있습니다. 그 보이지 않는 손은 대단히 기술이 좋은 정확한 움직임을 전하는 손임에 틀림없습니다. 비행기는 명령받은 대로 평온하게 똑바로 비행하고 있으니까요. 도대체 조종을 하고 있는 사람은 누구일까요?

사실은 조종사들에게는 조수가 있는데, 그것은 인간이 아니라 『팽이』입니다. 물론 단순한 팽이는 아닙니다. 그것은 자동 조종장치라고 하는 복잡한 기계 속에 들어 있습니다. 그러나 자동 조종장치의 두뇌에 해당하는 부분─그것은 곧『팽이』입니다. 정확히 말하면 우리가 앞의 실험에서 사용한『지구팽이』와 같은『자이로스코프*』라고 불리는 것입니다. 그러나 이 자이로스코프는 끈을 사용하여 돌리는 것은 아닙니다. 특별히 만들어진 전동식(電動式) 모터로 연속하여 돌리는 것입니다.

이 자이로스코프는 비행기가 일정하게 정해진 비행 코스에서 벗어나면 즉시 자이로스코프(축의 방향을 항상 일정 방향으로 유지하

고 있는)의 장치에서 신호가 전달되어 비행기의 방향을 제자리로
되돌려 놓는 기계가 자동적으로 작용합니다.

 아무리 능숙한 비행사일지라도 팽이에 의해서 운전되는 자동조종
장치만큼 정확히 똑바로 비행기를 조종할 수는 없습니다.

제8장 조용히 매끄럽게 흔들려라

1. 유쾌한 시소

『조용히 매끄럽게 흔들려라.』

이것은 어느 오래된 왈츠의 제목입니다. 그 속에는 재미있게 흔들리는 시소(see-saw)가 노래로 불리고 있습니다. 하지만 시소를 좋아하는 것은 인간만은 아닙니다. 종이로 그림과 같은 인형을 두 개 만들어 보십시오. 다만 인형들은 시소를 자기들 스스로 만들지를 못합니다. 마침 좋은 이유가 생겼으니까 인형들의 심부름을 해 주기로 합시다(사실은 전부터 만들어 보고 싶었던 것입니다).

우리가 이 인형들을 위해서 만들어 주려고 하는 시소는 어디에나 있는 평범한 것은 아닙니다. 동력이 붙은, 저절로 흔들흔들하는 시소입니다. 동력은 전기나 증기 또는 가솔린이 아니라 양초입니다!

"그런 시소는 들어 본 적도 없다."고요? 그렇다면 지금 가르쳐 드리지요. 양초 식 엔진의 중요 부분—이것은 보통의 양초 한 자루 길이로 10~12센티미터쯤 되면 충분합니다. 만일 너무 길거든 짧게 잘라 주십시오.

다음에 양초 한가운데다 양쪽에서 핀을 한 개씩 꽂아 줍니다.

큼직한 네모난 쟁반이나 과자가 들어 있던 네모난 생철통 뚜껑 따위가 있으면 그 밑바닥에 판자를 깔아 촛농이 떨어져도 염려가 없게 준비합니다. 그리고 같은 크기의 컵을 양쪽에 하나씩 놓고는 그 컵 가장자리에 양초에 꽂았던 핀을 올려놓습니다.

양초 식 엔진이 완성되었으니까, 이번에는 시소에 인형들을 앉혀 놓을 준비를 합니다. 그림에서처럼 가느다란 철사를 사용하여 양초 의 양쪽에 고정합니다. 여기서 잠깐 주의해 둘 것은 인형들을 양초 끄트머리에서 충분히 떼어놓아야 한다는 것입니다. 그들이 눈앞에 있는 촛불을 무서워하게 되면 가여우니까요.

그럼, 양초의 양쪽 끝에 있는 심지에 불을 붙여 주십시오. 아마도 어느 쪽인가 한쪽이 밑으로 기울어져 있을 텐데, 이윽고 양초식 엔진은 움직이지 시작합니다. 그리고 인형들은 즐거운 듯이 시소에서 놀기 시작할 것입니다.

여러분은 이 시소가 저절로 흔들리는 까닭을 아셨습니까? 양초식 엔진이 『균형』의 성질을 잘 이용하고 있음을 잊지 마시기를! 그리고 불을 다루는 데 충분히 주의하여 실험을 해 주십시오.

2. 하마와 작은 새가 다시 등장

여러분은 물론 흔들리는 것을 많이 보아서 알고 있겠지요. 해먹(달아맨 침대)이 흔들린다든지, 시계 흔들이추가 흔들린다든지……시계라고 하면 옛날에는 시계방의 수많은 흔들이 시계가 있어서 눈앞이 어지러울 지경이었습니다.

흔들이 시계의 흔들이는 시계의 크기에 따라 흔들리는 모양이 제각기 다릅니다. 째깍째깍 소리를 내는 시계는—작은 시계, 똑딱똑

딱 소리를 내는 시계는—당당하게 흔들리는 큰고 무거운 흔들이를 가진 벽시계, 두 개의 흔들이를 비교하면 큰 벽시계 쪽이 흔들리는 수가 적음을 알 수 있습니다.

흔들이의 진동수가 시계의 종류에 따라서 다른 것은 무슨 까닭일까요? 여기서 잠깐 살펴봅시다. 시계 대신에 무게가 다른 것을 적당히 두 개 골라 주십시오. 나는 또다시 내가 좋아하는 장난감—무거운 하마와 가벼운 작은 새—을 등장시키기로 하겠습니다.

무거운 하마를 길이 1미터 되는 실에 매달고 가벼운 작은 새를 25센티미터 되는 실에 매답니다. 그리하여 양쪽을 다 같이 가볍게 흔들리게 합니다. 그러면 가벼운 작은 새는 오른쪽으로 갔는가 싶으면 또 다시 왼쪽으로……이렇게 좌우로 왔다갔다 바쁘게 흔들립니다.

한편 무겁고 당당한 하마는 작은 새의 약 절반의 속도로 천천히 흔들립니다. 무거운 물체 쪽이 천천히, 가벼운 쪽이 빨리 진동하고 있으니까 당연한 일이라고 생각하겠지요. 그러나 결론을 서둘러서는 안 됩니다. 그 실을 교환하여 같은 실험을 해봅시다. 그러면 작은 새를 매달았던 짧은 실에 매달린 하마는 자기의 당당한 모습을 완전히 잃어버리고 마는 것입니다. 하마는 갑자기 분주해져서 마치 작은 새처럼 좌·우·좌·우로 왔다 갔다 합니다.

그렇다면 작은 새 쪽은 어떤가? 하마를 매달았던 긴 실에 매달려 완전히 하마의 습성이 몸에 붙어 버리고 맙니다. 그리하여 작은 새는 당당하고 느긋하게, 서두르지 않고 흔들리기 시작합니다. 요컨대 진동수는 흔들이의 무게와는 전혀 관계가 없는 것입니다. 그것은 흔들이의 길이 나름입니다. 작은 시계의 흔들이가 분주하게 흔들리는 것은 그 흔들이의 무게가 가벼워서가 아니라 흔들이의 길이가 짧기 때문입니다.

3. 비둘기시계의 원리

시계에는 왜 흔들이가 쓰이는 것일까요? 흔들리기를 좋아하는 인형을 써도 좋을 거라고 생각하는데……. 그러나 여기서는 인형은 전혀 도움이 되지 않습니다. 진동하는 물체의 움직임을 연구하는 동안에 물리학자들은 대단히 중요한 점을 깨달았습니다. 물체가 좌우로 흔들거려 원래의 위치로 되돌아가기까지의 시간은 항상 일정하다는 사실을 알았던 것입니다. 이 시간을 진동의 주기(週期)라고 합니다.

어떠한 진동이든지(2회, 10회, 100회,……) 최초의 진동에 걸린 시간과 아주 똑같은 시간만 걸리는 것입니다. 흔들이가 시계에 쓰인 것은 그런 이유 때문입니다. 흔들이는 시계가 가는 요령을 조절하는 것입니다.

만일 여러분의 집에 분동식(分銅式) 비둘기시계가 있으면 어떤 구조로 되어 있는지 살펴볼 수 있을 것입니다. 다만 분해는 하지 말기를! 비둘기시계를 조립하는 일은 여러분에게는 거의 무리일 테니까요.

* 증기기관이나 전동기들로부터 회전동력을 받아서 차량 등을 움직이게 하는 수레바퀴.

* 시계 종류에 따라서 모양이 여러 가지가 있는데, 밭틀까지 포함해서 『앵커』라고 부릅니다.

이 비둘기시계를 움직이는 동력은 매달려 있는 분동입니다. 이 분동을 매달고 있는 사슬이 주축(主軸)에 달린 드럼을 돌리면, 이 주축의 움직임이 톱니바퀴에서 긴 바늘과 짧은 바늘에 전달됩니다.

만일 시계의 기계가 이 이외에 아무것도 달려 있지 않으면 분동은 순식간에 아래로 처져 버리고, 시계의 바늘은 바쁘게 돌아가고 말 것입니다. 드르륵…… 자아, 다 감았다! 손을 놓으면 분동은 금세 사슬 전부의 길이를 다 써버려서 모든 움직임은 정지해 버리고 만다!……라고 하는 식입니다.

겨우 몇 초 사이에 만 하루 동안의 시간이 돌아가 정지해 버리는 바늘을 가진 시계 따위를 누가 필요하다고 여기겠습니까. 시계는 바늘의 돌아가는 것을 조절해 주지 않으면 안 됩니다. 그러기 위해서 시계에는 동륜(動輪)*과 흔들이 옆에 물림쇠*가 달려 있습니다. 여기서 말하는 흔들이는 긴 막대기에 분동을 단 것인데, 시계를 움직이기 시작할 때에는 이것을 조금만 밀어 주면 똑딱똑딱 하고 좌우로 흔들이가 흔들리기 시작하는 것입니다.

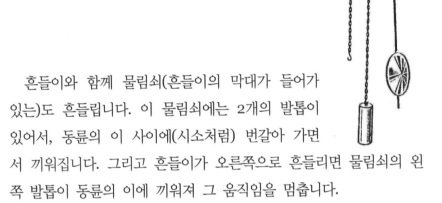

흔들이와 함께 물림쇠(흔들이의 막대가 들어가 있는)도 흔들립니다. 이 물림쇠에는 2개의 발톱이 있어서, 동륜의 이 사이에(시소처럼) 번갈아 가면서 끼워집니다. 그리고 흔들이가 오른쪽으로 흔들리면 물림쇠의 왼쪽 발톱이 동륜의 이에 끼워져 그 움직임을 멈춥니다.

흔들이가 왼쪽으로 흔들리면 왼쪽 발톱이 벗겨지고 오른쪽 발톱이 동륜의 이에 끼워집니다. 그러나 이 움직임 사이에 동륜은 이의 수로 따져서 한 개분만 나아갑니다. 그리고 이 한 개분의 움직임은 시계 전체의 톱니바퀴 장치를 아주 약간만 돌립니다. 이런 움직임이 몇 번이고 되풀이되어 시계는 바늘을 가게 하는 것입니다.

이와 같이 흔들이는 분동의 사슬이 금세 내려가 버리지 못하도록 방지하는 구실을 하고 있습니다.

여러분은 이미 흔들이의 진동 주기는 항상 일정하다는 것을 알고 있을 테니까, 시계의 이가 하나씩 가는 시간도 언제나 일정하게 된다는 것을 이해할 수 있을 것입니다.

* 템포가 달려 있는 축에 감겨 있는 태엽입니다.

* 가볍게 돌아가는 축에 달려 있는 『속도조절 바퀴』인데, 이 템포 태엽의 힘으로 원래의 자리로 되돌아가게 되며, 『관성』에 의해서 진동을 되풀이합니다.

예를 들면 회중시계나 손목시계의 얼개도 이와 거의 똑같습니다. [요즈음은 수정발진기(水晶發振器)에 의한 새로운 형의 시계—디지털식 등과 같은 것—가 대부분이고, 여기서 소개하고 있는 구식 시계는 보기가 드물어진 것 같습니다.]

시대와 함께 분동은 스프링이나 태엽, 그리고 건전지로 바뀌고, 흔들리는 템포 태엽*과 템포*(가느다란 소용돌이 용수철과 속도 조절 바퀴를 가리킵니다)가 된 것입니다.

이 템포 태엽이 감기기도 하고 풀리기도 하여 흔들이의 구실을 하고 있기 때문에 작은 시계라도 정확한 시간을 새길 수 있습니다.

4. 흔들이와 삼륜차

흔들이에는 또 한 가지 재미있는 성질이 있습니다. 그것은 여러분이 이미 알고 있는 『팽이의 성질』을 생각나게 하는 것입니다. 팽이는 회전축의 방향을 항상 일정하게 유지하려고 했습니다. 마찬가

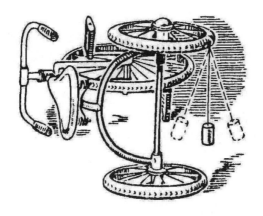

지로 흔들이도 그 진동 방향을 일정한 방향으로 유지하려고 합니다.

이것을 몇 가지 실험을 하여 확인해 보고 싶습니다. 가장 간단히 할 수 있는 것은 반드시 삼륜차를 사용하는 실험일 것입니다. 만일 그와 같은 삼륜차가 있으면 그것을 옆으로 뉘어 보십시오. 두 개의 뒷바퀴 중에서 위에 있는 것은 자유로이 회전할 것입니다. 그 바퀴에 적당한 추를 찾아내어 실로 달아맵니다. 실의 길이는 그것이 걸리지 않고 흔들릴 수 있는 길이가 되게 하지 않으면 안 됩니다.

다음에는 추를 흔들고 나서 그것을 매단 바퀴를 주의 깊게 천천히 돌려주십시오. 가만히 보고 있으면 추의 진동하는 방향이 원래 자리에 그대로 변하지 않음을 깨달을 것입니다.

이 실험에는 회전식 의자를 사용할 수도 있습니다. 또한 옷을 거는 양복걸이로서 목이 돌아가는 것이 있으면 그 끄트머리에 추를 매달아 바지랑대나 로프에 걸고 실험해 볼 수도 있을 것입니다. 스스로 연구해 보기 바랍니다.

5. 흔들이와 지구

여러분은 물론 『지구는 돌고 있다』는 말을 들어 알고 있겠지요. 지구가 돌고 있다는 것을 증명하는 방법에는 몇 가지가 있습니다. 그 중에서 가장 알기 쉬운 방법의 하나는 프랑스 물리학자 푸코*에 의해서 발견되었습니다.

그는 1851년에 파리의 교회에 거대한 흔들이를 매달아 놓았습니다—이 교회의 천장은 대단히 높은 돔(둥근 천장)으로 되어 있었습니다. 흔들이(振子)는 달아맨 길이가 67미터, 흔들이 끝에 매단 쇠공은 무게가 자그마치 26킬로그램이나 되는 것이었습니다.

이와 같이 어마어마하게 큰 흔들이를 만든 데에는 그럴 만한 이유가 있었던 것입니다. 이 흔들이는 몇 시간이고 연속하여 흔들리고 있지 않으면 안 되었습니다.

둥근 추의 바로 밑에는 끄트머리가 뾰족한 것이 붙어 있고, 마룻바닥 위에는 모래로 산 모양의 둥그런 테를 만들어 놓았습니다. 추

* 이 실험에서는 흔들이의 쇠공을 끈으로 한쪽 가에 잡아당겨 놓고(벽에 매어 놓았다) 주위가 고요해졌을 때 그 끈에 불을 붙여 태워서 끊어 가지고 진동을 시작하게 한 것입니다―가위 등으로 끊는다든지, 손으로 흔들면 불필요한 진동이 흔들이에 전해질 것이라고 생각했기 때문입니다.

끝은 흔들이가 흔들리면 모래 위에 스치고 지나간 선의 자국을 남기도록 만들어져 있습니다.

흔들이를 흔들기 시작하자* 추의 끝은 모래에 자국을 내기 시작했습니다. 그러자 어떻게 되었습니까? 몇 시간 후에 그 흔들이는 모래 위의 전혀 다른 부분에 선을 그어 놓고 있었던 것입니다. 그리고 푸코의 흔들이의 진동면은 시곗바늘이 도는 방향과 같은 방향으로 방향을 바꾸었습니다.

실제로는 이 진동면은 원래의 그 자리에서 흔들리고 있었던 것입니다. 돈 것은 교회의 마룻바닥, 즉 지구 쪽이었던 것입니다. 지구는 교회의 둥근 천장이나 마룻바닥 위의 모래를 거느리고 시계의 바늘과 반대방향으로 천천히 그러면서도 당당히 회전했던 것입니다. 그렇지만 이 지구의 운동은 흔들이에게만은 전달할 수가 없었습니다. 흔들이는 탄력 있는 부드러운 밧줄에 매달려 있었기 때문입니다!

푸코의 실험은 구 소비에트의 레닌그라드(지금은 소비에트연방의

해체로 페테르스부르크라는 옛 지명으로 다시 바뀌었다)에 있는 이사크 대사원 안에서 지금도 하고 있습니다. 만일 레닌그라드(페테르스부르크)에 갈 기회가 있거든 이 실험을 보아두면 좋을 것입니다. 설사 그런 기회가 없더라도 유감스럽게 생각할 것은 없습니다. 왜냐하면 이 유명한 푸코의 실험을 여러분의 집에서—식탁 위에서—되풀이할 수 있기 때문입니다.

사과나 둥근 감자에 대꼬챙이(대오리 같은 것)를 끝이 반대쪽으로 나올 때까지 푹 찌릅니다. 그리고는 실의 한쪽 끝에 매달면 흔들이가 되는 것입니다.

실의 다른 한쪽 끝은 코르크에 꽂은 핀에 매달립니다. 이 코르크에 세 개의 포크를 아래에서 위쪽을 향해 비스듬히 꽂아주십시오. 그런 다음 세 개의 다리를 접시 위에 움직이지 않게 똑바로 세워놓고 대꼬챙이 끝이 접시 밑바닥에 거의 다 닿게 될 정도로 그 실의 길이를 조절해 주십시오.

접시 가의 마주 바라보는 두 군데에 설탕이나 소금으로 조그만

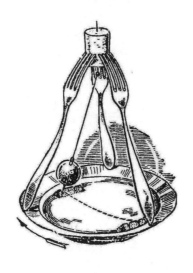

산맥을 만듭니다. 이 산맥은 푸코의 실험에서 쓴 모래 대용입니다. 그러면 흔들이를 흔들어 봅시다.

추에 꽂은 대꼬챙이는 설탕의 산맥에 자국을 냅니다. 그리고 흔들이는 흔들릴 때마다 추 끝이 지나간 자리를 다시 통과합니다.

이 얌전한 접시는 사실은 지구를 대신하고 있는 것입니다. 지구의 회전을 흉내 내어 갑자기 움직이지 못하도록 살그머니 접시를 돌려봐 주십시오. 그러면 어떻게 될까요? 흔들이의 흔들리는 방향은 원래대로 변하지 않습니다. 그러므로 추의 끝은 접시를 돌린 것만큼 설탕의 산맥 위에 새로운 자국을 낸 것입니다!

6. 유쾌한 결투

이것은 흔들이를 사용한 최신의 가장 유쾌한 실험입니다. 다음의 그림과 같이 두 개의 못을 나란히 박아 주십시오. 그런 다음 비교적 단단한 철사를 두 개 준비해서 그것을 곧게 폅니다. 철사의 한

쪽을 용수철처럼 구부린 것을 각기 한 개씩 만듭니다. 그것을 못에 걸어서 철사의 아래 끝에 같은 크기의 감자를 빠지지 않도록 단단히 찔러서 구부려 놓습니다.

이제 가령 오른쪽의 감자를 흔들면 그 감자는 왼쪽 감자에 충돌해서 멈추어 버리겠지요. 그렇지만 그 운동은 왼쪽 감자에 전달됩니다. 그리고 이번에는 왼쪽 감자가 흔들이가 되어 흔들려 감자에 쿵! 하고 부딪칩니다. 이와 같이 두 개의 감자는 운동이 약해져 버릴 때까지 번갈아가며 흔들어 갑니다.

여러분은 틀림없이 이것이 어째서 유쾌한 것인가(?) 하고 생각할 테지요? 이제 그것을 보여드리겠습니다.

두꺼운 종이로 2인의 검객(劍客) 인형을 오려서 점착테이프나 접착제로 철사 위쪽에 붙여 주십시오 (위 그림과 같이 붙입니다). 그런 다음 어느 한쪽의 감자를 흔들어 보십시오.

여러분은 틀림없이 두 사람의 유쾌한 결투를 볼 수 있게 될 것입니다! 종이 검객들은 용감하게 번갈아 가며 상대방을 향해서 칼로 찌릅니다. 그렇지만 그들의 마음은 승리의 쾌감을 얻을 수 있을 것 같지 않습니다.

제9장 적인가, 우리 편인가?

1. 왜 멈췄을까?

제4장에서 뚱보 손님을 태운 에스컬레이터에서 미끄러져 떨어진 통은 얼마나 신나게 미끄러져 갔을까! 그 통은 마룻바닥 위를 몇 미터나 미끄러져 간신히 멎었으니까요.

여러분은 스스로 산이나 언덕 위에서 자전거나 썰매를 타고 몇 번이고 전속력으로 달려 내려온 경험이 있겠지요. 여러분이 발을 움직이지 않더라도 귓가에서 바람소리를 슝슝 내면서 『관성』에 의해서 달려 내려가는 것입니다.

그러나 점점 귓가를 지나가는 바람이 고요해지고 운동은 늦춰집니다. 다시금 발을 써서 움직이지 않으면 완전히 멈추어 버립니다.

그 때 통은 어째서 멈춘 것일까요? 높은 산이나 언덕 위에서 미

* 체코의 소설가(1883~1923). 제1차 세계대전 중의 오스트리아 군대를 풍자한 반전(反戰) 소설 《선량한 병사 슈바이크》로 유명해졌습니다.

끄러져 내린 썰매일지라도 지구 위를 어디까지고 계속 미끄러져 내릴 수 없는 것은 무슨 까닭일까요? 그와 같이 기운차게 일을 하기 시작한 『관성』의 힘은 그 후에 어째서 마치 지쳐버린 듯이 약해져버렸을까요?

체코의 소설가 야로슬라프 하세크*는 자기가 쓴 소설 속에서 한 사람의 바보 같은 인물로 하여금 다음과 같은 말을 하게 합니다.

"가솔린이 떨어졌으니까, 자동차가 서버리고 만 거야……그 후에도 관성이 작용하고 있다고? 그건 거짓말이야! 서버리고 말았으니까……. 느닷없이 달리기 시작한다고 말할 참인가? 가솔린이 떨어졌단 말이야. 이봐, 난 진정으로 말하고 있는 거야……."

물론 이 바보가 한 말은 옳지 않습니다. 이미 여러분이 알고 있는 바와 같이 『관성』은 거짓이 아니라 실제로 존재하는 것이니까요. 그건 그렇다 치고, 자동차는 어째서 서버렸을까요?

생각을 정리해 봅시다. 자동차가 판판한 아스팔트길을 달리고 있다고 상상해 주십시오. 그때 가솔린이 떨어져 차가 서버렸다……. 그

러나 자동차가 갑자기 서버리는 것일까요? 아닙니다.

아직도 상당한 거리를 나아갈 수가 있습니다. 그렇다면 자갈투성이인 덜커덩거리는 길이라면 어떻게 될까요? 이런 경우는 문제가 다릅니다. 자동차는 판판한 곳보다는 훨씬 더 빨리 서버리고 맙니다. 이런 점으로 본다면, 중요한 것은 도로의 상태에 있는 것이 아닐까요?

에스컬레이터에서 미끄러져 내린 그 통은 마룻바닥 위를 몇 미터나 계속 미끄러져 갔습니다. 그 마룻바닥이 만일 꺼칠꺼칠하거나 울퉁불퉁하다면 어떻게 되었을까요? 분명히 그와 같은 마룻바닥이었다면 통은 1미터도 달리지 못했을 것입니다. 역시 중요한 것은 길의 상태입니다.

겨울날 아침, 아직 길바닥의 얼음이 녹지 않았을 무렵, 여러분은 신나게 그 길을 지치면서 놀아본 일이 있겠지요. 아주 조금만 힘을 내어 주면 멀리까지 미끄러져 갑니다. 그렇지만 그 길 위에 모래나 흙을 뿌려버리면 아무리 힘을 주어도 잘 나아가지 않습니다. 신발

바닥이 미끄러지지 않고 모래와 맞 스쳐지고 맙니다.……맞 스친다고? 그것입니다. 그거야말로 내가 하고 싶었던 말입니다! 요컨대 『마찰』이라는 것이 관성을 죽여 버리므로 가솔린이나 전기 에너지나 근육의 작용으로 그걸 보충해 주지 않으면 안 됩니다. 그렇게 하지 않으면 운동이 정지해 버리고 마니까요.

2. 정지하는 걸 지켜주는 경비원

여러분은 이미 관성에는 『운동의 관성』만이 아니라 『정지의 관성』도 있다는 걸 알고 있겠지요. 그 『정지의 관성』을 가진 것으로서, 이를테면 마룻바닥 위에 놓여 있는 장롱을 생각해 보아주십시오. 여러분이 약간 밀어 봐도 움직이려고 하지 않을 것입니다. 여기서 잠깐 생각해 보십시오. 모든 원인은 관성 때문일까요?

신선한 날감자를 얇게 썰어서 그것을 네 장 준비합니다. 장롱 아래쪽 귀퉁이를 지레를 사용하여 한 군데씩 들어올리고, 그 밑에 얇게 썬 감자를 깝니다. 조심조심……준비가 됐습니까? 그럼 그 장롱을 밀어 보십시오. 감자를 깔기 전에 밀었을 때보다도 가볍게 천천히 밀면 됩니다……아셨습니까? 원인은 관성만이 아니라는 것을(옷장은 떠밀려서 조금씩 움직일 것입니다). 여러분은 『정지의 관성』에 이기기 위해서 장롱에 힘을 준 것입니다. 이번에는 시간을 들여 천천히, 점차로 힘을 주어 보기 바랍니다. ……그래도 역시 장롱은 움직일 것입니다.

처음에 여러분이 쳐부수지 못했던 것은 『마찰』이었습니다. 그리고 다음에 감자의 얇은 조각의 도움을 받아 『마찰』을 쳐부순 것입니다. 덧붙여 말하지만, 이 방법을 알아두면 아주 무거운 가구 등을 움직일 때 도움이 됩니다. 다만 감자가 완전히 짜부라져서 도중에 『마찰』에게 도리어 반격을 당하지 않게 하십시오. (일이 끝난 후에 청소를 깨끗이 하는 일도 잊지 말도록)

요컨대 『마찰』은 운동의 적이 되기도 하고, 정지를 지켜주는 경비원이기도 합니다. 만일 『정지의 마찰』이 없어졌다고 한다면 우리

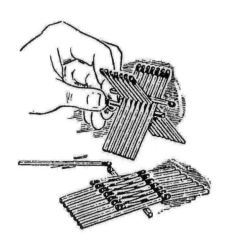

들의 주변에서는 놀라운 사태가 일어날 것입니다. 가구는 약간의 틈새바람이 불기만 해도 방안을 종종걸음으로 산책을 하기 시작할 것입니다. 가장 예절이 바른 학생일지라도 단정하게 의자에 앉아 있을 수는 없습니다. ─몸을 조금만 움직여도 책상 밑으로 미끄러지듯이 굴러 떨어지고 말 테니까요. 이런 상태가 되어서는 큰일이라고 생각지 않는 사람은 없을 것입니다.

『정지의 마찰』이 있다는 것은 좋은 일입니다. 이 점을 확인하기 위해서 이상한 실험 한 가지를 소개해 드리지요. 우선 성냥개비 한 개를 테이블 가에서 밖으로 성냥골이 나오도록 놓습니다. 그리고 그림에서처럼 14개의 성냥개비를 이와 직각이 되게 하여(성냥골이 서로 반대 방향을 향하게 하여) 늘어놓습니다. 처음에 테이블 가에 놓았던 성냥개비의 골을 잡고 14개의 성냥개비 전체를 그대로 들어올릴 수 있을까요?

사실은 할 수 있습니다. 그러기 위해서는 또 하나의 성냥개비를 7개씩 골을 양쪽가로 늘어놓고 있는 성냥개비의 골짜기(V자형으로 움푹 들어간 부분)에 가로놓아 줍니다. 잘 짜이기만 하면 약간 거칠게 들어 올려도 무너지지 않습니다. 우리 주변에는 끊임없이 『정지의 마찰』이 존재하고 있고, 그것이 우리에게 큰 도움이 되는 경비원으로서 활약하고 있습니다.

3. 데굴데굴 굴러가는 실패

결국 『마찰』이란 것은 도움이 되는 것일까요, 그렇지 않으면 해가 되는 것일까요? 이 점을 좀 더 알아보기 위해서 실패를 만들어 보지 않겠습니까? 이것은 고무를 동력으로 한 가장 단순한 장난감입니다.

우선 다 쓴 보통의 실패를 구해서 양쪽 면 가장자리에 칼이나 줄로 들쭉날쭉한 톱니를 내어 주십시오. 그리고 길이 7~8센티미터되는 고무줄을 가지고 동그랗게 테를 만들어 실패구멍에 집어넣습니다. 한쪽 구멍에서 나온 고무줄에는 성냥개비 토막을 끼워 주십

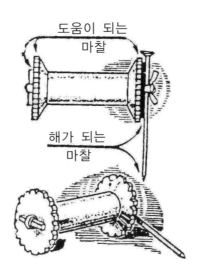

도움이 되는
마찰

해가 되는
마찰

시오.

그리고 반대쪽 타이어가 되는 곳에는 비누로 만들어진 고리쇠를 댑니다. 딱딱하게 굳은 비누를 얇게 잘라가지고 두께 3~5밀리미터 정도 되는 둥글둥글하게 자른 생선묵 같은 모양으로 만듭니다. 고무를 끼우는 한가운데 구멍은 실패와 같은 정도의 크기가 되게 해 주십시오. 비누고리의 지름은 실패의 타이어보다는 약간 작게 만듭니다. (비누 대신 굵은 양초를 둥그렇게 잘라서 써도 됩니다)

다음에는 되도록 긴 새 못을 비누 고리쇠의 구멍에서 나온 고무테의 끄트머리에 끼웁니다. 긴 못이 없으면 연필이나 나무젓가락을 잘라서 써 보십시오. 그림과 같은 실패 차를 만들었습니다. 끝으로, 못을 돌려 고무줄을 감는데, 너무 많이 감은 탓으로 고무줄이 지나치게 비틀려 조이지 않도록 주의해 주십시오. 어쩌면 반대쪽의 성냥개비 토막이 뱅글뱅글 돌기 시작하여 다 감긴 것을 가르쳐줄지도 모릅니다.

그러면 테이블 위에 실패 차를 얹어 놓습니다. 고무줄은 풀리면서 실패 차를 움직이고, 못 끝은 테이블 위를 미끄러져 갈 것입니다.

이것은 단순한 장난감이지만, 대단히 좋은 놀이거리가 됩니다. 어린이들은 『기어 다니는 차』를 당장에 몇 대고 만들어 『실패전차』의 큰 전쟁을 일으켜 놀기를 아주 좋아합니다. 상대편의 전차를 짓누르거나 뒤집어 놓거나 테이블 위에서 밀어 떨어뜨리면 이기게 됩니다.

실패 차를 가지고 논 다음에는 이것이 단순한 장난감이 아니라 과학적인 실험기구도 된다는 것을 생각합니다. 우리는 『마찰』에 대해서 좀 더 잘 알기 위해서 이 실험기구를 만든 것입니다. 이 실패 차의 경우에는 도대체 어디에 도움이 되는 마찰이 있고 어디에 해가 되는 마찰이 숨어 있을까요?

그러면 성냥개비 토막의 끝부터 살펴보기로 합시다. 실패 차의 고무줄을 감으면 고무줄은 성냥개비의 토막 끝을 잡아당기게 되어, 실패 차의 옆면에 그 막대를 강하게 누르게 됩니다. 성냥개비와 실패 차의 옆면 사이에 『마찰』이 생기는 것입니다. 만일 이 『마찰』이 없으면 성냥개비가 멋대로 돌아서 고무줄을 감을 수 없습니다! 하지만 좀 더 힘차게 고무줄을 감고 싶을 때에는 실패 차의 옆면에 성냥개비가 돌아가지 않도록 고랑을 파 놓으면 될 것입니다. 결국 여기서는 『마찰』이 도움이 되고 있습니다. 그것은 실패 차의 활동을 도와주는 것이니까요.

그런데 실패 차의 반대쪽 옆면의 경우에는 전혀 반대입니다. 못은 될 수 있는 대로 가볍게, 그리고 될 수 있는 대로 자유로이 회전시키지 않으면 안 됩니다. 못이 옆면을 가볍게 미끄러지면 미끄러질수록 실패 차는 좀 더 멀리 갈 수 있습니다. 그러므로 여기서는 『마찰』이 해가 되고 있습니다. 그것은 실패 차의 활동을 방해합니다. 방해를 하기 때문에 실패의 옆면과 못 사이에 비누 고리쇠를 살그머니 넣어둔 것입니다. 이 비누가 『마찰』을 감소시켜 매끄럽게 움직이기 위한 윤활유 구실을 하고 있으니까요.

다음에는 옆면 가장자리를 살펴보기로 합시다. 이 부분은 우리들

* 타이어 표면에 금속 『대갈못』이 많이 튀어나와 있는 특수한 타이어입니다.—야구선수나 축구선수가 신는 스파이크 슈즈와 똑같은 『미끄럼 방지』의 효과가 있습니다.

* 타이어 표면의 고랑을 깊게 판다든지 특수한 모양의 고랑을 사용한 눈길을 다니는 데 쓰이는 타이어입니다.

장난감의 『타이어』가 되어 있는 곳입니다. 여러분은 그 부분에 들쭉날쭉한 톱니를 냈지요. 그것은 무엇 때문이었을까요? 그렇습니다. 실패 차가 테이블 위에서 미끄러지지 않도록, 즉 기관차나 자동차의 운전기사가 말하는 『헛바퀴 돌기』를 시키지 않기 위해서입니다.

추운 지방의 기관차 운전기사에게는 다음과 같은 고생한 이야기가 있습니다. 눈이나 얼음이 레일에 붙어 굳어버리면 기관차의 바퀴는 레일 위에서 겉돌게 됩니다. 기관차는 무거운 열차를 갑자기 끌어당기면 움직이지 않습니다. 기관사는 레일 위에 모래를 뿌리는 장치를 시동하지 않으면 안 됩니다.

무엇 때문에 그럴까요? 물론 『마찰』을 크게 하기 위해서입니다. 그 밖에도 얼어붙은 레일 위에서 브레이크를 걸 때에도 모래를 뿌립니다. 그렇게 하지 않으면 언제까지나 차를 세울 수 없으니까요.

또한 눈길이나 얼어붙은 길을 자동차로 달릴 때에는 길바닥에 미끄러지기 쉬우므로 타이어에 체인(쇠사슬)을 감거나 스파이크 타이어*나 특별한 스노타이어* 등을 씁니다. 이런 것들 역시 『마찰』

을 크게 하여 타이어가 도로를 꽉 붙잡고 있게 한 것입니다.

그런데 가솔린이 떨어졌을 때 『마찰』이 자동차를 정지시켜 버렸다는 것을 생각해내기 바랍니다. 만일 도로와 타이어 사이에 『마찰』이 없다면, 탱크에 가솔린이 가득 들어 있어도 자동차는 달리지 못할 것입니다. 그 타이어는 마치 얼음 위에서 겉돌 듯이 뱅글뱅글 돌기만 할 것입니다.

이야기는 다시 실패 차로 되돌아갑니다. 이 실패 차에는 또 한 군데 『마찰』이 있습니다. 그것은 테이블 위를 문지르면서 나아가는 못의 끄트머리 부분입니다. 이 부분의 『마찰』은 해가 됩니다. 그것은 실패 차의 운동을 방해하여 차를 세우려고 합니다. 그러나 이 해로운 마찰을 제거하는 것은 좀 무리일지 모릅니다. 못의 끄트머리를 가는 샌드페이퍼(사포)로 갈아도 별로 효과는 기대할 수 없을 것입니다.

우리들의 장난감은 간단한 것이었지만, 마찰을 알아보는 데 도움이 되었습니다. 기계장치의 움직이지 않으면 안 되는 부분에서는

『마찰』은 해가 되기 때문에 이것을 줄일 필요가 있습니다. 그런데 움직이거나 미끄러지거나 하면 안 되는 부분에서는 『마찰』은 도움이 되기 때문에 이것을 크게 하지 않으면 안 됩니다.

또한 『마찰』은 브레이크에 없어서는 안 되는 것입니다. 우리가 만든 실패 차는 브레이크가 없었습니다. 느릿느릿 그런대로 움직이고 있으면 좋았던 것입니다. 그렇지만 실제의 모든 탈것에는 브레이크가 달려 있습니다. 브레이크가 없으면 마음 놓고 탈것에 탈 수 없으니까요……

4. 연필과 책

다음에는 연필과 책의 실험을 해 봅시다. 책을 기울여 놓고 그 위에 연필을 올려놓습니다. 떨어집니까, 안 떨어집니까? 그것은 어떻게 놓느냐에 따라 다르군요! 만일 책의 경사면을 따라(세로 방향으로) 놓으면 그 경사도를 크게 하더라도 연필은 좀처럼 움직이지

않을 것입니다. 하지만 경사면에 대해서 옆으로 놓으면 어떻게 됩니까? 어, 굴러 내리기 시작했습니다! 6각형이 아니라 동그란 연필이라면 특히 그렇습니다.

"이 따위 연필 실험 같은 건 시시하기 짝이 없다!" 하고 생각할지 모르지만, 사실은 이 실험에서 중요한 마찰의 성질이 내포되어 있습니다. 그것은 『연필이 굴러 내릴 때는 미끄러져 내릴 때보다도 마찰이 작다』는 것입니다. 연필의 입장에서는 미끄러지기보다는 구르는 편이 더 손쉽습니다. 물리학의 말을 사용하면 『구르는 마찰은 미끄러지는 마찰보다도 작다』는 것입니다.

그렇기 때문에 인간은 수레바퀴를 발명한 것입니다. 옛날의 어른들은 수레바퀴를 알지 못했기 때문에 여름에도 짐을 썰매로 운반했습니다. 그림을 보십시오. 이것은 이집트의 아주 오래된 신전(神殿)의 벽에 새겨져 있던 그림입니다. 썰매 위에 거대한 석상(石像)을 싣고 땅 위를 그대로 질질 끌어 운반하고 있습니다. 이집트는 더운 나라여서 그 곳에서는 눈 같은 건 내리지 않을 텐데도!

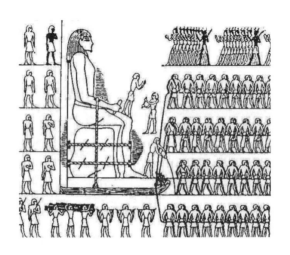

어째서 고대의 기술자들은 썰매 밑에 굴림대를 까는 일쯤을 생각지 못했을까? 아니, 걱정할 것은 없습니다. 그들은 이미 생각을 하고 있었습니다. 좀 더 정확히 말하면, 그들은 훨씬 이전에 굴림대를 쓸 것을 생각하고 있었습니다. 하지만 이 벽화가 그려진 시대와는 다릅니다.

어쨌든 수천 년 전에 이미 『굴림대』가, 그리고 그 후에 『수레바퀴』가 나타난 것입니다. 그 때 역사상 처음으로 『미끄럼마찰』이 좀 더 편리한 『구름마찰』로 바뀌게 되었습니다. 이것은 큰 진보였습니다.

현대의 기술은 다시 한 걸음 더 중요한 전진을 해냈습니다. 기술자들은 다음과 같이 생각한 것입니다.

"수레바퀴는 지면 위를 썰매처럼 질질 끌고 가는 것이 아니라, 굴러가니까 마찰이 작다. 하지만 수레바퀴의 축은 회전축을 받치는 장치(베어링)와 마주 문지르고 있다. 그러므로 거기엔 기름을 칠해 주지 않으면 마찰은 줄어들지 않는다. 이 부분의 미끄럼마찰도 구

146

* 이 축받이는 『구슬축받이』 즉 『볼베어링』이라고 불리고 있습니다. 볼베어링이란 쇠구슬을 넣어서 그 회전 접촉을 이용한 암톨쩌귀를 말합니다. 그 밖에 원통모양의 강철로 된 작은 『굴림대』를 넣은 축받이를 『구름축받이』니 『롤러베어링』이라고 합니다.

름마찰로 바꿔 놓을 수 없을까……?"

이리하여 고안해 낸 것이 『구름 축받이』입니다. 영락없이 수레바퀴의 축과 축받이 사이의 틈에 작은 굴림대를 많이 집어넣은 것과 같은 것입니다. 현재 쓰이고 있는 『구름 축받이』는 작은 강철제의 구슬이 가득히 늘어서 있어 굴림대의 역할을 하고 있습니다.

이 작은 구슬을 넣은 축받이*는 자전거나 오토바이, 자동차 등 마찰을 줄이고 싶은 회전 부분 등에 많이 쓰이고 있습니다. 이 그림은 작은 구슬을 넣은 축받이를 도안화한 것인데, 이 그림은 러시아에서 실제로 쓰이고 있는 것입니다.

어디에 쓰인다고 생각합니까? 사실은 철도의 차량에 이 표가 붙어 있습니다. 이 표가 붙어 있는 차량은 이 그림과 같은 축받이를 쓰고 있습니다.

5. 원을 그리는 곡예사

* 되도록이면 둥근 연필로서 긴 것(쓰다 만 몽당연필로는 무리입니다)을 준비해 주십시오─원통형의 가늘고 긴 막대기 모양으로 된 것이면 어떤 것이라도 응용할 수 있습니다.

마찰 이야기를 마치기 전에 또 한 가지 재미있는 장난감을 만들어봅시다.

우선 두꺼운 종이를 오려 그림과 같은 인형을 만듭니다. 연필*이나 혹은 연필처럼 가늘고 긴 모양의 볼펜을 찾아서 그 끄트머리에 인형을 꽂아 놓습니다. 테이프로 그대로 꼭 붙여 놓아도 좋겠지요 (잉크를 묻혀서 쓰는 옛날식의 대가 긴 펜이 있으면 그것을 써 보십시오). 다음에는 연필대(또는 볼펜 등)를 가위의 손가락 넣는 구멍에 넣습니다. 가위를 수평으로 들고서 집어넣은 대를 비스듬히 기울이고서 원을 그리듯이 주의 깊게 돌려 보십시오.

아니, 인형은 곡예를 시작하지 않았습니까! 그것은 한 번에 두 종류의 움직임을 할 것입니다. 한 가지는 인형이 꽂힌 연필 끝이 그리는 커다란 원운동입니다. 또 한 가지는 가위의 손가락을 끼우는 구멍의 안쪽을 따라서 연필대가 구르면서 움직이는(미끄러지는 것이 아니라)운동입니다.

이 두 종류의 운동이 합성되어 연필 끝의 인형은 커다란 원을

148

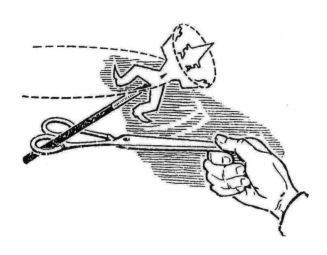

그리면서 자기 자신도 빙글빙글 자전(自轉)합니다. 진짜 서커스의 곡예사일지라도 이 같은 곡예는 할 수 없을 것입니다.

　여기서 『마찰』은 도대체 어디에 있을까요? 그것은 가위의 손가락을 끼우는 부분에 있습니다. 만일 그것이 없었더라면 연필대는 밑으로 빠져버려서, 기울어진 자세대로는 있지 못합니다. 그리고 큰 원을 그리면서 돌 수도 없을 테니까, 그 인형은 구경꾼을 즐겁게 해줄 수도 없게 됩니다.

제10장 딱딱한 것과 부드러운 것

1. 장과 소파

누군가가 어느 소년에게 질문을 했습니다.

"고체(固體)란 어떤 것인지 알고 있니?"

"물론이지, 알고말고!"

"저기 봐, 이를테면—옷장이야. 저건 대단히 딱딱한 고체야. 이것 보라고, 옷장에 부딪쳐 이런 혹이 생겼으니까 말이야."

"응, 그래! 그렇다면 소파는?"

"소파? ……저건 딱딱한 게 아니잖아. 소파는 연체(軟體)야!"

물리학자였다면 혹을 만든 그 소년과는 전혀 다른 대답을 했을 것입니다. 이를테면 다음과 같은 식으로.

"고체란 것은 그 모양이 변하지 않는 것을 말한다. 옷장—고체 야. 옷장은 똑바로 서 있어서 구부러지거나 하진 않는다. 그리고 소

파 말인데, 이것도 역시 고체야. 소파는 누가 앉지 않으면 변형되지 않겠지?"

그러나 만일 소파까지도 고체라고 한다면, 고체가 아닌 것은 어떤 것일까요? 처음부터 고체가 아닌 것이 있을까요?

"그야 물론 있고말고!"

하고 물리학자는 대답했습니다.

"그건 물이지.—물은 고체가 아니야. 물은 액체야. 물이란 것은 자기 자신의 모양을 가지고 있지 않아. 냄비에 넣으면 냄비 모양이 되어버려. 만일 냄비에 구멍이 뚫렸다면 물은 점점 테이블 위로 흘러나와 한 줄기 내가 되어 마룻바닥에 흘러 떨어지고 말 거야……"

이 같은 성질은 모든 액체가 다 가지고 있습니다. —예를 들면 밀크, 등유, 샐러드유……등이 그렇습니다. 이러한 액체들은 모두 그것을 넣어두는 그릇의 모양이 됩니다. 그렇지만 소파는 자기 스스로 모양을 갖추고서 마루 위에 앉을 수 있습니다. 흘러넘친 물처럼 마루 위에 흘러나와 퍼지는 일은 없습니다.

그렇지만 소년의 대답도 아주 틀렸다고는 할 수 없습니다. 소년
은 모든 고체가 똑같이 딱딱한 것은 아님을 깨달았으니까요. 옷장
은 소파보다도 더 딱딱합니다—만일 여러분이 옷장의 모양을 변형
시키려고 한다면 그 옷장은 좀 더 강하게 여러분에게 저항합니다.
그리고 여러분이 소파처럼 약간 변형(?)되어 혹을 만들게 될지도
모릅니다.

2. 메뚜기의 점프

러시아에는 다음과 같은 동요가 있습니다.

♫ 어린 메뚜기는 초록색 옷을 입고
　　뒷발에 힘을 주며
　　팔딱 팔딱 다 같이 뛰어다니네.
　　왜 그런지 자꾸만 즐거운가 봐. ♫

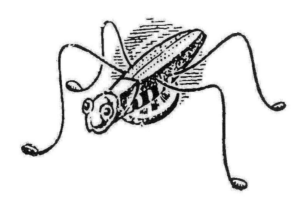

　이따금 장난감가게 앞에서 재미있는 장난감—팔딱팔딱 뛰는 메뚜기—을 팔고 있는 광경을 보는 일이 있습니다. 그 뜀뛰기 선수의 몸은 초록색 플라스틱으로 되어 있습니다. 그리고 배에는 동그란 고무로 된 빨판이 있고, 그 긴 다리는 용수철처럼 탄력 있는 강철선으로 만들어져 있습니다.

　판판한 접시 위에 장난감 메뚜기를 올려놓고 그 위에서 꽉 누릅니다. 메뚜기의 다리는 꼬부라지고 배가 반들반들한 접시의 표면에 딱 붙게 됩니다. 이때 빨판이 접시에 달라붙습니다.

　그렇게 되거든 메뚜기를 손에서 놓아줍니다. 그 메뚜기는 때로는 몇 분간이고 그 자세대로 가만히 있을 수도 있습니다. 그렇지만 빨판에 조금씩 바람이 들어가 달라붙는 힘이 약해지면……휙! 큰 소리와 함께 메뚜기는 접시 위에서 떠나 넉넉히 1미터, 아니 좀 더 높이 뛰어오를 것입니다. 만일 이 메뚜기가 접시 속에서 가만히 있는 동안에 놀라기를 잘하는 사람이 들어온다면 휙 뛰어오른 메뚜기를 보고 깜짝 놀랄는지도 모릅니다.

그런데 이 메뚜기 장난감은 왜 휙 뛰어오르는 것일까요? 그 이유는 메뚜기의 용수철 같은 다리가 똑바로 쭉 뻗쳐지기 때문입니다. 여러분은 메뚜기를 꽉 눌러 다리는 꼬부라지고 빨판은 그 자세대로 가만히 있었습니다. 다리가 원래의 모양으로 되돌아가려고 할 때(빨판이 떨어질 때) 메뚜기는 휙 하고 공중으로 점프를 하는 것입니다.

3. 깜짝 놀라게 하는 테

앞에서 한 실험과 흡사한 또 하나의 실험이 있습니다. 그것은 자전거나 자동차의 필요 없게 된 타이어의 고무튜브에서 잘라낸 테를 사용합니다. (최근의 자동차용 타이어에는 고무 튜브를 거의 쓰지 않기 때문에, 간신히 발견한 헌 타이어를 들여다보고는 "튜브가 없는데!" 하고 이상하게 생각지 말기를)

고무 테의 크기는 그림에 그려진 것과 같습니다. 바깥지름이 20

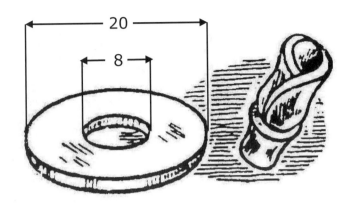

밀리미터, 한가운데 구멍의 지름이 8밀리미터인데, 바깥지름은 대략 5백원짜리 동전만 하게 됩니다.

테의 가장자리 일부분을 한가운데의 구멍 속에 밀어넣어 돌돌 말리도록 하여 그것을 테이블 위에 놓습니다. 몇 초쯤 지나면 그 테는 원래의 모양으로 되돌아가려고 급히 튀어오를 것입니다. 이 원인도 저 장난감 메뚜기의 실험과 똑같습니다. 압축되고 꼬부라지고 비틀린 고무는 원래의 상태로 되돌아가려고 하니까 그 테는 한가운데서 풀리기 시작하여 마지막에는 똑바로 펴집니다. 이와 같이 고무는 용수철 같은 강철과 마찬가지로 자기 자신의 모양을 원상태로 되돌리려고 하는 성질이 있습니다. 이 성질을 『탄성(彈性)』이라고 합니다.

4. 끈덕진 컨페이토

막 구워낸 빵의 보들보들한 속을 이용하여 여섯 개의 뿔이 있는

컨페이토*를 만듭니다. 그 크기는 호두만하지 않으면 안 됩니다.

이 빵으로 된 컨페이토를 찌부러뜨리는 것쯤은 문제없다고 생각되겠지요. 그렇지만 시험 삼아 마룻바닥 위에 내동댕이쳐 보십시오. 별로 주의할 것은 없습니다.

힘껏 내팽개치는 것입니다! 빵으로 된 컨페이토에는 아무것도 달라진 모양이 없습니다.

여러분이 만든 빵 컨페이토의 『탄성』있는 뿔은 용수철처럼 튀어 자신의 몸을 휙 하고 높이 뛰어오르게 합니다.

몇 번이고 이 짓을 되풀이하더라도 컨페이토는 아무 일도 없었다는 듯이 뛰어오를 것입니다.

이 끈덕진 컨페이토를 도와주고 있는 것이 『탄성』입니다. 여기서 단 한 가지의 필요한 조건은—막 구워낸 새로운 빵으로 만든다는 것입니다.

물론 빵의 종류에 따라서나 구워진 상태에 따라서도 『탄성』은 조금씩 다르겠지만, 오래된 빵으로 된 것은 부스러지기 쉽습니다.

5. 튀는 동전

이 실험을 시작하기 전에 몇 닢의 동전을 준비해 주십시오. 우선 처음에는 그 중의 두 개를 사용합니다. 테이블 위에 약간씩 간격을 벌려 늘어놓습니다. 다 늘어놓거든 그 중의 한 개를 힘 있게 튕깁니다.

그러면 그 동전은 테이블 위를 미끄러져 다른 동전에 부딪칩니다. 만일 정확히 동전의 이마와 이마를 정면충돌시키면 첫 번째의 동전은 충돌함과 거의 동시에 정지하고, 두 번째의 동전은 충돌의 쇼크를 받고 튕겨져 첫 번째의 동전과 똑같은 운동을 계속할 것입니다.

어째서 그렇게 되는 것일까요? 이것도 『탄성』 때문입니다. 두 개의 동전이 충돌한 최초의 순간, 양쪽의 동전은 눈에 보이지 않을 만큼 약간이긴 하지만, 압축되어 찌부러집니다. 그렇지만 다음 순간에 『탄성』이 작용하여 동전의 모양을 원상태로 되돌리려고(복원시

키려고) 합니다. 탄성에 의한 힘은 충돌한 두 개의 동전을 반대방향으로 밀어 헤치려고 작용합니다. 첫 번째의 동전은 자기 자신 쪽에서 부딪쳐 갔으니까 충돌의 쇼크를 진행방향과는 반대방향으로 받아 정지합니다.

한편, 두 번째의 동전은 정지하고 있을 때 첫 번째의 동전에 부딪쳤으니까 그 쇼크로 튕겨지게 되어 첫 번째의 동전의 운동을 그대로 이어받고 말 것입니다.

동전을 사용한 이 실험은 몇 개의 동전을 한 줄로 바짝 붙여 늘어놓으면 좀 더 복잡하게 할 수 있습니다. 여기서 만일 또 다른 한 닢의 동전을 좀 떼어 놓고 그것을 손가락으로 튕겨내어 정확히 줄 끝의 동전을 맞혀 보십시오. 어떻게 되겠습니까?

손가락으로 튕겨진 동전은 줄 끝의 동전에 부딪치면 깜짝 놀라 우뚝 멈춰 선 듯이 정지해 버리고 맙니다. 그리고 그 쇼크는 한 줄로 늘어선 동전 전부에 전해집니다. 동전은 한 순간에 차례차례 압축되었다가 다시금 원래의 모양으로 되돌아갑니다. 그러나 줄의 맨 끝에 있는 동전만은 쇼크를 전할 상대가 없습니다. 그래서 마지막 동전은 반대방향의 쇼크를 받는 일이 없으므로 옆에 있는 동전으로부터 받는 쇼크를 그대로 이어받아 자기 혼자서 휙 물러섭니다.

이 실험은 오델로나 구슬 또는 잔돌 등을 써서도 할 수 있습니다. 또한 당구나 크로켓, 그리고 게이트볼의 공으로도 똑같은 실험을 할 수 있을 것입니다. 다만 어떠한 경우에나 정확히 『이마와 이마』가 부딪치도록 하지 않으면 안 됩니다. 그것이 실험을 성공시키는 요령이니까요.

6. 고체는 딱딱한가?

용수철장치가 있는 장난감 나사를 감아 보십시오. 『탄성』을 가진 강철제의 용수철은 다시금 원상태로 되돌아가려고 합니다. 그래서 용수철이 느슨해질 동안까지는 동력(動力)을 얻을 수 있습니다. 그와 마찬가지로 하여 모든 기계장치로 된 장난감은 움직입니다(배터리 등으로 움직이는 것은 제외하고 말입니다).

앞에서 소개한 실패 차를 비롯하여 고무동력으로 움직이는 모형 비행기나 배 등은 모두가 고무를 비틀었습니다―『탄성』을 가진 고무는 원래의 모양으로 되돌아가려고 하므로 고무는 풀려서 모형장난감을 움직이는 것입니다.

우리들이 이야기 속에서 문제 삼은 고체는 모두가 젊은이처럼 견고한 모습을 하고 있습니다. 옷장은 소년에게 혹을 만들게 하고, 소파는 걸터앉은 사람이 일어서면 원래 모양으로 되돌아갔습니다. 장난감 메뚜기의 다리나 고무로 된 테, 한 줄로 늘어놓은 동전이나 빵으로 된 컨페이토도 원래의 모양으로 되돌아갔습니다. 하지만 항상 그런 걸까요?

여러분은 언젠가 다음과 같은 고체를 본 일이 있는지 생각해 보십시오―부러진 고체, 쪼개진 고체, 구멍 뚫린 고체, 끊어진 고체, 부서진 고체, 구부러진 고체, 짜부라진 고체―를.

물론 본 일이 있을 것입니다. 옷장이라 할지라도 큰 쇠망치로 힘껏 내리치면 부서지고 맙니다. 태엽도 무리한 힘으로 너무 강하게 감아버리면 끊어집니다. 너무 심하게 감는다든지 잡아당긴 고무도 마찬가지로 끊어지고 맙니다. 빵으로 된 컨페이토도 손으로 두들겨 짜부러뜨리면―좀 더 정확히 말하면 손바닥에 놓고 천천히 짜부러뜨리면―구운 납작 과자처럼 되어버리고 맙니다.

모든 고체는 극도의 힘에 의해서 압축되지 않으면 다시금 원래의 형태로 되돌아가는 딱딱한 물체입니다. 그러나 놀라운 것은 구부러지거나, 납작해지거나, 산산이 부스러진다 하더라도 고체는 그 후에도 고체입니다. 산산이 부서지면 부드러운 것으로 변하는 것이 아니라 고체의 성질은 그대로 변하지 않습니다.

7. 고체의 내용은?

대부분의 고체는 부서진 면이 울퉁불퉁합니다. 예를 들면, 부러진 못이나 나무토막, 깨진 접시나 깨진 돌 등이 그렇습니다.

만일 그 단면을 확대경이나 현미경으로 들여다보면 그 면이 꺼칠꺼칠한 알갱이 모양으로 되어 있음을 알 수 있을 것입니다. 현미경으로 들여다보고서야 겨우 알게 되는 큼직한 알갱이의 모임은 보통 규칙적인 모양을 하고 있는데, 이것을 『결정(結晶)』이라고 합니다.

　　대단히 아름다운 결정은, 이를테면 얼음의 결정입니다. 겨울에 밖에 나가서 내리는 눈을 장갑을 낀 손에 받아 확대경으로 들여다보기 바랍니다. 놀랍게도 그것은 얼음의 바늘로 된 규칙적인 별과 같은 모양을 하고 있어서, 완전히 똑같은 모양으로 생긴 것을 발견하기는 어렵습니다. 수많은 학자들이 몇 백 종류나 되는 눈 모양을 헤아리고 있지만, 이 눈의 결정들은 모두가 6각의 부챗살 모양으로 되어 있습니다.

　　보통, 결정은 눈으로 보아도 알 수 없을 만큼 작아서 크게 확대해야만 겨우 분간할 수 있습니다. 때로는 큰 알갱이의 결정, 혹은 거대한 결정을 만나는 수도 있습니다. 이를테면 광물의 표본 등에

서 보게 되는 수정(水晶)의 결정이 그것입니다.

여러분도 스스로 꽤 큰 알갱이의 결정을 기를 수 있습니다.

우선 뜨거운 물을 컵에 담아 쉴 새 없이 휘저으면서 그 속에 식염(소금)을 뿌려 줍니다.

식염은 아무리 휘저어 섞어도 컵 바닥에 녹지 않고 남아 있을 때까지 계속 뿌려 줍니다. 그런 후에 가느다란 철사에 털실을 감아 컵 주둥이에 걸쳐 놓은 가느다란 막대기에 걸어 가라앉힙니다. 이 소금물은 점차로 차가워지고 물이 증발하기 시작합니다. 날씨가 좋으면 2~3일쯤 지나면 거의 다 말라 버릴지도 모릅니다. 그렇게 되거든 털실에 묻은 소금의 작고 규칙적인 육면체를 살펴보기 바랍니다.

만일 명반(明礬 : 백반)을 구한다면 안성맞춤입니다. 명반의 결정은 소금의 결정보다도 큰 알갱이를 만들 수 있을 뿐만 아니라 모양이 아름답습니다─소금의 결정은 단순한 육면체로 되어 있지만, 명반은 피라미드 같은 모양으로 됩니다.

이와 같이 해서 만들어진 결정은 확실히 작은 것뿐입니다. 그렇다면 좀더 큰 결정을 만들 수 없을까요?―할 수 있습니다. 그럼, 다음과 같이 해 보십시오.

바늘핀 대가리만한 밀랍(蠟 : 양초)의 덩어리를 손으로 반죽하여 부드럽게 만듭니다. 털실을 감은 철사에서 명반의 작은 결정을 한 알갱이 떼어내어 그것을 가는 머리털에 밀랍으로 붙입니다. 그리고 명반을 많이 녹여 둔 용액 속에 이것을 매달아 놓습니다. 그대로 가만히 2~3일 내버려둡니다. 그러면 명반의 결정은 조금씩 자라나, 분명히 큰 알갱이의 결정이 되어 가는 것을 알 수 있습니다. 그 결정은 좀 불투명할지도 모르지만, 모양으로서는 규칙적인 결정이 될 것입니다.

8. 인스턴트 결정 만드는 법

황산소다를 물에 녹여서 쓰면 대단히 아름다운 결정의 실험을

* 황산나트륨(황산소다)의 10수화물(水化物, $Na_2SO_4 \cdot 10H_2O$)을 망초라고 부릅니다. 황산마그네슘($MgSO_4$)의 수용액과 마찬가지로 과포화용액을 만들 수 있습니다.

할 수 있습니다.

이 물질은 『망초(芒硝)』라고 불리는 것인데, 그 밖에 황산마그네슘을 써서도 할 수 있습니다.* 여기서는 약국에서 구입한 망초를 300~350그램 씁니다.

되도록이면 요리에 쓸 수 없게 된 헌 냄비를 준비하여(잘 씻을 것), 그 속에 4분의 3쯤 물을 넣어 끓입니다. 그리고 냄비를 불 위에 올려놓은 채 조금씩 망초를 넣어 휘젓습니다. 망초가 녹지 않게 되어 바닥에 남기 시작하거든 불을 끕니다. 그리고 주의하면서 목이 가는 병(플라스크라면 안성맞춤입니다)에 그 뜨거운 용액을 채워 마개를 꼭 막아 두십시오.

용액이 식거든 실험을 해 보이겠습니다. 병마개를 따고 망초의 결정을 한 개 그 병 속에 떨어뜨려 주십시오. 그러면 용액 속에 보석 같은 반짝거림이 나타나기 시작하고, 순식간에 용액은 큰 결정의 덩어리로 변합니다.

이것을 응용하면 이 실험은 요술로 이용할 수 있습니다. 망초의 알갱이를 병 속에 넣는 대신에 연필로 몇 번인가 병의 주둥이를 두드립니다. 요술을 부리는 도중에 여러분은 이 연필이 요술지팡이라는 것을 알려두어야 합니다. 사실은 미리 몇 개의 망초 알갱이를 이 요술지팡이에 (보이지 않도록) 남몰래 묻혀 두어야 합니다. 그리하여 병의 주둥이를 두드리고 『주문』을 외고 있는 사이에 눈치 채지 못하도록 그 알갱이를 흔들어 떨어뜨리면 되는 것입니다.

9. 물의 결정

망초의 결정을 만드는 요술은 그다지 어려운 것은 아니었습니다. 그럼, 플라스크나 목이 가는 병 속에서 누구나 잘 알고 있는 얼음 (물의 결정)을 만들어 보는 것이 어떨까요.

그거라면 간단하다고 생각할지도 모릅니다. 만일 지금이 추운 한겨울이라면 목이 가는 병에 물을 가득 채워 창 밖에 하룻밤 놓아두어 보십시오. 물은 얼기 시작하여……짜악! 병은 갈라지고 말 것입니다. 그렇다면 병에 마개를 하지 않으면 괜찮을까요? 그러나 마개를 하지 않더라도 병은 갈라집니다. 그것은 병 속에 얼음 마개가 만들어지기 때문입니다. 물이 얼면 부피는 불어납니다. 그런 까닭에 얼음은 병을 깨버리고, 수도관을 파열시키며, 생물의 세포의 벽까지도 파괴해 버리고 마는 것입니다.

추위에 걸리면 풀이나 잎은 시들어 버리고 맙니다. 그렇지만 나무는 이미 가을철에 수액(樹液)의 활동을 정지해 버립니다. 그러므로 겨울 동안에 나무의 수분은 줄어들어 있기 때문에 매서운 추위에도 얼지 않고 살아 있을 수 있는 것입니다. 얼음은 물보다는 가벼워서 수면에 뜹니다. 만일 얼음이 물보다도 무거워서 가라앉아 버린다면 북쪽 지방의 바다나 강은 밑바닥까지 얼어붙고 말 것입니다.

10. 얼음의 약점

보통의 얼음은 완강하고 때로는 위험하기까지 합니다. 그러나 얼

음에도 약점이 있습니다. 얼음은 자를 수가 있습니다—철사로!

그림에서처럼 직육면체의 얼음(또는 커다란 기둥 같은 얼음)을 두 개의 의자등 위에 걸쳐 놓습니다. 이 얼음 위에 굵기 0.5밀리미터 이하의 강철선으로 둥그런 테를 만들어 걸고는 여기에 다리미 두 개를 매답니다(벽돌이나 블록을 튼튼한 자루에 넣어 이것을 매다는 것도 한 방법입니다).

강철선은 천천히, 게다가 쉴 새 없이 얼음 속으로 파고 들어갑니다. 점점 더 깊고 깊게……그리고 마침내 쩍, 꽝! 드디어 다리미는 떨어지고 강철선은 얼음 속을 뚫고 빠져나온 것입니다. 그런데 어찌된 일인지, 얼음덩어리는 아무 일도 없었던 듯 그대로인 채로 절단 같은 건 당하지 않은 듯이 시치미를 떼고 있지 않겠습니까? 이것은 어떻게 된 노릇일까요?

얼음은 압력을 받으면 녹습니다. 예를 들면, 스케이트 날이 그렇습니다. 만일 날이 날카롭지 않다면, 따뜻한 날이 아니면 스케이트는 잘 미끄러지지 않습니다. 하지만 너무도 심하게 추울 때에는 아무리 날이 날카로울지라도 잘 미끄러지지 않습니다. 얼음이 지나치게 차가워지면 잘 미끄러지게 하는 물의 『윤활제』가 생기기 어렵게 되기 때문입니다.

제11장 물과 파이프

1. 벽에 그림을 어떻게 거는가?

여러분은 영국의 작가 제롬 K. 제롬(Jerome K. Jerome, 1859 ~1927)이 쓴 《보트 위의 세 남자》라는 유쾌한 책을 읽은 일이 있습니까? 그 책 속에서 제롬은 포젤 아저씨가 벽에 그림을 걸었을 때의 이야기를 하고 있습니다.

포젤 아저씨는 으스대며 이렇게 말했습니다.

"어디, 내가 걸어 볼까."

그는 신사복을 벗어던지고, 하인더러는 못을 사오라고 일렀습니다. 그런 후에, 몇 치 짜리 못을 사와야 하는지를 하인에게 알려주기 위해서 아들로 하여금 그 뒤를 쫓아가게 했습니다. 다른 아들더러는 망치를 가져오라고 명령하고, 세 번째 아들 더러는 자를 가져오라고 말했습니다. 아저씨는 접는 식으로 된 사다리와 의자도 가져오라고 했습니다. 그리고 나서 큰 소리로 이렇게 말했습니다.

"짐, 얼른 호글스 씨네 집에 갔다 오려무나. 그리고 아버지가 안부 말씀을 전하라고 하더라고 말이야. 다리는 좀 어떠시냐고 인사를 하고 나서, 댁의 수준기(水準器 : 수평선 또는 수평면을 결정하기 위한 기기)를 빌리고 싶은데, 좀 빌려주시지 않겠습니까 하고 말이야!."

그리고 나서 아내에게 명령하여 양초를 가져오게 하고, 못을 사 가지고 온 하인에게는 끈을 가져오라고 일렀습니다. 그리고 있을 때 아들 하나가 그림을 가지고 왔습니다.

그런데 그 다음 순간 포젤 아저씨는 난처한 처지를 당하고 말았습니다. 아저씨는 그만 그림을 무심코 떨어뜨려 유리가 깨지는 바람에 자기의 손을 베고 말았습니다. 그리하여 아저씨는 못을 손에서 놓치고 망치를 떨어뜨리며 벽에 표시해 놓은 표식을 잃어버린 끝에 결국에는 그랜드피아노 위에 거꾸로 떨어지고 말았습니다. 그리고 온 가족을 정신 못 차리도록 볶아대며 벽을 부수고 자신의 손

가락을 망치로 치며 간신히 밤이 깊어서야 그 위대한(?) 일을 끝마쳤던 것입니다. 드디어 그 그림은 벽에 걸리긴 했지만, 한쪽으로 기울어져 있어서 당장에라도 떨어질 것만 같았습니다.

만일 여러분이 그림을 벽에 걸어야 하는 처지가 되었다면 포젤 아저씨보다는 잘 걸 수 있을 것이고, 더구나 혼자 힘으로 할 수 있으리라고 생각하는데…… 그렇지만 이 일을 하기 위해서는 여러분도 역시 못이나 망치나 사다리 정도는 필요할 것입니다. 그리고 호글스 씨 댁에 빌리러 간, 수평을 보는 그 도구—수준기도 역시 필요할 것입니다.

그렇지만 만일 여러분에게 수준기가 없고 빌려올 만한 곳이 없더라도 자기 혼자서 아주 간단히 장치를 만들 수 있습니다. 두 개의 유리관(또는 투명한 아크릴 수지 등과 같은 가느다란 파이프)을 구해가지고 그걸 고무관으로 연결하여 물을 넣습니다. 그렇게 하면 고무관의 길이를 여러 가지로 바꾸어 사용하기 쉬운 모양의 수준기를 만들 수 있습니다. 어쨌든 두 개의 유리관 속의 수면은 항상 같

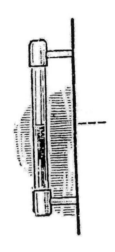

은 수평면이 되어 있을 것입니다. 그리고 여러분은 이 자작 수준기(自作水準器)를 그림이 든 액자에 대고 수평인지 기울어져 있는지를 살펴보면 될 것입니다.

수평을 보는 이 수준기와 아주 흡사한 장치가 증기보일러에 쓰이고 있습니다. 그것은 수량계(水量計)라는 것입니다.

보일러는 항상 물이 가득히 들어 있지 않으면 폭발할지도 모릅니다. 하지만 안에 든 물의 양을 어떻게 조사해야 좋을까요? 보일러는 투명하지도 않은데…….

그 때 수량계가 도움이 될 것입니다. 이것은 위아래가 보일러와 접속된 유리관입니다. 유리관 속의 물은 언제나 보일러 속의 물과 똑같은 높이의 수면이 되어 있습니다.

이 장치는 수면계(水面計)라고 하는 것인데, 보일러 속의 물이 관 속에 자유로이 드나들 수 있도록 만들어졌으며, 일종의 연통관 같은 구실은 하고 있습니다. 그래서 외부에서도 수위(水位)를 알 수 있습니다. 우리들이 만든 수준기도 이 연통관과 아주 똑같습니다.

> * 석유램프의 등피(갓) 대신에 빈 깡통을 이용해도 좋을 것입니다. 그 때에는 깡통 바닥에 구멍을 뚫어 그 구멍에 파이프를 끼우면 되는데, 물이 새지 않도록 접착제 등을 사용하여 야무지게 고정시켜 주십시오.

연통관은 10개든, 100개든, 1000개든 연결할 수 있습니다. 그것들은 크기나 모양이나 기울기가 각각 다른 것일지라도 액체는 관속에 항상 같은 수준이 됩니다.

재미있는 것은, 전 세계의 바다도 연통관이 되어 있습니다. 실제로 그 바다들은 모두 해협으로 연결되어 있으며, 해면(海面)의 높이는 전 세계가 다 똑같습니다.

하지만 바다와 연통관을 갖지 않은 내륙(內陸)의 바다, 예를 들면 카스피 해나 아랄 해 등은 전 세계의 바다의 수면과 비교하여 수면이 낮게 되어 있습니다.

2. 분수 만들기

다음에는 분수를 몇 가지 소개하겠습니다. 처음에는 석유램프인 남포의 등피(유리 갓)를 이용한 분수입니다. 광의 한쪽 구석에 처박혀 있던 케케묵은 가보(家寶)(?)인 석유램프를 찾아내어, 이 유리 갓*과

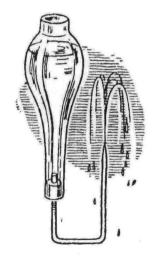

* 유리관을 구부리는 방법은 화력이 센 가스풍로나 가스버너 등의 불꽃으로 열을 가하면 간단히 할 수 있는데, 약간의 요령이 필요합니다.

코르크 마개, 그리고 가느다란 유리관을 준비합니다.

우선 코르크 마개가 유리 갓의 가는 목 쪽의 주둥이에 꼭 들어가는 크기인지 아닌지를 확인한 다음에, 그 한가운데에 유리관이 들어갈 정도의 구멍을 뚫어 놓습니다.

그런 다음 그 구멍에다 U자 모양으로 구부러진 유리관을 틈새가 없도록 꼭 끼워 둡니다.*

유리관을 구할 수 없으면 알루미늄이나 구리 등의 가는 관도 좋고, 또 분수가 나오는 구멍을 아무데로나 자유로이 방향을 구부리거나 하고 싶으면 부드러운 비닐 호스라도 상관없습니다.

그리하여 석유램프의 유리 갓에 코르크 마개를 꼭 밀어 넣거든 관 끝을 손으로 막고 유리 갓 속에 물을 넣습니다. 관 끝을 열면 분수는 힘차게 솟아나올 것입니다. 이 분수는 유리 갓 속의 수면이 관의 끄트머리와 똑같은 높이로 줄어들 때까지 나옵니다. 그 이유는 무엇인지 아시겠습니까?

3. 고대 로마의 수도(水道)

여러분은 물론 우리들이 만든 분수가 연통관의 법칙에 따라 작용하고 있음을 깨달았을 것입니다. 물은 높은 수위(水位)의 그릇에서 낮은 쪽으로 관 속을 흘러갔습니다. 가는 관 속의 물은 그릇 속의 물과 같은 수위까지 올라가려고 하지만, 관이 도중에 끝나 있기 때문에 분수가 되어 솟는 것입니다.

여러분은 이 분수의 높이가 그릇의 수면과 거의 같은 높이에 도달해 있음을 알아볼 수 있을 것입니다.

이 연통관의 법칙에 의한 것으로서 수도(水道)의 건조물이 있습니다. 이것은 아주 오랜 옛날부터 있은 발명인데, 고대 로마에는 이미 존재해 있었던 것입니다.

러시아의 시인 마야코프스키(Vladimir Vladimirovich Mayakovsky, 1893~1930)는 다음과 같은 시를 썼습니다.

나의 시는

거대한 세월을 살아 갈 것이요,
무시할 수 없을 만큼
　몹시도 거칠고
뚜렷하게 나타나리라.
　아득한 옛날, 로마의 노예들이
쌓아 올린
　저 수도가
현대에 살고 있듯이.

　물론 여기서 말하는 수도는 현대의 것과는 전혀 다른 것입니다. 로마인들은 물을 여과(濾過)시킬 줄도 몰랐고, 살균용으로 염소를 넣을 줄도 몰랐습니다. 게다가 구리나 니켈로 만들어진 반짝반짝 빛나는 수도꼭지도 없었고, 샤워기도 없었습니다. 그러나 기본적으로는 고대 로마의 수도는 이미 오늘날의 수도와 똑같았습니다.
　수돗물은 높은 언덕 위에 있는 저수지나 큰 탱크에서 송수되어 나옵니다. 거기에서 다시 아래쪽으로 각 마을과 각 가정에 수도관

이 그물눈처럼 둘러쳐져 있습니다. 그리고 물은 관을 통해서 높은 건물의 위층에까지 올라옵니다. 그렇지만 언덕 위의 저수지보다 높은 곳까지는 올라가지 못합니다. 물은 모든 수도꼭지가 있는 데까지 간신히 당도합니다. 그리하여 수도꼭지를 틀면 우리가 만든 램프의 등피에서 나오는 분수와 마찬가지로 작용하기 시작하는 것입니다.

수도꼭지는 보통 입을 위로 향하고 있지 않고 아래로 향하게 하여 설치되어 있습니다(물론 입의 방향을 자유로이 돌릴 수 있는 것이 있기는 하지만……). 아래로 향한 수도꼭지에서는 분수처럼 아름답지는 않지만, 물을 쓰는 데는 편리합니다.

수도꼭지를 틀었을 때에 나오는 물의 힘찬 기세, 그리고 반짝거리면서 사방으로 흩어지는 물보라를 상상해 보십시오! 이것은 여러분의 가정에까지 흘러온 강입니다. 그 기원은 고대 로마의 노예들이 만들어낸 수도까지 시대를 거슬러 올라갈 수 있습니다.

4. 짙은 잉크 얼룩

이 실험은 여러분이 만년필 등의 잉크를 써서 글을 쓰기 시작한 후로 몇 번이고 경험한 일이 있는 실험입니다. 그것은 잉크 얼룩에 압지(押紙 : 흡묵지)의 끄트머리를 꼭 눌러댄다고 하는 그 평범한 실험입니다. 잉크 얼룩은 천천히 압지의 위쪽으로 기어올라 번져서 종이의 섬유를 따라 가늘게 흩어지기 시작합니다.

어째서 그와 같이 되는 것일까요? 연통관의 법칙에 의하면 정반대가 되어야 하는데도! 요컨대 잉크 얼룩은 압지의 위쪽으로 기어올라갈 것이 아니라 아래쪽으로 번져서 흘러가지 않으면 안 됩니다. 그렇지만 그와 같이는 되지 않습니다. 그렇다면 커피나 홍차에 각설탕의 밑을 적시면 어떻게 됩니까? 각설탕의 밑에서 갈색 액체가 기어 올라와서 새하얀 사탕이 다갈색으로 변하고, 흐물흐물 녹기 시작할 것입니다. 이와 같은 경험을 여러분은 몇 번이고 겪은 일이 있을 것입니다.

만일 설탕이 말을 할 수 있다면 아마도 다음과 같이 외쳐댈 것입니다.

"그만 와, 그만. 이 짙은 액체 놈아! 너에겐 위쪽으로 기어오를 권리는 없어. 네가 있어야 할 곳은 밑에 있단 말이야. 연통관의 위대한 법칙이 그렇게 말했단 말이야!"

그러나 유감스럽게도 설탕은 말을 할 수 없습니다. 그는 묵묵히 그저 녹아버릴 따름입니다. 그런데 액체는 어떤 자연법칙에 따라서 위쪽으로 기어오릅니다. 그렇다면 그 법칙이란 도대체 어떤 것일까요?

이것을 이해하기 위해서 깨끗한 컵에 따른 물의 표면을 잘 살펴봅시다. 뭔가 특별히 느낀 점은 없습니까? 사실은 거기에 뭔가 흥미 있는 사실이 있습니다.

컵의 벽 가에서 수면이 위쪽으로 구부러져 있음을 알 수 있으리라고 생각합니다. 그것은 마치 물이 컵의 벽을 타고 기어오르려 하고 있는 것처럼 보입니다. 좀 더 기어오르고 싶다—하지만 안 된다!……물은 아주 작은 발로 간신히 한 발짝만 기어올랐다고 하는 것은 물을 끌어올리는 어떤 힘이 거기에 작용하고 있는 것입니다.

다만 그 힘은 미미한 것이며, 컵 속의 물은 가득 들어 있다는 것뿐입니다.

그렇다면 컵이 가늘면 어떻게 될까요? 가는 관—의료용의 피펫을 사용해 봅시다. 우선 피펫의 굵은 쪽 끄트머리를 컵의 물속에 집어넣어 주십시오. 처음에는 깊이 넣었다가 약간 들어 올립니다. 그러면 피펫 속의 수면은 컵의 수면보다도 2밀리미터쯤 높아진 것을 알게 될 것입니다.

이것이 바로 그것—흥미있는 일—입니다! 그런데 피펫의 가는 쪽의 끄트머리를 물속에 집어넣으면 어떻게 될까요? 아까와 마찬가지로 처음에는 깊이……그리고 조금 쳐들어……자아, 잘 살펴보십시오. 이번 경우에는 피펫의 수면이 1센티미터쯤 되는 높이까지 올라가 있습니다. 이로써 관이 가늘수록 물은 높은 곳까지 기어오른다는 것이 밝혀졌습니다.

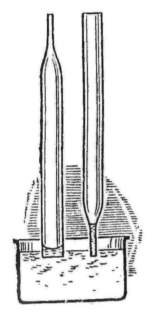

그렇지만 여러분은 의심스럽게 생각할지
도 모르겠군요.

"압지나 각설탕 속에 관이 있습니까?"

"예, 그렇습니다. 거기에는 관이 있습니다."
라고 대답해 둡시다. 하지만 그것은 현미경이 아니고선 관찰할 수
없습니다. 그것은 압지 하나하나의 섬유 사이에 있는 아주 작은 틈
입니다. 그리고 설탕 하나하나의 결정 사이에 있는 아주 작은 틈입
니다.

"아주 작은 틈이라고요?"
라고 이상하게 생각할지도 모르겠군요. 사실은 아주 작은 이 틈이
중요한 것입니다. 그렇기 때문에 물은 곧잘 위로 올라오는 것이며,
물이 연통관의 법칙에 따르지 않는 것도 그 때문입니다.

머리카락처럼 아주 가는 관을 액체가 올라가는 현상을 『모세관
현상』이라고 합니다.

5. 만일 피펫에 기름이 묻어 있다면?

어쩌면 피펫을 사용한 실험이 잘 되지 않은 사람이 있을지도 모릅니다. 이것은 피펫이 뭔가 기름으로 더럽혀져 있을 경우에 흔히 있는 일입니다. 만일 피펫이 이전에 기름기가 많은 것을 넣어서 쓰던 것이라면[바셀린이나 장뇌유(樟腦油) 같은 것] 피펫 속의 수면은 그것을 집어넣고 있는 컵의 수면보다도 낮아져 버립니다.

이 실험은 특별히 실행해 볼 가치가 있습니다. 기름기가 많은 피펫 속의 수면을 주의깊이 관찰해 봅시다. 이번에는 무엇에 주의해야 하는지 잘 알 것입니다. 피펫 속의 수면은 오목 면이 아니라 볼록 면이 됩니다. 마치 물이 기름기가 많은 유리벽에서 반발당하고 있는 것처럼 말입니다.

요컨대 모세관 현상에 의해서 액체가 위로 올라가려고 하는 것은 그 액체가 관의 벽을 젖게 하는 경우에만 일어나는 것입니다.

그러므로 모든 것은 축축하게 젖는 정도에 따라 다르다고 할 수 있습니다. 만일 액체가 벽을 적시고 거기에 들러붙는다면 액체를 위쪽으로 끌어 올리는 힘이 생깁니다. 그와는 반대로 적시지 않고 벽에서 튕겨나게 될 때에는 액체를 아래쪽으로 밀어내는 힘이 생기는 것입니다.

여러분은 방수 가공이 되어 있는 레인코트를 알고 있으리라고 생각하는데, 그 코트는 섬유의 틈이 밀착해 있는 것은 아닙니다. 그리고 고무나 비닐로 천의 표면을 덮고 있는 것도 아닙니다. 이 레인코트에 있는 섬유의 하나하나에는 특수한 물질이 칠해져 있습니다. 그래서 물이 천에 스며들지 않고 반대로 튕겨나고 마는 것입니다.

이와 같은 레인코트라면 보통의 것보다도 훨씬 더 기분 좋게 입을 수 있습니다. 왜냐하면 공기가 잘 통하고 피부호흡을 방해하지 않기 때문입니다(사람은 허파만이 아니라 몸 전체에 있는 피부의 표면에서도 호흡을 하고 있다는 것은 여러분도 알고 있을 것입니다).

그러나 방수가공이 되어 있는 이 레인코트를 자신이 직접 **빠는** 일은 좀 기다려 주십시오. 사실은 때를 씻어내려고 할 때, 물을 튕겨내는 물질까지도 씻어내 버릴 염려가 있기 때문입니다. 그렇게 되면 보통의 옷과 마찬가지로 흠뻑 젖기 시작할 것입니다—주의해 주십시오!

6. 좀 더 중요한 이야기

모세관 현상의 유일한 응용이 물을 튕겨내는 레인코트뿐이었다면 이와 같은 많은 말을 할 가치는 없을 것입니다. 레인코트가 없더라도 생활을 하는 데는 그다지 곤란하지 않을 테니까요!

하지만 만일 **빵**이나 곡식이나 초목이 없다면 어떻게 될까요? 그리고 그것을 먹고 살고 있는 동물들도 없어진다면……? 여러분은 질문을 할지도 모르겠군요. 그것이 모세관 현상과 무슨 관계가 있느냐고요. 사실은 큰 관계가 있습니다. 이 모세관 현상에 의해서 영양

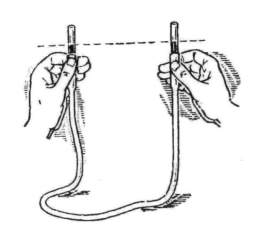

분이 포함된 수액(樹液)이 식물의 끄트머리까지 올라가는 것이니까
요.

수액은 수목이나 키가 작은 나무의 껍질, 혹은 풀과 같은 식물의
줄기에 있는 아주 가느다란(현미경으로 들여다보는 것과 같은) 통
로를 기어 올라가는 것입니다. 그 높이는 몇 십 미터나 될 정도입
니다—실제로 그 정도로 큰 나무가 있습니다.

그러나 그와 같은 큰 나무의 줄기에서 나무껍질을 벗겨내 버리
면 거기서부터 위로는 수액이 올라가지 못하게 되어, 위쪽은 말라
서 시들어 버립니다. 하지만 이 실험은 나무를 말려 죽일 염려가
있으니까 하지 말기를.

여기서 가장 중요한 모세관 현상은 흙 속의 모세관 현상입니다.
만일 일구어 놓은 밭이 가뭄을 당할 염려가 있거든 딱딱하게 엉겨
붙은 흙을 부드럽게 해 줄 필요가 있습니다. 왜냐하면 흙이 굳어지
면 흙 속의 모세관이 못쓰게 되어 수분이 올라가지 못하고 흙 밑에
서 정지해 버리기 때문입니다.

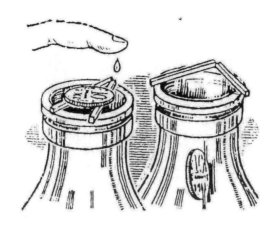

이와 같이 『모세관』의 작용은 대단히 중요합니다.

7. 모세관 현상과 성냥개비

모세관 현상에 관한 이야기에 작별을 고하기 전에 막대기를 사용한 재미있는 실험을 두 가지 해봅시다.

우선 성냥개비를 절반으로 부러뜨려(꺾인 곳이 붙어 있는 상태로) 우유병의 주둥이 위에 놓습니다. 그리고 그 위에 되도록이면 가벼운 동전을 얹어 놓으십시오(그림에서처럼 올려놓았습니까?).

그러면 그 동전을 우유병 속에 떨어뜨려 보십시오. 다만 동전이나 성냥개비나 병을 건드리지 말고 떨어뜨리는 것입니다. 어떻게 해야 하는지 아십니까?

해답은 참으로 간단합니다. 손가락을 물에 적셔 성냥개비의 꺾인 곳에 한두 방울 떨어뜨려 보십시오. 꺾인 곳이 물에 젖으면……성냥개비의 양쪽 끝은 바깥쪽으로 벌어지기 시작합니다……그리하여 마

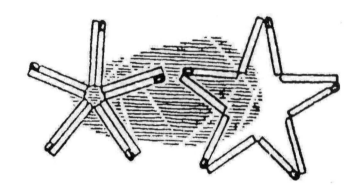

침내 동전은 성냥개비에서 벗어나 우유병 속으로!

또 한 가지 실험은 다섯 개의 성냥개비를 필요로 합니다. 그 성냥개비를 모두 절반으로 꺾인 자리가 붙어 있게 하여 그림의 왼쪽 (야윈 별 모양)처럼 만들어 접시 위에 늘어놓습니다.

이 야윈 별 모양의 성냥개비를 건드리지 말고 굵은 별 모양을 만들려면 어떻게 해야 좋을까요?

이번에는 벌써 눈치를 챘을 것입니다. 바로 전에 한 실험과 마찬가지로 성냥개비의 꺾인 자리에 물을 떨어뜨려 주면 되는 것입니다. 성냥개비는 점점 똑바로 벌어지기 시작하여 마침내 굵은 별 모양이 됩니다.

이 두 가지 실험은 양쪽 다 똑같은 원리를 이용하고 있습니다. 나무의 섬유는 수분을 흡수합니다. 그 수분은 나무에 있는 섬유의 틈(모세관과 똑같은 통로)을 차츰차츰 앞쪽으로 스며 나갑니다. 그리고 나무의 섬유는 부풀어 오릅니다.—즉 팽창하는 것입니다. 팽창한 나무의 섬유는 부러져 오므라든 부분을 펴려고 하기 때문에 동전은 우유병 속으로 떨어지고, 야윈 별 모양은 굵어지는 것입니다.

제12장 뜨는 것, 가라앉는 것

1. 세 개의 볼

똑같은 크기의 볼 세 개를 준비합니다. 한 개는 볼베어링이나 핀볼의 쇠로 된 볼. 두 번째 볼은 파라핀(약국에서 팔고 있는)을 찰흙처럼 반죽하여 만듭니다. 세 번째 볼은 코르크나 스티로폼 같은 가벼운 재료로 만듭니다. 다음에는 작은 병을 준비하여 물을 반쯤 넣고 그 속에 세 개의 볼을 떨어뜨려 보십시오. 볼은 어떻게 되겠습니까?

금속으로 된 볼이 빠져서 병의 밑바닥에 가라앉을 것은 뻔합니다. 그 볼은 물보다 무거운 것이니까요. 그리고 파라핀과 코르크 볼은 뜰 것입니다. 다음에 이 물이 들어 있는 병 속에 등유(燈油)를

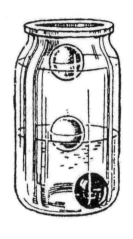

넣어보십시오. 등유는 물보다는 가벼우므로 위쪽으로 따로 갈라집니다. 등유와 물이 갈라지는 곳은 잘 알 수 있을 것입니다. 그리고 그 갈라지는 곳에 파라핀 볼이 아랫부분은 물속에, 윗부분은 등유 속에 담그고 멈춰 있는 것입니다. 파라핀 볼이 맨 위로 떠오르지 않는 것은 무슨 까닭일까요? 그 이유는 파라핀 볼은 물보다는 가볍지만 등유보다는 무겁기 때문입니다. 그런데 코르크 볼은 등유 속에서도 떠 있습니다. 이와 같이 3개의 볼은 각각 다른 『층』에 있게 됩니다.

2. 소금물 속의 달걀

500cc쯤 되는 유리병 두 개를 준비하여 그 하나에 깨끗한 맹물을 채우고 날달걀을 넣습니다. 날달걀은 가라앉아 밑바닥에 가로눕습니다.

두 번째 유리병에는 진한 소금물을 채웁니다. 달걀을 뜨게 하기 위해서는 300cc의 물에 카레라이스에 쓰이는 스푼에 수북이 두 스푼의 소금을 섞으면 충분할 것입니다. 어째서 그와 같이 뜨는지 여러분은 물론 알고 있겠지요? 날달걀보다는 소금물이 더 무겁기 때문입니다. 바다에서 수영하는 것이 강이나 풀장에서 헤엄치는 것보다도 몸이 가볍게 느껴지는 것은 이런 이유 때문입니다.

달걀이 뜨거나 가라앉거나 하는 실험을 또 한 가지 해봅시다. 그러기 위해서는 1리터쯤 되는 큰 유리병이 필요합니다. 날달걀 한 개를 이 병 속에 넣고는 두 개의 작은 병에 넣어둔 맹물과 소금물을 번갈아 가며 부어 보십시오.

넣는 양을 가감(加減)해 준다면 날달걀이 수면에 떠오르지 않고 바닥에 가라앉지도 않는 소금물을 만드는 데 성공할 것입니다. 그리고 달걀은 눈에 보이지 않는 실로 매달린 것처럼 소금물의 중앙에 머물러 있게 됩니다.

지금, 이 소금물을 이용해서 요술을 보여줄 수 있습니다. 이 큰 유리병에 맹물을 넣으면—달걀은 가라앉습니다. 소금물을 넣으면—

달걀은 떠오릅니다. 언뜻 보아서는 맹물과 소금물은 구별이 되지 않습니다. 그런 만큼 이 요술의 알쏭달쏭한 점이 있는 것입니다.

이 실험에서는 달걀을 썼지만, 다른 것을 여러 가지 써서 시험해 보는 것도 좋을 것입니다.

3. 무중량이 된 기름

우주공간을 비행 중인 우주선의 선실에서는 모든 물체가 무게를 잃어버리는 사실을 여러분은 물론 알고 있겠지요. 연필이나 수첩도 풍선처럼 떠오르고 맙니다. 연필만이 아니라 다리미까지도 우주여행에 가지고 가면 떠 있을 수 있을 것입니다.

게다가 무중량(無重量) 상태에 있는 액체는 컵이나 냄비나 그 밖의 그릇 속에 머물러 있으려고는 하지 않습니다.

액체는 그것을 담고 있는 그릇의 모양과 같은 모습이 되어 그릇 속에 얌전히 있기를 바라지 않습니다. 그 대신에 액체는 정확한 공

* 공업용으로 쓰이는 알코올인데, 메틸알코올에다 석유, 파라핀, 지페르유(骨油, 동물 뼈에서 얻은 기름) 등을 타서 음식용으로 이용되지 않도록 되어 있는 알코올.

모양의 알갱이가 되어 공간에 떠오릅니다. 우주 비행사들이 컵으로 물을 마실 수 없거나 수프 접시에서 수프를 들이마실 수도 없는 것은 그런 이유 때문입니다. 그들은 크림치약의 튜브와 같은, 그보다는 좀 큰 튜브에서 액체로 된 음식을 직접 입 속으로 빨아들이지 않으면 안 되는 것입니다.

무중량 상태의 액체를 관찰하고 싶지 않습니까? 하지만 우주선 안에서가 아니라 여러분의 집 부엌에서 말입니다. 이것은 어려운 실험이지만, 여러분도 충분히 할 수 있습니다.

이 실험에는 다음과 같은 3가지가 필요합니다―물, 식물성 기름, 변성(變性) 알코올,*―식물성 기름은 물보다 가벼워 물과 함께 병 속에 넣으면 기름은 병의 표면에 모여 층을 이룹니다. 또 이 기름을 알코올 속에 넣으면 기름은 알코올보다는 무거워서 바닥에 가라앉습니다.

그래서 물을 넣은 컵 속에 알코올을 넣고 다시 기름을 넣으면, 기름은 알코올 속으로 가라앉아 물 위에 떠오릅니다. 기름은 알코

올과 물의 중간에 뜰 것입니다. 마치 파라핀 볼이 등유와 물의 층으로 갈라진 곳에 떠오른 것처럼! 등유와 물의 경우에는 간단히 성공했습니다. (양쪽의 액체는 서로 섞이지 않기 때문입니다) 하지만 알코올의 경우에는 물에 잘 풀립니다.

이 실험의 어려운 점은, 알코올과 물이 섞이지 않도록 아주 신중히, 그리고 정확하게 알코올을 (물이 든 컵 속에) 따르는 데 있습니다.

그렇게 하려면 우선 컵의 절반만큼 물을 넣어두고 그 후에 컵의 벽을 따라 알코올을 조금씩 따르는 것입니다.

알코올을 컵에 가득히 채운 다음, 작은 스푼으로 가득히 한 스푼 되는 식물성 기름을 붓습니다. 그러면 어떻게 되겠습니까? 기름은 뜻밖에도 무중량 상태에 빠지는 것입니다.

그 기름은 마치 우주선의 선실 속에서처럼 물과 알코올의 경계선을 따라 떠돕니다. 그리고 이 『무중량의 기름』은 완전히 매끈매끈한 공이 되어버립니다. (다만, 물과 알코올의 층이 섞이고 있으면

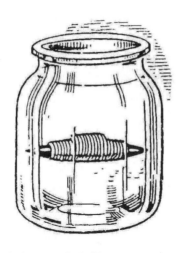

기름방울은 넓적해질지도 모릅니다)

4. 병 속의 잠수함

소금물 속에 달걀을 넣는 실험과 식물성 기름으로 공을 만드는 실험을 하고 난 후라면 잠수함에 관한 이 실험은 간단합니다. 나무를 깎아 5~6센티미터 되는 길이의 잠수함을 만듭니다. 선체는 시거(여송연) 모양으로 가늘고 길게 하고, 옆면을 양쪽에서 약간 밀어 판판한 모양으로 만듭니다. 한가운데는 사령관 실을 만들고⋯⋯다 되었습니까? 그러면 유리병에 물을 넣어 진수식을 할 차례입니다.

유감스럽게도 이 잠수함은 자기가 잠수함이라는 사실을 까맣게 잊어버린 듯이 물속에 잠기지 않고 수면에 떠 있기만 합니다. 그렇다면 물속으로 잠겨 들어갈 수 있도록 연구합시다.

압정을 여러 개 준비하여 그것을 잠수함의 배 바닥에 죽 꽂아 늘어놓습니다. 이번에는 전보다도 훨씬 더 깊이 가라앉고, 뒤집어지지도 않게 될 것입니다. 그 후에는 잠수함이 수평이 되도록 압정의 위치를 조절해 주십시오.

다음에는 선체를 완전히 물속에 가라앉히기 위해서 다시 추를 달지 않으면 안 됩니다. 그러기 위해서는 가는 철사나 동선, 그리고 에나멜선이라도 좋은데, 그것을 선체에 둘둘 감습니다. 너무 무거워져서 유리병의 바닥에 가라앉아 버리면 조금씩 풀어서 짧게 해주면 됩니다. 선체가 병의 바닥과 수면과의 중간에 정지해 있도록 조절해 주십시오. 그렇게 하면 잠수함이 다 되는 것입니다.

5. 진짜 잠수함은?

우리들의 간단한 모형 잠수함은 수면과 바닥과의 중간에 매달려 떠 있습니다. 그 모형은 떠오르거나 좀 더 깊이 자맥질하여 들어가거나 할 수는 없습니다. 진짜 잠수함은 모형처럼 철사를 감거나 줄이거나 할 때마다 선체를 물속에서 끌어올릴 수는 없을 테지만……

그러면 도대체 진짜 잠수함은 어떻게 하고 있을까요? 떠오를 때는 어떻게 하고, 또한 바다 밑바닥에 가만히 엎드려 있을 때는 어떻게 해서 잠겨 있는 것일까요?

이 뜨고 가라앉는 것을 능숙하게 해 보이는 잠수정의 진기한 예가 소다수 속의 포도알입니다.

여러분은 물론 병에 넣거나 깡통에 넣어 팔고 있는 소다수나 레몬 스카시 등과 같은 탄산음료에는 압력을 가한 가스가 풀어져 있는 사실을 알고 있겠지요. 그와 같은 탄산음료의 뚜껑을 뜯으면 당장에 가스와 달콤한 액체가 섞인 거품이 뿜어 나옵니다. 하지만 가스의 일부는 아직 남습니다. 그리고 용기의 벽에 거품이 되어 착 달라붙어 있다가 차츰차츰 떨어져 위로 떠올라 갑니다.

그럼, 여기서 소다수를 컵에 넣고 그 속에 포도 한 알을 떨어뜨려보십시오. 포도는 물보다는 약간 무거우므로 바닥에 가라앉습니다. 그렇지만 포도에는 순식간에 거품이 달라붙기 시작합니다. 마치 가느다란 풍선이 달라붙듯이! 얼마 안 가서 그 수가 많이 불어나기

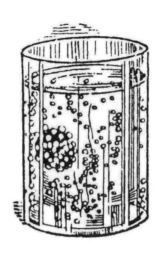

시작하면 포도 알은 떠오르게 됩니다.

포도가 수면에 이르면 거품은 터지고 그 안의 가스가 빠져 날아가 버립니다. 무거워진 포도는 다시금 바닥에 가라앉습니다. 그 자리에서 포도는 다시 한 번 거품들에 둘러싸여 다시금 떠오릅니다. 이리하여 소다의 김이 빠질 때까지 몇 번이고 뜨락 잠기락을 되풀이하게 됩니다.

여러분은 이 이야기와 잠수함이 어떤 관계가 있느냐고 생각하겠지만, 사실은 진짜 잠수함은 이와 아주 흡사한 방법으로 뜨락 잠기락을 하고 있습니다. 실제의 잠수함의 경우에는 소다수로 된 바다 속에서 거품을 붙이고 돌아다니는 것이 아니라 밸러스트 탱크라고 하는 특별한 탱크를 가지고 있습니다. 이 밸러스트 탱크에는 잠수함을 물속 깊이 잠길 수 있도록 하기 위한 추가 들어 있습니다. 이추에는 바닷물을 씁니다.

함장이 바다 속으로 잠겨 들어가라는 명령을 내리면 탱크의 입이 벌어져 그 속에 바닷물이 흘러 들어갑니다. 탱크 속의 공기는 바닷물에 의해서 밀려나와 공기의 거품이 되어 잠수함 밖으로 날아가 버립니다. 그리고 잠수함은 마치 거품이 없어진 포도처럼 부력(浮力)을 잃고 깊이 잠겨들어 항해를 합니다.

다시 떠오를 때에는 어떻게 할까요?

"밸러스트 탱크, 물 빼라!"

하고 함장이 명령을 내립니다. 그러면 다시금 밸러스트 탱크의 입이 열리는데, 이번에는 그 속에 특수한 봄베(고압 기체나 액체 등을 수송하고 저장하는 데 쓰이는 원통형의 쇠통)로부터 압축공기를 집어넣습니다. 들어간 공기는 바닷물을 밀어내고 자기가 그 탱크를 점령해 버립니다. 마치 잠수함 안에 커다란 공기 거품이 생겨난 것과도 같습니다. 이와 같이 하여 무게를 줄인 잠수함은 떠오르기 시작하는 것입니다.

6. 진짜 물고기와 장난감 물고기

물고기도 거품의 도움을 받아 뜨기도 하고 잠기기도 합니다. 거품이라고는 하지만, 그것은 생물 실험 등에서 물고기를 해부했을 때에 흔히 보는 부레를 말합니다. 물고기의 경우에는 이 주머니에 물 같은 것은 넣지 않습니다. 그 주머니는 물고기 몸의 한가운데 내부에 숨겨져 있습니다. 그럼, 그 주머니를 어떻게 잘 이용하고 있는 것일까요?

물고기는 아주 간단히 그것을 조작합니다. 물고기는 밸브나 압축 공기가 들어 있는 봄베도 가지고 있지 않습니다. 그리고 물리학을 공부한 일도 없습니다. 하지만 물고기는 살아 있는 것이기 때문에 근육이 있습니다. 그리고 가라앉으려고 할 때에는 근육을 오므려 주머니를 찌부러뜨립니다. 주머니의 부피는 작아지고 물고기는 아래쪽으로 가라앉을 수 있습니다. 또한 위로 떠오를 경우에는 근육을 느슨하게 늦추어 주머니를 벌립니다. 이리하여 물고기의 부레는 부풀어올라 물고기는 떠오를 수 있는 것입니다.

물고기는 죽어버린다든지 정신을 잃어버렸을 때 수면으로 떠오르

는 것은 이런 이유 때문입니다. 사실은 이와 같은 때에는 물고기의 근육은 작용을 하지 않게 되어 약해져 있을 터이므로 그 주머니는 부풀어 오를 수 있는 한계까지 부풀어 버리는 것입니다.

그렇다면 어째서 물고기는 그러한 경우에 옆으로 쓰러져 뒤집어지는 것일까요?

그 이유는 그 주머니가 물고기의 몸 중심(重心)에 있기 때문입니다. 살아 있는 물고기는 끊임없이 가슴지느러미나 배지느러미를 연달아 질름질름 움직여 바른 자세를 유지하려고 합니다. 그렇지만 근육의 작용이 그치면 지느러미의 움직임도 그치고, 물고기의 몸은 옆구리를 보이고 옆으로 쓰러져 뜨는 것입니다.

우리는 진짜 물고기에서 배운 것을 장난감에 응용해 보기로 합시다. 이 장난감도 진짜 물고기와 마찬가지로 주머니 속의 공기의 부피를 바꾸어 가면서 뜨락 잠기락 하는 것입니다.

우선 달걀의 양쪽 끝에 구멍을 뚫고 그 한쪽에서 입으로 바람을 불어넣어 속에 들어 있는 것을 빼내버립니다. 뾰족한 쪽의 끄트머리 구멍을 내수성(耐水性)의 점착테이프나 접착제로 막고, 다른 한쪽 끝의 구멍은 그대로 놓아둡니다. 달걀의 껍데기에는 두 개의 커다란 눈과 입을 그려 넣습니다. 이것도 역시 물에 젖어도 색이 바래지 않는 매직잉크나 유화에 쓰이는 그림물감, 색연필 등을 사용해 주십시오.

다음에는 무명 베 조각을 마주 꿰매어 물고기 모양으로 된 주머니를 만들어 주십시오. 천의 색깔에 따라서 보통의 물고기가 되기도 하고 금붕어가 되기도 하며, 혹은 열대어가 되기도 합니다. 다 만들어진 주머니를 달걀의 절반까지 뒤집어씌워 접착제로 붙입니다.

이 주머니의 꼬리 부분에는 미리 뭔가 추를 채워 넣습니다.—이 물고기가 수면에 간신히 떠올라 손으로 조금만 누르면 물속에 가라앉을 정도의 무게가 되게 합니다.

이 장난감 물고기는 물이 들어 있는 병(이 물고기가 헤엄칠 수 있는 크기의 그릇)에 놓아주십시오. 그리고는 이 병의 주둥이에 고무로 된 막을 단단히 씌워 틈이 생기지 않도록 실로 매어둡시다(고무막은 고무풍선의 고무를 사용하면 좋습니다). 이로써 장난감이 완성되었습니다.

물고기의 대가리—속이 텅 빈 달걀—는 부레를 대신하는 구실을 합니다. 하지만 달걀 껍데기는 물고기의 부레처럼 부풀어 오르거나 오므라들거나 하지 않습니다. 게다가 살아 있는 물고기는 아니므로 근육도 없습니다. 그러면 껍데기 속의 공기의 부피를 어떻게 바꾸면 좋을까요?

그림에서 보다시피 손으로 고무 막을 눌러 보십시오. 그러면 막 아래쪽의 공기가 압축되어 병 속의 물에 압력이 걸립니다. 그렇게 함으로써 몇 방울의 물이 달걀 껍데기 속으로(구멍이 뚫려 있는 데로) 들어갑니다. 그리하여 달걀 속의 공기의 부피가 줄어들고, 물고기는 약간 무거워져서 물속으로 잠겨 들어갑니다. 고무막을 누르는 여러분의 손의 근육을 약하게 하면(손의 힘을 **빼면**)—물고기는 떠오릅니다. 만일 물고기 속에 넣는 추를 잘 조절해 주면 그 장난감

물고기는 아주 약간의 압력을 가하기만 해도 물속으로 잠겨 들어갈 것입니다.

7. 쇠도 물에 뜬다!

무엇이 문제일까요? 못이든 나사든 볼베어링의 강철 구슬이든 물속에 던져 버리면—모두 눈 깜짝할 사이에 가라앉고 맙니다.

하지만 생철이나 얄팍한 쇠 널판을 구부려 작은 상자를 만들어 보십시오. 그거 보십시오. 물에 뜨지 않습니까! 지금 이 상자에다 못이나 나사나 베어링 구슬을 얹어 보면 어떻게 될까요?

상자는 무거워져서 조금 가라앉겠지만, 물속으로까지 가라앉아 버리지는 않습니다. 이것이 만일 큰 쇠상자라면 도끼나 다리미를 싣고 항해를 할 수도 있을 것입니다. 쇠로 된 기계나 무거운 사슬에 연결된 닻을 싣고 바다 위를 떠다니는 것은 강철로 된 배가 아니겠습니까!

여러분은 물론 강철로 된 배가 뜨는 이유를 알고 있겠지요. 그 배 속에는 공기가 들어 있습니다. 그리고 그 공기는 많은 자리를 차지하고 있습니다. 그것이 마치 거대한 부레와 같은 구실을 하고 있는 것입니다. 만일 공기 대신에 거기에 물을 넣으면 배는 금세 가라앉고 말겠지요. 여러분이 만든 금속제의 상자 배로 해난사고를 일으킬 수가 있습니다. 그 상자 배의 밑바닥에 못으로 구멍을 뚫으면 구멍이 뚫린 배가 침몰하는 모습을 눈앞에서 볼 수 있습니다.

8. 물속에 양초 세우기

물속에 양초를 넣어 보십시오. 양초는 옆으로 쓰러져 뜰 것입니다. 그래가지고는 불을 켤 수 없습니다. 양초의 아랫부분을 못으로 무겁게 할 필요가 있습니다.

하지만 못을 힘껏 박지는 말기를! ―양초가 쪼개지고 마니까요. 그 대신 못을 뜨겁게 하면 양초를 녹이면서 못을 꽂을 수 있으므로

단단히 들어갑니다.

　못은 양초의 거의 전부가 물속에 들어가 버릴 정도의 무게를 가진 것을 골라 주십시오. 다만 양초의 심지와 양초의 가장자리만은 수면에 얼굴을 내놓고 있지 않으면 안 됩니다. 양초의 심지에 불을 붙이면 그것은 꽤 오랫동안 불을 밝히고 있습니다.

　그것은 어째서 그럴까요? 금세 수면이 있는 곳까지 타버리고 사라져 버리는 것이 아닐까 하고 생각하기 쉽습니다. 그러나 그렇게는 되지 않습니다.

　양초의 촛농은 물에 의해서 바깥쪽부터 차가워집니다. 그래서 양초의 윗부분은 천천히 녹고, 심지 주위에는 깊은 절구 모양의 형태가 생겨납니다. 그리고 양초는 촛농 만드는 배로 변신하여 차츰차츰 떠오르게 됩니다.

　그러고 있는 사이에도 양초는 자꾸자꾸 적어져 가는데, 못으로 된 추를 단 작은 등불은 가라앉으려고는 하지 않습니다. 양초는 거의 마지막까지 계속 타 들어갑니다.

* 오랫동안 사용하면 나무는 수분을 흡수해 버리므로 미리 니스나 라커 칠을 엷게 하거나 기름기가 있는 왁스를 칠해두는 것도 좋습니다.

덧붙여 말하면, 이 양초 세우기에는 하나의 중요한 이점이 있었습니다. 절대로 화재가 일어나는 일이 없다는 점입니다.—불을 컵의 물이 자동적으로 꺼 주니까요.

9. 부력을 이용한 막대 저울

이 저울을 만드는 데는 키가 큰 유리병(투명한 플라스틱 콜라병도 좋습니다)이 있어야 합니다. 그리고 오동나무나 삼나무나 발사재(材) 등과 같은 가벼운 나무의 둥근 막대기를 길이 20~30센티미터쯤 준비합니다.* 그리고 그 막대기가 물속에서 쉽게 직립할 수 있도록 막대기 아래쪽에 추를 답니다.—추는 나사·볼트·철사 등 무엇이든 상관없습니다. 추의 무게는 막대기가 똑바로 서고, 또한 전체의 3분의 1 이상은 수면보다 위로 나와 있도록 조절합니다.

막대기 위쪽 끝에는 판지로 된 둥근 판을 못이나 압정으로 고정시켜 주십시오. 이것이 저울판입니다. 그 다음에는 눈금을 표시하는

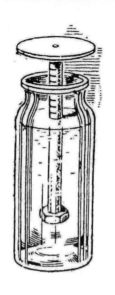

일뿐입니다.

　처음에, 수면이 막대기의 어디까지 와 있는지를 살펴두어야 하는데, 그 점이 막대 저울의 『0(제로)』의 눈금이 됩니다. 다음에는 동전을 사용하여 눈금을 정해 봅시다. 이를테면 10원짜리 동전은 약 12그램, 50원짜리 동전 두 개는 15그램, 100원짜리 동전 1개는 15그램……이런 식으로 동전을 분동으로 삼아 이용해 보는 것도 좋은 생각입니다. 이 저울은 너무 무거운 물건에는 쓰이지 못하지만, 막대기의 굵기와 나무 종류를 바꾼다면 여러 가지 범위에 걸쳐 그 무게를 달 수 있을 것입니다.

제13장 비눗방울의 과학

1. 물에도 껍질이 있다?

"그 무슨 괴상한 질문을 하는 거지?……설마……물론 그런 건 없어!"
하고 여러분은 이 말—물에도 껍질이 있다—을 의심할 것입니다.

그러나 물에 관한 간단한 실험을 한번 해보십시오. 그런다면 여러분의 확신은 흔들리기 시작할 테니까요.

컵에 물을 철철 넘치도록 따라 주십시오—가득 찼습니까, 아니면 아직도 더 들어가야 합니까? 그럼 이제 컵 주둥이까지 가득 찼는지 확인해 봅시다.

작은 동전을 몇 닢 가지고 와서 한 닢씩 컵 속에 집어넣어 보십시오. 만일 조심스럽게 가만히 동전을 넣으면 물이 컵 가장자리로 넘쳐흐를 때까지는 물이 가득 찬 컵에 생각했던 것보다는 더 많은

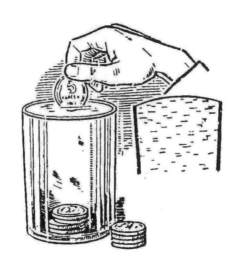

동전이 들어갈 것입니다.

남은 물은 어디로 들어갔을까요? 그럼, 컵의 가장자리와 똑같은 높이가 되는 데서 수면을 잘 관찰해 봅시다. 그러면 이상한 것이 보일 것입니다. 수면이 볼록렌즈의 표면처럼 솟아올라 있지 않겠습니까! 그리고 그 수면의 볼록 솟아 있는 모양은 동전을 많이 넣을수록 높아집니다. 마치 고무풍선과도 같이…….

그러나 고무풍선에는 『껍질』이 있습니다. 고무가 그것입니다. 하지만 물의 경우는……껍질 같은 건 없을 테지만……? 그런데도 물은 그 표면에 얇은 껍질이 덮여 있는 듯한 모습이 되는 것입니다.

컵에 동전을 너무 많이 집어넣으면, 이 보이지 않는 껍질이 찢어져 물은 컵의 벽을 따라 살그머니 달아나, 물의 볼록 솟은 부분은 평평해져 버리고 맙니다. 마치 고무풍선이 찢어졌을 때처럼…….

또 한 가지의 실험을 해 봅시다. 가느다란 바늘에 기름을 발라 (무슨 기름이건 다 좋습니다) 이것을 조심스럽게 가만히 수면에 얹어놓는데, 포크를 사용하는 것이 잘할 수 있는 요령입니다. 바늘을

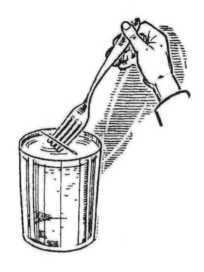

포크에 얹어가지고 포크의 살 끝을 밑으로 기울이면서 천천히 포크를 물속에 집어넣습니다.

포크를 꺼낸 후에도 바늘은 수면에 떠 있습니다. 하지만 바늘이 물에 뜨는 일이 있어도 되는 걸까요? 쇠는 물보다도 무거운데…….
다시 한 번 떠 있는 바늘을 불빛에 비추어 관찰해 보십시오. 수면이 바늘의 무게 때문에 움푹하게 패어 있음을 알 수 있을 것입니다. 요컨대 바늘은 떠 있는 것이 아니라 탄력 있는 얇은 껍질 위에 얹혀 있는 것처럼 수면에 가로누워 있는 것입니다. 그러므로 자칫 잘못하여 무심코 움직이거나 건드리기만 해도 이 얇은 껍질은 터져버리고 바늘은 물속으로 굴러 떨어지고 맙니다.

물에는 아주 연약한 『껍질』이 있습니다. 어쨌든 확실히 존재하는 것입니다―눈에 보이지 않는, 탄력 있는 얇은 껍질이!

수면에 안전면도의 날을 띄워 놓을 수도 있습니다. 이 날에도 역시 기름을 칠해 두면 잘 됩니다. 앞에서 한 실험에서 썼던 것과 같은 바늘과 마찬가지로 포크를 사용하면 너끈히 수면에 띄워 놓을 수 있습니다. 다만 컵보다도 수프 접시나 냄비처럼 수면이 넓은 편이 실험하기 쉬울지도 모릅니다.

여러분은 틀림없이 연못이나 늪의 수면을 소금쟁이가 스르르 돌아다니는 걸 본 일이 있겠지요. 그것들은 물의 얇은 껍질 위를 미끄러지듯이 움직이는 일도 있습니다. 잘 관찰하면 그 얇은 껍질이 움쑥움쑥 패는 것을 볼 수도 있습니다.

2. 비눗방울의 과학

여러분은 비눗방울을 입으로 불어 만들어 본 일이 있겠지요. 이것을 만드는 일은 문제도 없으니까 어린아이도 할 수 있는 일입니다. 빨대와 비눗물만 있으면 되니까요!

그러나 여러분은 이제 어린아이는 아니고, 과학적인 지식을 익히기 시작하고 있는 터이니까, 비눗방울을 과학적으로 만들어 볼 좋은 기회입니다. 다만 무심코 빨대를 불 때보다는 번잡하고 성가십니다. 그 대신, 대단히 매력 있는 비눗방울을 만들 수 있을 것입니다.

비누는 가루를 만든 다음 끓는 물에 녹일 필요가 있습니다. 너무나 묽은 비눗물로 하면 비눗방울이 금세 터지고 맙니다(뜨거운 물은 타는 비누의 양의 40배 정도까지 되게 해줍니다). 만들어진 비눗물은 그 속에다 녹지 않은 비누가 남아 있지 않도록 깨끗한 천이나 발이 촘촘한 망으로 걸러 주십시오.

또한 비눗방울을 단단하게 만들기 위해서 글리세린을 비눗물 3에 대해서 2의 비율로 타면 좋습니다. 이 혼합액을 잘 휘저어 섞어 가지고 그대로 잠시 동안 가만히 놓아둡니다. 그 혼합액의 표면에 허연 막이 생기거든 그걸 제거해 주십시오. 이리하여 비눗방울용의 비눗물이 만들어졌습니다.

비눗방울용의 빨대도 어떤 것이든 다 좋은 것은 아닙니다. 흔히 쓰이는 똑바로 뻗은 빨대로는 작은 비눗방울밖엔 부풀릴 수 없습니다. 빨대의 끄트머리를 몇 갈래로 찢는다든지, 코르크나 지우개로 고리를 만들어 그 끄트머리에 붙이면 이것이 비눗방울을 받쳐 주는 구실을 하게 됩니다. 이와 같이 하면 비눗방울을 좀 더 크게 부풀릴 수 있습니다. 큰 비눗방울을 만들고 싶거든 깔때기나 장난감 나팔이 필요합니다. 이런 것들을 사용하면 지름 30센티미터나 되는 거대한 비눗방울—점보 비눗방울—을 만들 수도 있습니다. 물론 한 번 불어서 만들 수 있는 것은 아닙니다. 몇 번이고 숨을 들이쉬어 부풀어 오르게 하지 않으면 안 됩니다.

잘 부풀리기 위해서는 미리 빨대나 나팔 끝을 비눗물로 잘 적셔 두어야 한다는 걸 잊지 말기 바랍니다. 그렇지 않으면 날릴 때에 터지고 맙니다. 그리고 대에 붙은 여러분의 침도 비눗방울의 방해물입니다. 그리고 비눗방울 밑에 매달려 있는 비눗물 방울은 대단히 위험합니다. 비눗물을 조금 묻힌 손가락으로 그걸 신중히 따내어 버립시다.

이상으로 비눗방울을 만들 준비가 다 되었습니다. 다음에는 실행에 옮기기로 합시다.

3. 병에 담긴 비눗방울

지름이 20센티미터쯤 되는 큰 비눗방울을 만들어 보십시오. 가볍게 흔들어 빨대에서 떼어내면 비눗방울은 처음에는 조금 위쪽으로 올라갔다가 잠시 후에 무지갯빛으로 반짝반짝 빛나면서 아래로 내려오기 시작합니다. 그리고는 마룻바닥에 살짝 닿는 순간에 터져 버립니다.

그러나 비눗방울은 어째서 처음에는 조금 위로 올라가려고 하는 것일까요? 그 이유는 여러분의 따스한 입김이 비눗방울 속에 들어가 있기 때문입니다. 그 속에 있는 따스하고 훈훈한 공기는 방안에 있는 공기보다도 더 가볍습니다. 그러나 그 후에 비눗방울 속의 공기는 차가워지므로 비눗방울은 떨어져 내리는 것입니다.

커다란 유리병 속에서 둥둥 떠 있는 비눗방울의 대단히 아름다운 실험을 보여드리겠습니다. 병의 밑바닥에 백묵이나 석회석 부스러기를 담은 작은 접시를 놓고 여기에 묽은 염산(염산과 물의 비율

이 1대 10으로 된 것)을 붓습니다. 작은 접시 위에서는 화학반응이 일어나, 거품을 내며 무슨 가스가 발생하고 있음을 알 수 있을 것입니다. 잠시 후에 묽은 염산이 없어지면 병 속도 조용해집니다.

다음에는 이 큰 유리병 속에 들어갈 만한 작은 비눗방울을 만들어주십시오. (다만 비눗방울 아래쪽에 비눗물 방울이 묻지 않도록 주의하기를!) 그리하여 그 비눗방울을 병 속에 살그머니 떨어뜨리는 것입니다. 처음에는 병의 밑바닥에 닿을 정도로 아래쪽으로 내려가다가는 이윽고 정지하고는 이번에는 다시 위로 오르기 시작할 것입니다. 조금 올라가는 듯하다 다시금 내려오기 시작하더니 또다시 올라갑니다……

그러다가 마지막에 비눗방울은 병의 밑바닥에서 별로 높지 않은 위치에 정지하여 몸의 색깔을 바꾸기 시작합니다. 자아, 보십시오. 방금 밝은 하늘색이었던 것이 이젠 녹색, 그리고는 노랑이 되었다가 빨강에서 진홍색으로……비눗방울은 그리는 동안에 진보랏빛이 되어 차츰차츰 내려가는가 싶더니 드디어……탁 하고 사라져 버립니다! 하지만 바닥에 닿기도 전에 터져버리기가 일쑤입니다.

이와 같이 비눗방울이 병 속에서 둥둥 떠 있었던 것은 무슨 까닭일까요? 그 비밀은 염산과 백묵(또는 석회석)이 화학반응을 일으켰을 때 탄산가스(이산화탄소)가 발생한 데 있습니다.

이 가스(기체)는 공기와 마찬가지로 무색(無色)이지만 공기보다는 무거우므로 병 바닥에 모입니다. 그러나 비눗방울은 공기로 꽉 차 있으므로 병 바닥에 있는 탄산가스보다는 가볍습니다. 그런 이유로 비눗방울이 둥둥 뜨는 것입니다. 그렇지만 탄산가스는 비눗방울의 아주 얇은 막을 통하여 차츰차츰 내부로 들어가 결국은 비눗방울을 아래로 내려가게 하는 것입니다.

4. 비눗방울 속의 비눗방울

비눗방울은 마른 것으로 건드리면 순식간에 터져버립니다. 그렇지만 비눗물로 조금 적신 빨대라면 걱정 없습니다. 여러분의 친구

의 빨대를 여러분이 만든 비눗방울에 접속시켜 같이 부풀어 오르게 해보십시오.

또한 비눗방울을 하나의 빨대에서 다른 빨대로 옮겨 줄 수도 있습니다. 그리고 그 비눗방울 속에 비눗물로 적신 빨대를 꽂아 넣고 그 속에 또 하나의 비눗방울을 만들 수도 있습니다. 빨대를 빼내면 안쪽에 만들어진 비눗방울은 바깥쪽의 큰 비눗방울 바닥에 떨어져 버리는데, 비눗방울 속에 또 하나의 비눗방울이 멋지게 만들어집니다.

큰 비눗방울이 매달려 있는 빨대를 가볍게 두드려 봐 주십시오. 그러면 안쪽에 있던 비눗방울이 바깥쪽으로 뚫고 나옵니다. 그리고 마치 기구(氣球) 밑에 있는 곤돌라처럼 매달려 있게 될 것입니다.

그런데 3중의 비눗방울을 만들어 보지 않으시렵니까? 그러려면 컵의 받침접시 같은 접시와 그 가운데에 얹어 놓을 코르크를 준비합시다. 코르크 위에는 새로운 10원짜리 동전이나 100원짜리 동전을 얹어놓고, 그 동전 위에 찰흙으로 만든 작은 인형을 올려놓습니

다. 그리고 인형의 머리 위에 50원짜리 동전을 야무지게 붙입니다.

다음에는 그 접시 가운데다 비눗물을 조금 부어놓고 그것을 컵 위에 얹습니다. 접시 위에 있는 것 모두에 비눗물을 칠하여 적셔두는 것도 잊지 말도록! 이번에는 빨대를 사용하여 접시의 가장자리까지 닿는 큰 비눗방울을 만들어 주십시오.

잘 되었습니까? 그러면 이 최초의 비눗방울 속에 빨대를 찔러 넣어 두 번째의 비눗방울을 만들어 코르크 위의 동전 위에 붙입니다. 빨대를 빼내거든 다시금 비눗물을 묻혀 두 개의 비눗방울에 빨대를 살짝 쑤셔 넣어 인형의 머리 위에 있는 동전에 세 번째의 가장 작은 비눗방울을 만들어 올려놓습니다. 그러면 여러분도 이 멋진 3중의 비눗방울을 만들었습니까?

5. 받침대 위의 비눗방울

철사를 사용하여 비눗방울을 얹어놓을 받침을 만듭시다. 지름이

7센티미터쯤 되는 큰 테에 세 개의 다리를 붙입니다. 그것을 비눗물로 적신 후에 그 위에 비눗방울을 올려놓습니다. 그렇게 하면 빨대를 빼내어도 비눗방울은 오랫동안 터지지 않고 받침대 위에 앉아 있을 것입니다.

　다음에는 손잡이가 달린 같은 지름의 테를 철사로 만들어 주십시오. 그리고 이 테를 비눗물로 적셔, 아까부터 받침에 앉아 기다리고 있는 비눗방울 위에 붙입니다. 비눗방울이 그 테에 착 달라붙는 것을 확인한 후 그 테를 위쪽으로 천천히 들어 올립니다. 비눗방울은 원기둥(원통형)이 됩니다. 또 그 테를 비스듬히 위쪽으로 가져가면 그 원기둥은 그대로 비스듬한 방향으로 기울어진 원기둥이 되고, 다시금 테를 원위치로 가져가면 원래의 둥근 비눗방울로 되돌아갑니다.

　이와 같은 경우의 테는 표면이 에나멜이나 비닐로 씌워진 매끈매끈한 철사로 만드는 것이 좋을까요? 아뇨, 그렇지는 않습니다. 오히려 명주실이나 무명실이 감긴 철사나 녹슨 철사가 더 좋습니다.

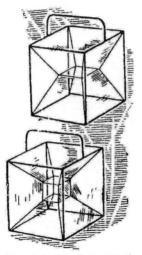

너무나 반들반들하면 비눗방울은 기분 좋게 빠져나가 버리기 때문입니다.

만일 무명실로 감는다든지 녹이 슨 철사가 있으면 그걸로 한 변의 길이가 7센티미터쯤 되는 육면체를 만들어 주십시오. 그리고 그 육면체의 위쪽에 손잡이를 붙여 주십시오.

만들어진 철사의 육면체를 통째로 비눗물 속에 담갔다가 천천히 들어 올려 보십시오. 여러분은 아마도 단순히 육면체 모양을 한 비누막이 생길 것이라고 생각하겠지요? 확실히 그렇습니다. 그런데 다시 그 중심부에 육면체의 각 면과 연결된 비스듬한 막에 의해서 작은 정사각형이 만들어져 있는 것입니다.

그 육면체를 다시금 비눗물 속에 넣습니다. 이번에는 아래쪽의 한 평면만이 비눗물에 젖도록 하십시오. 그러면 새로운 모양이 나타날 것입니다─육면체의 중심부에 비누 막으로 된 작은 육면체가 모습을 나타내고, 그 주위를 여섯 개의 작은 모양을 한 피라미드가 에워싸고 있습니다. 그리고 무너지기 쉬운 이 건물 전체가 빨강이

나 노랑, 초록이나 하늘색으로 반짝반짝 빛나는 것입니다.

바깥쪽에 있는 육면체의 한 면에 압지의 모서리를 대어 봅시다. ―그러면 안쪽에 있던 작은 육면체는 금세 원래의 정사각형의 한 평면으로 되돌아가 버리고 맙니다.

6. 비눗방울의 색깔

치즈나 초콜릿을 싼 알루미늄 은박지나, 부엌에서 쓰는 요리용 알루미늄 은박지를 한 장 준비하십시오. 알루미늄 은박지의 구김살은 테이블 위에 놓고 잘 펴십시오. 그리고는 그 알루미늄 은박지의 한가운데에 코르크를 옮겨놓고 연필로 그 윤곽을 살짝 그린 다음, 그 주위에 꽃잎을 여섯 장 그려가지고 그걸 오려내 주십시오. 꽃의 바깥지름은 8~10센티미터쯤 되게 해둡니다.

코르크를 작은 접시의 한가운데에 놓고, 알루미늄 은박지로 만들어진 꽃잎을 비눗물로 적셔 코르크 위에 올려놓습니다. 그러면 그

꽃잎은 시든 것처럼 아래로 축 늘어져 버릴 것입니다. 이 꽃은 채 피지도 못하고 시들어버린 것처럼 보이는데, 사실은 그와 같이 보일 뿐입니다. 비눗방울을 부풀려 알루미늄 은박지로 된 꽃잎의 밑동에 올려놓아 보십시오. 금세 꽃잎은 비눗방울에 착 달라붙어(비누 막의 탄력에 이끌려서) 일어납니다. 다시 비눗방울을 계속 부풀리면—꽃은 자꾸만 크게 퍼져나갑니다.

과연 이 꽃은 싸구려 비누를 썼기 때문에 특별히 향기가 좋다고는 할 수 없지만, 그 대신 색깔은 대단히 아름답습니다.—은박 꽃이 파리와 그 속에 있는 무지갯빛으로 빛나는 공의 아름다움이란 이루 말할 수 없을 정도입니다.

비눗방울의 도움을 받아 다른 꽃—눈꽃—을 만들 수도 있습니다. 눈에 대해서는 이전에 얘기했습니다. 그것은 바늘 같은 얼음의 결정으로 되어 있습니다. 이 결정이 만들어지는 것은 높은 구름 속에서입니다. 그러나 이 눈의 결정이 만들어지는 광경을 이 지상에서, 그것도 바로 눈앞에서 볼 수 있습니다.

매서운 추위가 계속되는 고요한 날에 집 밖에 나가서 큰 비눗방울을 만들어 주십시오. 금세 비눗물의 얇은 막 속에 있는 수분이 얼기 시작할 것입니다. 그리고 막 속에서 얼음 바늘이 나타나 순식간에 얼음 꽃이 되어 모여들 것입니다.

7. 비눗방울의 비밀

비눗방울의 비밀은 도대체 어디에 있을까요? 사실은 비눗방울에도 물에 껍질을 생기게 했을 때와 똑같은 현상이 일어나고 있는 것입니다. 다만 비눗방울의 용액은 튼튼하고 탄력있는 막이 생기도록 만들어져 있을 따름입니다.

액체 표면의 이 막은 끊임없이 팽팽하게 당기고 있습니다. 그런 이유로 이와 같은 현상을 『표면장력(表面張力)』이라고 부르고 있습니다.

여기서 다시 한 번 얇은 막의 표면이 지니고 있는 탄력성을 충

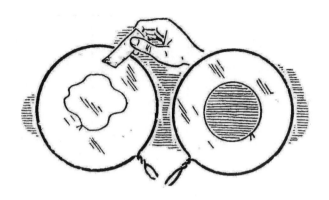

분히 알아두기 바라기 때문에 비눗물을 사용하는 실험을 좀 더 해 보기로 합시다.

우선 철사 테를 비눗물 속에 담갔다가 비누 막이 생기도록 천천히 들어 올립니다. 그리고 실로 작은 고리를 만들어 그것을 비눗물에 적신 다음 막 위에 조심스럽게 올려놓습니다. 그 실은 막 위에 보기 흉한 모양으로 가로 놓일 것입니다.

하지만 그 실의 안쪽에 압지의 가장자리를 대어 보십시오. 한순간에 실의 안쪽에 있는 얇은 막은 터져버리고 바깥쪽에 남은 막은 실을 아름다운 테가 되도록 잡아당깁니다.

이 구멍이 뚫린 원형의 막은 안쪽의 실과 바깥쪽의 철사와의 사이에 『표면장력』의 작용으로 팽팽히 당겨진 상태가 되어 있습니다. 이 『표면장력』은 모든 방향에 똑같은 힘으로 작용합니다. 그러므로 실로 만들어진 테는 철사로 된 테의 한가운데에 있게 됩니다.

표면장력의 실험에서 한 번 보고 금세 이해할 수 있는 또 하나의 실험이 있습니다. 철사를 구부러뜨려 손잡이가 달린 긴 네모꼴

의 틀을 만듭니다. 이 틀의 양쪽에 실을 매어 다리를 놓은 다음 그 한가운데에 길쭉한 실을 또 하나 매어 꼬리처럼 늘어뜨려 놓습니다.

다음에는 그 철사 틀과 실을 전부 비눗물 속에 담급니다. 그 틀을 천천히 들어 올리면—거기에는 얇은 막이 쳐져 있을 것입니다. 실은 이 막 위에 아무렇게나 엎드려 있을 테니까, 압지의 가장자리를 이용하여 실 아래쪽의 막을 터뜨려 버립니다. 그러면 실은 금세 위를 향한 활 모양(반원형)으로 팽팽히 당겨져 버립니다.

여기까지는 앞에서 한 실험(실로 된 테)과 똑같은 것입니다. 그렇지만 여기서 쓸데없는 꼬리를 달아 둔 데에는 그만한 이유가 있습니다. 주의하면서 그 꼬리를 잡아당겨 보십시오—실은 한가운데가 잘록해져서 쌍둥이 원호(圓弧)가 생겼을 것입니다. 실을 떼어 놓으면—그 막은 마치 고무처럼 다시금 원래의 반원형으로 되돌아가 버리고 맙니다.

재미있는 물리 이야기

PART 2

제1장 보이지 않는 것의 소행

1. 공기와 영리한 뱀

만일 투명인간이 된다면—얼마나 편리할까! 가장 보고 싶은 운동경기가 있는 날이면 아무도 모르게 경기장의 관람석에 들어갈 수 있을 테고……영화관에도 숨어 들어가서 보고 싶은 영화를 몇 번이고 몇 번이고 볼 수도 있다! 그리고 실컷 장난을 칠 수가 있다—모습이 보이지 않는 장난꾸러기를 누가 혼을 내줄 수 있겠는가?

물론 이 같은 투명인간이 되겠다는 건 무리한 얘기입니다. 하지만 눈에 보이지 않는 장난꾸러기는 실제로 있습니다.

최근에 있었던 일인데, 내가 거리를 지나가고 있을 때 느닷없이 내가 쓰고 있던 모자를 누구에겐가 빼앗길 뻔했습니다. 나는 얼른 모자를 붙잡았기 때문에 무사했지만……뒤를 돌아다보아도 아무도 없었습니다. 다만 길 건너편에 중년부인 한 사람이 눈에 띄었을 뿐입니다.

　그런데 그 부인은 나에게 신경을 쓸 여유가 없었습니다. 그 부인도 펴 든 양산을 눈에 보이지 않는 누군가가 잡아당기는 바람에 빙글빙글 몸을 돌리게 되었고, 손으로 양산을 꼭 잡고 매달려 있었습니다. 그리고 쿵! 찰카당!—내 발 밑에 뭔가 파편이 날아와 떨어졌습니다.

　그것은 눈에 보이지 않는 누군가의 손이 창을 갑자기 세차게 닫았기 때문에 유리가 깨져 사방으로 흩어져 날렸던 것입니다.

　거리에서 난폭한 짓을 한 것은 도대체 누구일까요? 이 눈에 보이지 않는 장난꾸러기는 누구일까요? 여러분은 이젠 알았을 것입니다. 그것은 바람—공기의 움직임입니다.

　공기는 우리들 주위를 둘러싼 모든 공간을 꼭 메우고 있습니다. 공기가 없으면 우리는 숨을 쉴 수도 없고, 목소리를 들을 수도 없으며, 향기를 맡을 수도 없습니다. 공기는 투명하고 유연하며 가벼워서 우리는 그 존재를 잊기가 쉽습니다. 그렇지만 공기는 생명이 있는 것처럼 항상 움직이고 있습니다. 아주 고요한, 바람 없는 날에도 나뭇잎에 살랑살랑 까딱거리고, 이따금 수면을 달려가는 잔물결을 볼 수 있을 것입니다.

공기는 방안에서도 움직이고 있습니다. 창이나 도어를 활짝 열어 놓고, 통풍용의 창도 조금 열어주면 방안에서 바람이 빠져나가기 시작할 것입니다.

하지만 날씨가 추운 날은 그렇게는 되지 않습니다. 창을 닫고, 도어나 통풍용의 창도 닫은 다음 스토브에 불을 붙이고서 자리에 앉은 후에야 간신히 눈에 보이지 않는 장난꾸러기가 조용해졌다고 마음을 놓을 것입니다.

그러나 세상에는 영리한 뱀도 있는 것입니다. 그 뱀은 사람보다도 더 민감하게 공기의 움직임을 느낍니다. 이제 우리는 그 뱀을 만들어 꽉꽉 닫은 방안의 공기가 실제로 움직이는지 어떤지를 조사해 보기로 합시다.

뱀은 낡은 엽서나 도화지를 이용하여 만듭니다. 여기에 그림과

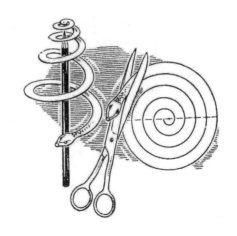

같은 뱀의 그림을 그려가지고 가위로 정확히 오려 냅니다. 뱀 꼬리 끝의 한가운데에 연필 끝으로 작은 구멍을 뻥 뚫어 둡니다.

그럼, 이 뱀이 잘 움직이는지 어떤지 테스트해 봅시다. 끝이 뾰족한 연필 끝에 뱀 꼬리의 작은 구멍을 올려놓고 들어 올립니다. 뱀 대가리에서 손을 떼고 밑에서 뱀을 향해 가만히 숨을 불어 보십시오. 돌기 시작했죠! 숨을 세게 불면—뱀은 더욱 더 빨리 돕니다.

사실은 이 영리한 뱀은 사람의 눈에는 보이지 않는 것을 이미 느껴 알고 있습니다. 그 뱀은 공기가 위로 올라오는 것을 압니다. 뱀의 이 성질을 이용하여 방안에서 공기가 위로 올라가고 있는 곳을 찾아봅시다. 뱀을 올려놓은 연필을 스토브나 난방장치에 가까이 가져가 보십시오.

영리한 뱀은 돌기 시작할 것입니다. 뱀은 스토브가 뜨거우면 뜨거울수록 빨리 돕니다. 왜냐하면 스토브의 열로 공기가 따뜻해지고, 그 따뜻한 공기가 위로 올라가기 때문입니다. 공기가 영리한 뱀을 돌리고 있는 것입니다.

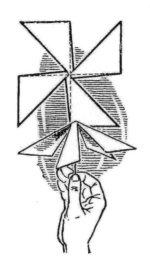

2. 핀 위의 바람개비

영리한 뱀의 실험에는 뜨거운 스토브 등의 난방기기가 필요했는데, 그러면 여름에는 할 수 없을까요?

물론 여름에도 부엌의 가스레인지나 전열기 위에 뱀을 가져가면 됩니다. 좀 더 안전한 것은 다리미나 백열전구에 가까이 대 보는 일입니다.

그러나 여러분의 체온만으로도 충분히 움직이는, 좀 더 감도가 좋은 물리학적인 장치가 있습니다. 그 장치라는 것은 바늘핀 위에 종이로 만들어진 바람개비를 올려놓는 것입니다. 앞에서 만든 영리한 뱀에 비하면 별로 어렵지는 않습니다.

먼저 얇은 트레이싱페이퍼나 항공편에 쓰이는 얇은 편지지 같은 종이를 사방 4센티미터 되는 정사각형으로 잘라 주십시오. 이 종이에 그림의 점선을 따라 접은 금을 내고, 다시 2개의 대각선을 따라 접은 금을 냅니다.

접은 금이 생기면 정사각형의 종이는 양산처럼 안쪽으로 약간 볼록한 모양이 됩니다. 그리고는 그림의 선을 따라 바람개비 모양으로 오려 내십시오. 다만 점선을 따라 가위로 잘라버리면 조각조각 잘라지고 마니까 중심에서 2, 3밀리미터쯤 떨어진 그 옆을 잘라 주십시오.

자, 이젠 네 개의 프로펠러를 가진 바람개비가 완성되었습니다. 즉시 바늘핀을 손에 들고 그 핀 끝에 바람개비의 중심부를 올려놓아 보십시오. 그리고 양손으로 그 핀을 잡고서 몇 초 동안 기다립니다.

보입니까? 바람개비가 조용히 도는 것이! —따뜻한 공기의 흐름이 이 바람개비를 돌리고 있는 것입니다. 그 공기는 핀을 잡고 있는 여러분의 양손으로부터 위쪽으로 올라갑니다. 물론 이 공기의 흐름은 대단히 약한 것입니다. 하지만 이 바람개비는 가벼우니까 이것으로도 충분합니다.

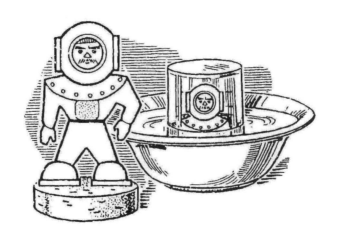

3. 용감한 잠수부

그림을 보면서 종이인형을 만듭시다. 코르크 마개를 둥그렇게 자른 받침대 위에 이 인형을 고정시켜야 하는데, 풀로 붙이는 건 적당하지 않습니다. 사실은 이 인형은 잠수부입니다. 물에 젖거나 하면 당장 벗어져 떨어지고 말기 때문입니다. 커터나이프 같은 것의 끝으로 코르크에 홈을 파고 인형의 발을 그곳에 끼워 넣는 것이 좋으리라고 생각합니다.

다음에는, 바닥이 깊은 세숫대야에 물을 채워 인형을 그 속에 띄우는데, 코르크 위에 올라타고서 잘 떠 있는 모습을 보십시오! 하지만 이 인형은 오히려 물속에 잠기는 것을 가장 잘합니다. 컵을 거꾸로 숙여 인형에 씌우고는 세숫대야의 밑바닥에까지 천천히 가라앉혀 보십시오. 그 잠수부는 컵과 함께 아래로 내려갈 것입니다. 좀 더 깊이, 좀 더 깊이…… 자아, 드디어 바닥에 도착했습니다!

조심조심 컵을 들어 올려 치웁시다. 잘 보십시오. 아무런 영문도

* 일반적으로는 솟아나는 물이 많은 토지나 건조물의 기초를 만들 때 이용하는 것인데, 압력이 낮은 압축공기를 작업실 안으로 들여보내 물의 침입을 막으면서 작업을 합니다. 이 작업 방법을 『압축공기 잠함공법』이라 하고, 작업자가 들어가는 상자(潛函)를 뉴매틱케송이라고 합니다.

모르는 이 인형은 물의 밑바닥에 잠시 동안 머물러 있다가 조금도 젖지 않은 채 돌아오지 않았습니까! 그와 마찬가지로 해서 진짜 인간을 물속에 가라앉힐 수 있을 것입니다.

물론 컵을 씌우는 것은 아닙니다. 물속에서 뭔가 일을 하지 않으면 안될 때, 예를 들면 물의 밑바닥에 다리의 교각을 건설할 때에는 거꾸로 세운 커다란 상자를 물의 밑바닥에 가라앉힙니다.

이 튼튼한 상자는 금속이나 철근 콘크리트로 만들어지는데, 케송*이라고 불립니다. 그 안에서 일을 하는 작업자는 꽉 닫히는 이중의 도어를 통해서 안으로 들어갑니다. 그리고 케송 아래쪽은 물의 밑바닥에서 자유로이 작업을 할 수 있도록 열려 있습니다.

이 케송 속으로 물이 들어가지 않는 것은 거꾸로 세운 컵 속에 물이 들어가지 않는 것과 똑같은 이치입니다. 공기가 물의 침입을 방해하고 있는 것입니다. 이와 같이 눈에 보이지 않는 장난꾸러기도 물 밑에서는 일을 거들어 주고 있습니다.

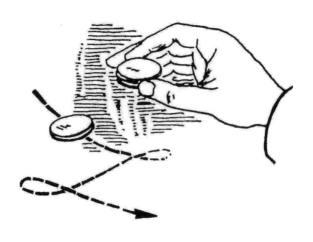

4. 낙하를 방해하는 투명인간

　동전과 종잇조각은 어느 쪽이 더 빨리 떨어질까요? 한 손에 동전, 다른 한 손에 작은 종잇조각을 들고 있다가 같은 높이에서 동시에 떨어뜨려 보십시오. 동전은 금세 떨어져 바닥에 부딪치고 마는데, 종잇조각은 팔랑팔랑 여기저기 기웃거리면서 내려올 것입니다. 이것은 무거운 물체일수록 빨리 떨어진다는 것을 말하는 것일까요?

　그렇다면 조사해 봅시다. 무게가 1킬로그램 되는 쇠구슬과 1그램 되는 쇠구슬을 동시에 낙하(落下)시키는 실험을 해보면 작은 쇠구슬은 큰 쇠구슬의 1천분의 1의 무게밖에 안 되는데도 거의 동시에 떨어집니다. 아무래도 무게는 관계가 없는 것 같습니다.

　그렇다면 도대체 원인은 무엇일까요? 그것을 알아보기 위해서 똑같은 크기와 똑같은 무게를 가진 두 장의 종잇조각을 준비합시다. 한 장은 꼬깃꼬깃 구겨 동그랗게 뭉치고, 또 한 장은 그대로 동시에 낙하시킵니다. 물론 동그랗게 뭉친 종이 쪽이 빨리 떨어질 것입니다.

다음에, 다른 실험을 해봅시다. 종이를 사용하여 10원짜리 동전과 똑같은 크기의 원반을 두 장 오려내어 주십시오. 한 장의 원반은 그냥 그대로, 그리고 또 한 장은 10원짜리 동전 위에 올려놓고 양쪽 다 동전과 종이를 수평으로 한 채 낙하시키는 것입니다. 그러면 그냥 그대로 낙하시킨 종이 원반 쪽은 오랫동안 춤을 추면서 떨어지는데, 10원짜리 동전 위에 올려놓고 떨어뜨린 종이 원반은 10원짜리 동전과 함께, 게다가 동시에 떨어집니다.

이 경우에 있어서 무게는 전혀 관계가 없습니다. 다시 말하면, 종이의 낙하를 말리고 있는 것은 뭔가 다른 것—뭔가 눈에 보이지 않는 것이 종이의 낙하를 방해하고 있는 것입니다.

여러분은 이젠 깨달았겠지요. 이것도 또한 그 공기의 장난입니다! 종이를 뭉쳐 동그랗게 했을 때 그 종이뭉치의 무게는 변하지 않았지만, 종이 표면의 크기는 작아졌습니다. 그렇게 하면 눈에 보이지 않는 장난꾸러기(공기)는 종이를 잡으려고 하는 곳이 작아져 버려서 방해를 하려 해도 붙잡을 곳이 없어져 버립니다. 그래서 종이뭉치는 빨리 떨어진 것입니다.

물리의 실험실에서는 좀 더 분명히 알 수 있는 실험을 보여줍니다. 긴 유리관 속에 깃털과 납구슬을 넣고 유리관에서 공기를 완전히 빼 낸 다음 구멍을 꽉 틀어막습니다. 그 속에는 이제 장난꾸러기인 투명인간은 없습니다. 여기서 이 관을 단숨에 뒤엎으면 깃털과 납구슬은 같은 속도로 떨어집니다.

5. 파일럿을 구출하는 눈에 보이지 않는 것

눈에 보이지 않는 것(공기)은 낙하를 방해합니다. 그렇지만 그것이 대단히 유리한 경우도 있습니다. 예를 들면, 제트기가 사고를 일으켜 파일럿이 뛰어내리지 않으면 안 되었을 때를 생각해 보십시오. 파일럿은 천천히 낙하하고 싶을 것입니다. 지상에 세차게 충돌

> * 세계에서 최초로 패러슈트를 발명하여 그것을 타고 강하 테스트를 한 사람은 프랑스의 항공학자 블랑샤르(1753~1809)입니다. 그는 1784년 영국의 런던에서 패러슈트 강하를 실제로 해 보았습니다. 그 후 그는 수소기구를 타고 비행연출을 하던 중 사고를 당하여 사망했습니다. 이 패러슈트는 현재 나일론으로 만들어진 것이 쓰이게 되었으며, 수십 톤이나 되는 무거운 짐까지 강하시킬 수 있는 패러슈트도 있습니다. 고속도로 착륙하는 제트기의 활주거리를 짧아지게 하는 공기 브레이크용의 패러슈트(드랙슈트)도 공기의 저항을 이용한 장치입니다.

하고 싶지는 않을 테니까요.

그러나 공기가 낙하를 잘 막아 주는 것은 가볍고 표면적이 큰 것에 한합니다. 하지만 파일럿의 몸무게는 상당한 무게입니다. 그에게는 대단히 큰 표면적이 필요합니다. 그런데 그와 같은 표면적이 큰 것은 이미 준비되어, 등에 짊어진 배낭 속에 잘 간직되어 있습니다.

파일럿은 손으로 더듬어 고리를 찾아가지고, 그걸 세게 잡아당깁니다. 푸슥, 푸슥, 활짝! 몸에 울려 퍼지는 듯한 소리와 함께 커다란 명주실로 짠 둥근 지붕이 펼쳐집니다. 그것은 공기로 잔뜩 부풀어 올라 태풍 속의 돛처럼 팽팽해집니다. 그리하여 낙하의 속도가 대번에 늦어지므로 파일럿에게는 그것이 도리어 충격이 됩니다.

하지만 파일럿은 이것으로 일단 안심을 하게 됩니다. 몇 천 미터의 높이에서 낙하하더라도 천장 위에서 뛰어내리는 정도의 충격으로 지상에 내릴 수가 있는 것입니다.

이 파일럿을 구출하는 놀라운 장치는 『패러슈트*(parachute, 낙

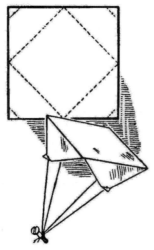

하산)』라고 불립니다. 이 말은 『낙하를 예방하는 것』이라는 프랑스 어에서 나온 것입니다. 현대의 패러슈트는 옛 소비에트의 발명가 코테리니코프에 의해서 완전한 것으로까지 만들어진 것인데 신뢰성 이 매우 높고, 구난용만이 아니라 스카이다이빙 등의 스포츠에도 이용되고 있습니다.

여러분도 패러슈트를 만들 수 있습니다. 학교에서 쓰는 노트북 정도의 크기가 되는 종이에서 정사각형을 한 장 오려내십시오. 먼 저 그림과 같이 안쪽의 점선을 따라 접습니다. 그리고 이번에는 네 귀퉁이의 모서리를 점선에 따라 반대쪽으로 접어 꺾습니다. 그 네 귀퉁이의 접힌 곳에 실을 꿰어 빠지지 않도록 홀맺어 두십시오. 네 개의 실을 길이를 같게 하여 한데 붙들어 맵니다.

자, 이상으로 장난감 패러슈트가 완성되었습니다. 네 가닥의 실 을 모아 묶은 곳에 추를 답니다. 나사든 뭐든 상관없습니다. 나중에 몇 번이고 패러슈트를 낙하시켜 보아서 너무 빠르지도 느리지도 않 고, 흔들흔들하거나 뒤집어지지 않도록 알맞은 무게의 추를 선택하면 좋습니다.

추 대신에 판지나 아크릴 판 같은 얇은 판자로 파일럿 인형을 만들면 재미있을 것입니다. 이것이야말로 눈에 보이지 않는 것에 구출되는 파일럿입니다.

6. 안개를 내뿜은 것은 누구인가?

보이지 않는 것—공기—은 영웅으로서 훌륭한 작용을 했는데, 항상 그와 같이 모범적인 행동만을 하는 것은 아닙니다. 사실은 여러분도 이미 알고 있는 바와 같이 대단히 심한 장난을 하곤 합니다. 이 같은 사실을 믿을 수 있도록 분무기(噴霧器)를 만들어 보기로 합시다.

코르크 마개를 준비하여 잘 드는 커터나이프 같은 것으로 위쪽을 그림에서처럼 반달 모양으로 잘라 냅니다. 만일 코르크 마개가 없으면 고무마개라도 좋고, 스티로폼을 잘라 만들어도 좋습니다. 당

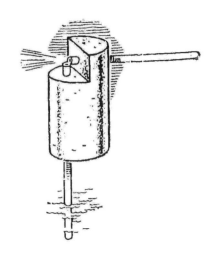

근도 상관없지만, 오랫동안 쓸 경우에는 말라빠지므로 주의해 주십시오.

굵기가 3~4밀리미터 되는 관을 두 개 준비합니다. 그 관은 유리제나 금속제, 플라스틱제 무엇이건 상관없습니다.

다음에는 코르크에 못이나 송곳으로 두 개의 구멍을 뚫어, 그림에서처럼 관을 이 구멍으로 집어넣습니다. 이 관을 빠지지 않도록 꼭 끼워 넣어야 하므로 스트로(빨대) 같은 물렁물렁한 관을 쓰면 부러지거나 찌부러질는지도 모릅니다.

여기까지 완성되거든 아래쪽에 쑥 나와 있는 관의 주둥이를 물이 들어 있는 컵 속에 집어넣고 수평방향으로 된 관을 통하여 숨을 불어넣어 봅시다.

아니, 우리가 손으로 만든 분무장치로도 보기 좋게 안개가 나오기 시작하지 않습니까! 화초에 소독액을 뿌리는 분무기나 도장용(塗裝用) 스프레이(분무기)에 비해 결코 못하지 않은 것이 만들어진 것입니다.

7. 분무기의 원리

이 분무기라는 간단한 장치는 도대체 어떤 식으로 작용을 하는 것일까요? 왜 물은 수직으로 된 관을 따라 위로 올라오는 것일까요? 모세관 현상으로 상승해 올라오는 것일까요? 그렇다고 하기에는 관이 너무나 굵습니다. 그리고 물이 올라오는 것은 숨을 불어넣었을 때뿐입니다. 만일 관이 투명하다면 그런 현상을 잘 알 수 있을 것입니다.

이에 대한 대답을 여러분에게 살그머니 가르쳐주는 것은 다음에 시험해 보려고 하는 대단히 간단한 실험입니다.

그러면 우선 얇은 종이를 잘라 종이테이프처럼 만듭니다. 그리고 그 한쪽 끝을 잡아주십시오. 종이테이프의 끝은 아래로 축 늘어져 있을 텐데, 그냥 그대로 그 손을 입 가까이까지 들어 올려 종이테이프 위쪽의 표면에 대고 세차게 숨을 불어 보십시오. 후욱, 하고.

잘 보십시오. 종이테이프는 날아올라 수평으로 죽 뻗어, 바람에

펄럭이는 깃발처럼 나부끼기 시작할 것입니다. 그 종이테이프는 숨을 불어대고 있는 동안은 그대로 펄럭펄럭 나부끼고 있을 것입니다.

여기서는 모세관 현상에 관한 어떠한 얘기도 통하지 않습니다. 원인은 단 한 가지—공기의 흐름이 위로 쳐들어 올리는 힘을 발생시키고 있다는 것입니다. 공기는 종이테이프의 위쪽으로 불려 나가면서 그 테이프를 위쪽으로 끌어당깁니다.

분무기에 달려 있는 관 구멍의 위를 빠져나가는 공기의 흐름은 물을 빨아올려 그 물을 흩뿌리는 것입니다. 이런 까닭에 사람에게 안개를 뿜어댄 것은 눈에 보이지 않는 공기라고 하는 장난꾸러기였습니다.

학자들은 어떠한 결론이든 몇 번이고 점검하려고 합니다. 여러분도 마찬가지로, 공기의 흐름이 빨아올리는 힘을 발생시키고 있음을 다시 한 번 다짐하여 확인해 봅시다. 그러기 위해서는 헌 실패를 이용한 실험이 알맞습니다.

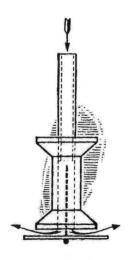

　다 쓴 노트의 한 페이지를 잘라 통 모양으로 말아가지고 실패
구멍 속에 쑤셔 넣어 주십시오. 그런 다음 헌 엽서나 판지를 오려
내어 지름 3센티미터쯤 되는 원반을 만듭니다. 그 원반의 한가운데
에 바늘핀을 꽂으면 준비완료!

　다음에는 실패에 쑤셔 넣은 종이 원통의 끝을 입에 대고, 바늘핀
을 꽂은 원반을(핀을 실패 구멍에 쑤셔 넣듯이 하여) 아래쪽에서
실패에 가까이 댑니다.

　종이 원통 속으로 숨을 잔뜩 불어 넣습니다. 여러분은 틀림없이
원반이 실패에서 불려 날아가리라고 생각하겠지요. 그런데 결코 그
와 같이 되지는 않습니다.

　여러분이 숨을 불어 넣고 있는 동안은 원반은 떨어지지 않습니
다. 원반은 실패 밑에 그대로 달라붙어 있습니다. 왜 그럴까요? 실
패 밑의 구멍에서 나오는 공기의 흐름이 원반 주위의 틈에서 사방
으로 흩어져 날아갈 때 분명히 그 원반을 위로 끌어당기고 있는 것
입니다.

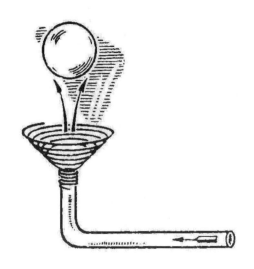

　이 실험 속에서 바늘핀은 어디에도 꽂혀 있지 않습니다. 다만 실패의 바로 밑에 원반을 정확히 놓는 데 필요할 뿐이며, 이 핀이 없으면 원반은 옆 방향으로 벗어나 떨어져 버립니다. 사실은 원반이 옆으로 벗겨져 나가면 공기의 흐름이 한쪽으로 쏠리거나 원반의 위쪽으로 흐르는 공기가 흐트러져서 빨아 당기려고 하는 힘이 작용하지 않게 되고 마는 것입니다.

　끝으로 또 한 가지, 공기의 흐름이 빨아 당기는 힘을 내는 실험을 해 보이겠습니다. 여러분은 어디선가 분수의 바로 위에서 덩실덩실 춤을 추고 있는 볼을 본 일은 없습니까? 이 볼은 왜 떨어지지도 않고, 더구나 옆으로 날아가 버리지 않는 것일까요? 그 이유는 물의 흐름이 빨아올리는 힘을 내기 때문입니다. 만일 볼이 오른쪽으로 벗어져 나갔다면, 분수의 거의 모든 흐름이 볼의 왼쪽으로 와 버립니다. 그러면 볼은 왼쪽으로 빨아 당기려고 작용하는 힘에 의하여 분수의 바로 위로 도로 끌어당겨지는 것입니다.

　이와 똑같은 실험을 공기를 이용해서 할 수 있습니다. 먼저 지름이 1센티미터쯤 되는 가벼운 볼을 준비합니다. 알맞은 볼이 없으면 스펀지나 스티로폼으로 만들어도 좋습니다.

다음에는 유리제나 금속제, 혹은 플라스틱 등으로 된 관을 25센티미터쯤 되게 잘라 그림에서처럼 구부려 주십시오. 그리고 철사를 나사 모양으로 감아 그것을 관의 맨 끄트머리에 달아놓습니다. 이 나선 속에 볼을 올려놓고, 관의 긴 쪽 끝에서부터 숨을 불어넣습니다. 처음에는 가만히, 그런 다음 힘껏 세게 불어넣습니다. 볼은 공기의 흐름 속에서 정신없이 춤을 추기 시작할 것입니다.

8. 날려버린 것은 누구인가?

그러고 보면, 이 눈에 보이지 않는 공기의 장난꾸러기는 사람에게 안개를 내뿜을 뿐만 아니라 무엇을 날려버리는 못된 녀석입니다. 창을 쾅 하고 갑자기 닫는다든지, 촛불을 확 꺼버린다든지, 모자나 양산을 끌어당기려고 한다든지…….

　이를테면 동전을 튀어 오르게 할 수도 있습니다. 작은 동전을 책상 위에 올려놓고 한번 혹 하고 불어, 동전을 자기의 손 안으로 날아서 들어가게 하는 것입니다. 이것을 잘하기 위해서는 동전의 뒤에다 손으로 벽을 만들어 놓고, 책상 위에 대고 숨을 힘껏 불어대야 합니다. 다만 동전 위에다가 부는 것이 아니라 동전 앞 4~5센티미터쯤 되는 곳을 향해서 내부는 것입니다.

　그 불어낸 공기는 압축되어 동전 밑으로 숨어 들어가 동전은 여러분의 손 안을 향해 일직선으로 내던져질 것입니다. 몇 번 연습하면 동전에 손을 대지 않고 그 동전을 책상 위에서 주워 올리는 기술을 익히게 될 것입니다.

　만일 여러분의 집에 그림과 같은 좁은 원뿔모양의 유리잔이 있으면 동전을 사용한 재미있는 실험을 한 가지 더 할 수 있습니다. 유리잔의 바닥 쪽에는—작은 동전을, 위쪽에는—큰 동전을 수평으로 넣습니다.

　이번에는 위쪽에 있는 큰 동전의 가장자리를 향해서 힘껏 숨을

불어넣어 주십시오. 큰 동전은 곧추서고, 작은 동전은 압축된 공기로 인하여 날아오를 것입니다. 그 후 큰 동전은 그 자리에서 도로 수평으로 되돌아갑니다.

이와 같이 눈에 보이지 않는 공기는 여러분이 양쪽의 동전에 손을 대지 않더라도 유리잔의 바닥에서 작은 동전을 꺼내도록 거들어 줍니다.

이와 똑같은 실험을 달걀받침을 이용해서도 할 수 있습니다. 달걀받침을 앞뒤에 바짝 붙여 늘어놓고는 앞에 있는 받침에 달걀을 올려놓습니다. 성공하지 못할 경우를 예상하여 달걀은 푹 삶은 달걀을 준비해 두어야 합니다. 자 그럼, 그림의 화살표로 나타낸 곳을 향하여 힘껏 숨을 불어 보십시오. 그 달걀은 튀어 올라 이웃 달걀받침 속으로 이사를 갈 것입니다.

이것은 눈에 보이지 않는 공기가 달걀받침의 가장자리와 달걀의 틈새에 갑자기 뛰어들어 달걀받침의 바닥에 세찬 힘으로 숨어 들어간 탓으로 달걀이 튀어 오른 것입니다.

이 실험은 숨을 불어내는 힘이 세지 않으면 좀처럼 성공하지 못할는지도 모릅니다. 그러나 그런 때에는 속을 빼낸 빈 달걀을 준비하면 틀림없이 성공할 것입니다.

9. 공기의 힘

우리들은 이제까지 공기에 관한 많은 것을 알게 되었습니다. 그 보기 드문 실험이나 얘기는 가지각색이었습니다. 공기는 어느 때는 영웅이 되고, 또한 어느 때는 장난꾸러기가 되기도 하고……. 그러니까 공기에 대한 평판은 사람에 따라 구구각색입니다. 비행기의 파일럿은 다음과 같이 말합니다.

"공기는 우리가 타는 비행기의 날개를 떠받쳐 줍니다. 그러니까 공기가 없으면 우리의 비행기는 날 수가 없게 될 것입니다."

천문학자는 이렇게 말합니다.

"공기―이것은 별의 관측을 방해하는 것이다. 공기 속에는 자디잔 티끌이나 먼지가 떠돌고 있고, 게다가 이리저리 움직이기 때문에 별은 그에 따라 깜빡거리거나 어렴풋해지는 것입니다."

의사는 다음과 같이 말합니다.

"공기—이것은 호흡에 필요한 것이다. 이것이 없으면 살 수가 없지 않은가!"

우주 비행사는 이렇게 말합니다.

"공기는 로켓의 착륙에 장애가 되는 것이다. 로켓은 공기와의 마찰에 의해서 무서울 정도로 온도가 높이 올라간다. 만일 착륙할 때에 자칫 조종을 잘못하면 로켓과 함께 타버리고 말 것이다!"

한편, 시인은 다음과 같이 말합니다.

"공기—그것은 자유를 사랑하는 변덕스러운 바람. 아름다운 꽃향기를 싣고 와서 우리들 곁을 언제까지나 살랑거리고 다닌다. 뭐니 뭐니 해도 공기는 멋이 있다!"

물고기들이 만약 말을 할 수 있다면 아마 이렇게 말할는지도 모릅니다.

"공기—그 속에 있으면 우리는 죽어 버린다!"

기술자는 말합니다.

"공기는 중요한 작용을 하는 것이다. 과연 공기는 제멋대로 빙빙 날아다니고만 있으니까 붙잡기가 어려울는지도 모른다. 하지만 그것은 자기만이 할 수 있는 특별한 일을 가지고 있지 않다. 말하자면 그것은 야생 그대로의 공기이다. 만일 공기를 모아가지고, 그 공기에 알맞은 용기 속에 집어넣고 뚜껑을 꽉 닫은 다음 압력을 충분히 가한다면 ……"

여러분은 공기의 작용을 믿을 수 있습니까?

실험을 해보면 알 수 있을 것입니다. 책상 위에 두 권의 무거운 책을 T자형으로 세웁니다. 이것을 입으로 한 번 불어 쓰러뜨려 보십시오. 어떻습니까? 가슴이 터질 정도로 불어도 넘어지지 않을 것입니다.

그러나 입으로 한 번 부는 것과 똑같은 공기를 붙잡아, 그것을 가두어 보면 어떨까요?

책 밑에 봉투나 폴리에틸렌 주머니를 깝니다. 주머니는 구멍 나지 않은 것에 한합니다. 그러면 주머니 주둥이로 공기를 불어넣어 주십시오.

서두르지 말고 천천히 조금씩 불어넣습니다. 주머니 속에 들어간 공기는 이젠 아무 데로도 달아날 수 없습니다. 결국 주머니는 부풀어 올라 책을 뒤집어엎어 버리고 맙니다.

10. 공기의 작용

우리는 공기를 한번 불어내는 것으로 일에 도움이 되게 할 수 있습니다. 다만 공기를 가두어 압축할 필요가 있습니다.

여러분은 아마도 공기총이라는 것이 있음을 알고 있겠지요. 공기는 총 속에 있는 실린더(汽筒)에 모아지고 압축되었다가 힘있게 탄환을 들이받는 것입니다.

자전거나 오토바이나 자동차의 바퀴에 바람을 넣는 경우에는, 바퀴 속의 압축공기가 울퉁불퉁한 길의 진동이나 충격을 완화시켜 줍니다. 이러한 타이어에 공기를 모아 넣고, 다시 압축하는 데에는 공기펌프가 쓰입니다. 아마도 여러분은 몇 번이고 자전거의 타이어에 공기를 넣은 일이 있어서 그 펌프를 알고 있을 것입니다.

공기(에어)브레이크는 압축공기의 힘으로 특수한 금속조각(브레이크슈)을 차바퀴에 꽉 눌러대는 장치입니다. 전차나 지하철 등을 타면 이따금 차량 밑바닥에서 피익 피익 하는 소리를 들어 본 적이 있을 것입니다. 이것은 펌프가 작동하고 있는 소리입니다. 공기브레이크를 작동시키기 위해서 공기를 모아가지고 그것을 압축하는 전동식으로 된 공기압축기(에어컴프레서)의 소리입니다.

압축공기는 전차의 도어를 비롯하여 여러 가지 도어의 열리고 닫히는 데에도 활약하고 있습니다. 구 소비에트의 버스나 『질』(1967년에 생산된 구 소비에트의 최고급 승용차 이름)이라는 이름으로 불리는 트럭 등은 피익 피익 소리를 내는 공기브레이크 장치*를 작동시키면서 달리고 있습니다.

* 큰 공장 등의 조립 라인(컨베이어시스템) 같은 데서는 압축공기의 파이프가 그물눈처럼 뻗어 있고, 그 공기압을 이용하여 나사나 볼트를 죄는 드라이버 『에어 임팩트랜치』가 헤아릴 수 없을 정도로 흔들흔들 매달려 있는 광경을 볼 수 있습니다.

공기압력의 반동을 이용한 도구,* 예컨대 에어해머(공기망치) 따위는 공기의 힘에 의해서 해머의 끝이 진동합니다. 드르르륵, 드르르륵! 기관총 같은 단속음과 함께 뾰족한 끄트머리는 흙이나 아스팔트, 그리고 돌이나 콘크리트에 구멍을 뚫고 리벳(금속판을 연결하는 징)을 박으며, 금속을 자릅니다.

압축공기는 공기압을 이용한 수송용 파이프를 따라서 보내고 싶은 물품을 넣은 원통형 상자를 나릅니다. 그뿐만 아니라 곡식의 낱알이나 가루로 된 석탄, 시멘트가루 등을 압축공기와 혼합시켜 파이프 속을 통해서 수송할 수도 있습니다.

이제 공기는 공장이나 광산에서뿐만 아니라 철도나 자동차 같은 탈것을 작동시키는 기계의 일부로서, 또한 농촌이나 도시의 모든 장소에서 활약하는, 눈에 보이지 않는 유능한 일꾼이 되어 있습니다.

제2장 공기의 바다 속에서 산다

1. 무의 이상한 성질

여러분은 틀림없이 수많은 실험을 부엌에서 하는 데 익숙해졌을 것입니다. 하기야 그럴 수밖에 없는 것이, 물리실험을 하는 데 이보다 더 알맞은 장소는 없습니다. 어쨌든 부엌에는 물도 있고 불도 있으며, 용기를 고르는 데에도 편리한 곳입니다. 게다가 기름이며 알코올이며, 식용유, 그리고 달걀이나 코르크, 감자 등 여러 가지 채소도 있으니까요.

자, 그럼 무를 절반으로 가로로 잘라서 아래쪽만을 준비합시다. 그리고 속살을 조심스럽게 파내어 작은 홈을 만듭니다. 다만 주위의 가장자리에는 홈을 내지 마십시오. 그리고 껍질도 벗겨지지 않도록! 다음에는 그 절반으로 잘린 자리를 접시에 대고 착 누릅니다. 좀 더 착 밀착하도록 접시에 꼭 눌러댄 채 가볍게 문지르듯이

움직입니다.

자, 그러면 이제 그 무의 꼬리를 잡고 살짝 쳐들어 보십시오. 무와 함께 접시도 착 달라붙어 따라오를 것입니다.

이것은 무슨 까닭일까요? 무에는 뭔가 특수한 점착제라도 들어 있는 것일까요? 아뇨, 그렇지는 않습니다. 이 실험은 순무나 혹은 비트(사탕무), 그리고 홍당무로도 마찬가지로 잘 됩니다.

이와 같은 실험은 부엌에서 그냥 우유병을 이용하여 할 수 있습니다. 우선 병의 주둥이에 좋아하는 기름을 칠한 다음, 그것을 거꾸로 들고서 뜨거운 물의 김을 쏘입니다. (이때에는 병을 기울여 들고서 그 손을 데지 않도록 타월을 감으십시오)

병이 충분히 뜨거워지거든 그 병의 주둥이를 접시 한가운데 꼭 대고서 식을 때까지 한참 동안 그대로 내버려둡니다. 다 식으면 병을 아무렇게나 들어도 접시가 착 달라붙습니다. 반대로 접시를 들어 올려도 병은 그냥 매달려 있습니다. 어느 쪽을 들어도 마찬가지입니다. 이것도 무슨 점착제로 착 달라붙어 있는 것처럼 여겨질 것

입니다.

붙은 것은 좋은데, 병을 떼어놓는 일이 걱정입니다. 그래도 억지로 떼면, 그 순간 뭔가 빨아들이는 듯한 소리가 들릴 것입니다. 이와 똑같은 소리는 약간 약하기는 하지만, 홍당무나 다른 근채류(根菜類)를 접시에서 뗄 때에도 들립니다. 혹시 이것도 또한 저 보이지 않는 공기의 장난이 아닐까요?

2. 문어와 지우개와 파리

여기에 늘어놓은 세 가지 물품 중에서 문어가 가장 실험하기 어려운 것입니다. 첫째, 살아 있는 문어를 구하기가 어렵습니다. 둘째, 문어를 잘 길들이려고 해도 그 발로 휘감고서 빨판으로 착 달라붙기 때문에—여간해서 떨어지지 않습니다.

동물학자의 말에 의하면, 문어의 빨판은 고리 같은 근육으로 된, 꽃받침 같은 모양을 하고 있다고 합니다. 문어가 근육을 죄어대면

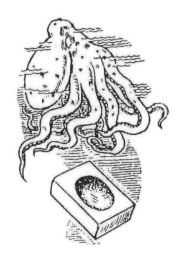

—빨판이 압축되어 좁아집니다. 그리고 그 빨판을 먹이에 꼭 눌러 대고 근육을 느슨히 풀어 놓습니다.

재미있는 것은 문어는, 먹이를 붙잡아둘 때 근육을 꼭 죄는 것이 아니라 반대로 늦추고 있습니다! 그래도 역시 빨판은 착 달라붙어 있습니다. 마치 홍당무가 접시에 붙어 있는 것처럼……

산 문어를 사용하는 실험은 삼가기로 하고, 인공적인 빨판을 지우개로 만들어 보기로 합시다.

말랑말랑한 지우개를 준비하여, 그 넓적하고 판판한 면의 한가운데에 홈을 팝니다. 이것이 빨판을 대신하는 것입니다. 근육은 여러분을 도와줄 것입니다. 사실은 근육의 힘이 필요한 것은 처음으로 빨판을 압축할 때뿐이며, 그 후에는 힘을 빼고 손을 가만히 놓아두면 되는 것입니다.

빨판을 눌러 오그리듯이 고무를 꼭 쥐고서 그것을 접시에 착 붙입니다. 다만 지우개는 홍당무처럼 촉촉한 기를 지니고 있지 않으므로 처음에 물에 적셔두는 걸 잊지 말아야 합니다. 덧붙여 말하면,

문어도 물에 젖은 빨판으로 일을 하고 있습니다. 지우개가 착 달라붙었습니까? 손을 떼어도 착 달라붙어 있을 것입니다.

비눗갑 중에도 고무로 된 빨판이 붙어 있는 것이 있습니다. 이것은 목욕탕의 미끈미끈한 타일을 붙인 벽 등에 착 붙이는 것인데, 역시 처음에 물에 적셔 벽에 눌러댑니다. 이렇게 하면 손을 놓아도 붙어 있습니다.

자, 그럼 이번에는 파리의 등장입니다. 여러분은 파리가 벽이나 천장을 기어 다니는 걸 보고 이상하다고 생각한 일이 있겠지요? 그것은 수수께끼놀이 속에도 나옵니다.

"발을 위로 하고 우리들의 위쪽에 있는 것은 뭐지?"

라는 식으로 말입니다. 혹시 파리에게는 발끝에 발톱이 붙어 있는 것이 아닐까요? 그러나 파리는 유리창 위나 거울 위라도 자유로이 걸어 다니고 있지 않습니까. 그러한 것에는 파리가 붙잡으려고 해도 붙잡을 것이 없습니다. 사실은 파리의 발에도 빨판이 붙어 있습니다.

이와 같이 생각하고 보면, 파리와 문어 사이에는 아무런 공통점도 없다고 말할 수는 없다는 것이 분명해질 것입니다.

3. 컵을 이용한 실험

다시 부엌으로 되돌아갑시다. 컵과 물을 받은 세숫대야를 준비해 주십시오. 컵을 물속에 넣어 거꾸로 들고 있다가 그대로 들어 올립니다. 물은 컵과 함께 끌어당겨져 세숫대야의 수면보다도 훨씬 더 높이 쳐들립니다. 하지만 용기와 용기가 물로 연결되어 있으니까, 저 연통관(連通管)의 법칙처럼 컵과 세숫대야의 수면의 높이는 같아져야 할 텐데……설마 모세관 현상이 있는 건 아닐 테고……틀림없이 뭔가가 컵 속의 물을 떠받쳐 주어 밑으로 흘러 나가지 않도록 해주고 있는 것입니다.

컵을 좀 더 높이 쳐들어 올리십시오. 컵의 가장자리가 수면과 똑같아졌는가 싶을 때—퐁 하고, 이전에 들은 기억이 있는, 그 뭔가가 빨려 들어가는 듯한 소리가 나고, 컵 속의 물은 순식간에 빠져나가고 맙니다. 그리고 컵 속의 물은 전부 세숫대야 속으로 되돌아가고 맙니다.

이 원인은 컵의 가장자리 밑에서 들어온 공기의 소행이 아닐까요? 실험 방식을 좀 바꾸어 보기로 합시다. 컵을 물속에 가라앉힐 때, 그 속에 공기를 조금 남겨 두십시오. 그리고는 다시 거꾸로 세운 컵을 들어 올리는 겁니다. 그러면 어럽쇼, 이거 이상한데! 공기가 들어 있는데도 아무튼 물은 컵과 함께 쳐들리는 것입니다. 그리고 컵의 가장자리가 수면에서 얼굴을 내놓기 전에는 컵 속의 공기의 양은 불어나지 않습니다.

그런데, 닭 등과 같은 새들에게 자동적으로 마실 물을 보충해 주는 『물 마시는 장치』를 만들 수 있습니다. 이 자동 물마시기 장치의 기본이 되는 부품은 병과 얕은 접시입니다. 먼저 병에 물을 가득 채우고, 마찬가지로 접시에도 물을 조금 넣어둡니다. 병의 주둥이를 손으로 누르면서 거꾸로 세워가지고 병의 주둥이가 접시의 가

장자리보다도 낮아지도록, 그러면서도 바닥에 착 닿지 않도록 틈을 내어 설치대에 병을 고정시킵니다.

병의 주둥이에서 손을 떼어 놓습니다—물은 병에서 흘러나오기 시작하는데, 접시 수면의 높이가 병의 주둥이에 도달하면 그 흐름은 스톱! 마치 병의 주둥이에 마개를 한 것처럼 멈추고 맙니다.

접시의 물을 닭이 먹는다든지 증발하여 줄어들 때에만 병의 주둥이로 공기의 거품이 들어갑니다, 뽀글뽀글 하면서. 그러면 수면은 다시금 병의 주둥이까지 올라와 또 다시 스톱! 이 같은 되풀이는 병의 물이 없어질 때까지 계속됩니다.

물은 이 경우에 거꾸로 세워진 용기(병)의 의지가 되는 마개로서의 구실을 하고 있는 셈입니다. 그렇다면 물만의 작용에 의한 것일까요?

컵을 사용하는 두 번째 실험으로 넘어가기로 합시다. 컵 속에 물을 절반쯤 넣고, 그 컵의 주둥이에 얇게 기름을 바른 다음, 표면이 매끈매끈하고 단단한 종이를 주둥이에 엎어 놓으십시오.

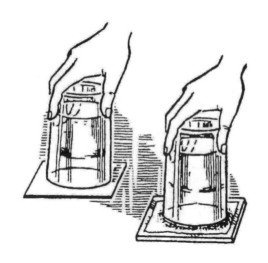

그리고는 손바닥으로 종이를 누르면서 컵을 거꾸로 세웁니다. 만일의 경우에 대비하기 위해서 이 실험은 세숫대야 위나 부엌의 설거지대에서 하는 편이 좋을 것입니다. 그러나 그런 걱정은 틀림없이 쓸데없는 것이 되리라고 생각합니다. 여러분이 손바닥을 종이에서 떼더라도 그 종이는 여전히 컵을 누르고 있고, 한 방울의 물도 흘러나오지 않습니다.

물의 양은 컵의 4분의 1이나 4분의 3이나, 혹은 가득 채우더라도―결과는 똑같습니다. 산들바람이 살짝 불기만 해도 날아가 버릴 듯한 연약한 한 장의 종이가 컵에 가득 찬 물을 떠받치고 있는 것입니다.

컵을 사용하는 세 번째의 실험에서는 한 장의 흡묵지와 컵의 주둥이를 가릴 만한 크기의 유리판이 필요합니다.

컵에 담고 싶은 만큼 물을 붓고 흡묵지를 컵의 주둥이에 엎어 놓은 다음, 그 위에 유리로 뚜껑을 삼아 덮습니다. 그리고는 이것을 완전히 거꾸로 세워 테이블 위에 놓아두십시오. 흡묵지는 물론 젖기 시작합니다. 컵 가장자리의 주위에는 습기를 머금은 얼룩이 번질 것입니다.

다음에 그 컵을 들어 올려 보십시오. 유리가 착 달라붙어 같이 쳐들릴 것입니다. 컵을 애당초처럼 바로 세우고 위에 있는 유리를 떼어 내려고 하면―어렵쇼, 떨어지지 않습니다! 유리를 떼어 내려고 해도 물이 들어 있는 컵이 같이 달라붙어 따라오고 맙니다.

마치 홍당무가 접시에, 문어가 먹이에, 그리고 비눗갑이 벽에 붙어 있는 것처럼 컵은 유리에 착 달라붙어 있는 것입니다. 좀 더 정확하게 말하면, 달라붙어 있는 것이 아니라 **빨려들어** 있는 것입니다.

사실은 여기서도 유리를 컵에서 억지로 떼어 내는 순간, 저 퐁 하는 독특한 소리가 납니다. 또다시 공기의 소행일까요? 도대체 어째서 이 같은 일이 일어날까요? 지금 공기는 우리들에게 수수께끼를 던지려 하고 있습니다!

4. 공기의 바다에서 사는 우리들

우리들은 공기라고 하는 바다의 바닥에서 살고 있습니다. 우리들의 머리 위에는 대단히 두꺼운 층의 공기가 있습니다. 그 두께는 몇 십 킬로미터, 몇 백 킬로미터나 됩니다. 공기는 가볍다고는 하지만 무게를 지니고 있습니다. 그리고 밑에 있는 것을 남김없이 짓누르고 있습니다.

공기는 1제곱센티미터 당 약 1킬로그램의 힘으로 짓누르고 있습니다. 그런 까닭에 예컨대 1제곱센티미터 되는 단면(斷面)의 면적을 가진 작은 홍당무라도 접시를 들어 올릴 수 있습니다. 공기는 접시를 홍당무에 꽉 누르고 있기 때문입니다.

그러나 무거운 다리미의 경우에는 홍당무로서는 무리입니다. 1킬로그램 이상 되는 무거운 것은 들어 올릴 수 없습니다. 하지만 좀 더 큰 무나, 비트(사탕무)를 절반으로 자른 것을 사용하면 그와 같이 무거운 다리미일지라도 들어 올릴 수가 있을 것입니다.

공기의 압력은 거꾸로 세운 컵이나 병 속의 물기둥을 떠받칠 수가 있습니다. 컵을 사용한 우리들의 두 번째의 실험에서, 밑에서 컵의 주둥이를 가린 종이도 마찬가지로 공기의 압력으로 종이를 떠받치고 있었던 것입니다. 하지만 종이를 떼어내려고 하자 간단히 떨어졌습니다. 빨판처럼 착 달라붙어 있는 것은 아니었습니다.

그런데 세 번째의 실험은 그렇지는 않았습니다. 유리와 컵 사이에는 한 장의 흡묵지를 끼워두었던 것입니다. 그 흡묵지가 물의 일부를 컵 밖으로 빨아냈기 때문에 유리판은 착 달라붙어 있었던 것입니다.

5. 판자를 쪼개는 기술

폭 2~3센티미터, 길이가 50~60센티미터 되는 베니어판이나 또는 못쓰게 된 헌 자를 준비합시다. 그것을 테이블 가장자리에서 쑥 내밀 듯이 놓아두고 그 끄트머리를 조금 누르기만 해도 떨어져 버

리듯이 쑥 내미는 길이를 조절합니다. 그리고 이번에는 베니어판을 놓은 테이블 표면에 신문지를 펴 놓습니다. 잘 펴서 손으로 구김살을 펴고 접힌 자국을 전부 판판하게 해둡니다.

신문지를 올려놓기 전에는 손가락 끝으로 베니어판을 떨어뜨릴 수가 있었습니다. 하지만 이번에는 신문지가 놓여 있는 것입니다. 얼마나 무게가 나갈까요? 그건 그렇다 치고, 자, 해봅시다. 주먹으로 베니어판의 끄트머리에 일격을 가하여 판자를 꺾어 보라는 것입니다. 따악!

주먹은 아팠습니다. 하지만 베니어판은 못으로 박혀 있는 것처럼 꿈쩍도 하지 않습니다. 그렇다면 이번에는 기합을 넣어 쳐 봅시다! 막대기를 가지고 와서 힘껏 쳐 봅시다. 짝! 베니어판은 두 쪽으로! 하지만 신문지는 아무 일도 없었다는 듯이 그대로 있습니다.

신문지는 도대체 어째서 이와 같이 무거워졌을까요? 그것은 공기가 그 위에서 누르고 있기 때문입니다―1제곱센티미터 당 1킬로그램이라는 무게의 비율로. 이것은 신문지의 표면적에 대치하여 계산하면 대단한 무게가 됩니다.

예를 들면, 세로가 42센티미터, 가로가 60센티미터 되는 어린이 신문을 놓고 계산해 보면 어느 정도의 면적이 될까요?—42×60= 2,520(제곱센티미터)가 됩니다. 이것은, 공기는 약 2,500킬로그램, 즉 2.5톤의 힘으로 위에서 누르고 있다는 계산이 되는 것입니다.

신문지를 천천히 들어 보십시오—공기는 이때 신문지의 아래쪽으로 들어가, 위에서 누르는 것과 아주 똑같은 크기의 힘으로 아래쪽에서도 누릅니다.

그러나 한 순간에 베니어판이 밑에서 신문지를 쳐들어 올리려고 해도 공기가 신문지의 아래쪽에 들어가지 못하는 사이에 베니어판은 두 쪽으로 갈라져 버리고 만 것입니다.

6. 손을 적시지 않는 기술

판판한 접시 위에 동전 한 닢을 올려놓고 물을 약간 부어 놓습

니다. 동전은 물 밑에 가라앉아 있는 셈입니다. 이때 친구를 불러다가 접시의 동전을 맨손으로 주우라고 부탁해 보십시오. 단 손가락을 적시지 말고, 또한 접시의 물을 흘리지도 말고 하라고 합니다.

틀림없이 그는 그 방법을 생각해내지 못할 것입니다. 그럼, 그 기술을 설명하지요—물을 빨아들이는 것입니다. 빨아들인다고는 하지만, 입으로 빨아들이는 건 아닙니다. 동전은 어디를 굴러다니고 누구의 손을 거쳐 온 것인지 알 수 없을 정도로 더러운 때가 묻은 것이니까요.

우선 얄팍한 컵을 구해 가지고 와서 뜨거운 물을 부어 컵을 충분히 뜨겁게 한 다음, 거꾸로 세워 동전 옆에 엎어 놓습니다. 자, 접시의 물은 어떻게 될까요?

컵 속의 공기가 식기 시작합니다. 그런데 여러분은 아마도 다음과 같은 말을 들은 일이 있겠지요—공기는 식으면 뜨거운 때보다도 부피가 작아진다는 것을(이 점에 대해서는 나중에 자세히 설명하기로 합니다). 어쨌든 컵은 물을 빨아들이기 시작하여 순식간에 접시의 물은 없어지고 맙니다. 그 다음에는 동전이 마르기를 기다렸다가 손가락을 적시지 않고 주워 올리면 되는 것입니다.

7. 세 개의 분수

이 책 속에서도 분수의 실험은 이미 나온 일이 있습니다(재미있는 물리이야기 PART 1 제11장 물과 파이프). 여기서는 다른 분수를, 그것도 한 번에 세 개의 분수를 소개하고자 합니다.

최초의 분수는 작은 병과 코르크 마개에 펜 관으로 되어 있습니다. 먼저 작은 병의 주둥이에 딱 들어맞는 코르크 마개를 구해서 한가운데다 구멍을 뚫습니다. 그리고 그 구멍에 관을 끼워 넣는데, 코르크 마개를 했을 때에 관의 아래 끝이 병의 밑바닥에서 약간 위로 떨어지도록 미리 치수를 정해 둡니다.

코르크의 구멍이 헐렁하면 그 틈새에 촛농을 흘려 넣든지, 실리콘을 발라두면 좋을 것입니다. 병 속에는 잉크나 그림물감으로 아

주 약간만 착색시킨 물을 절반쯤 넣고 코르크로 단단히 마개를 합니다.

병 속의 물은 대기의 압력을 받고 있습니다. 그 압력은 병의 외부와 똑같은 압력입니다.

그럼, 분수를 내뿜도록 하려면 어떻게 하면 좋을까요? 거기에는 두 가지 방법이 있습니다. 첫째 방법은—병의 바깥쪽 압력을 낮춰 주는 일입니다. 여러분은 이미 그 방법을 동전실험을 할 때 익혔을 것입니다.

이 실험은 먼저 얕은 접시 위에 흡묵지를 가득히 깔고 물을 듬뿍 부어 축축해지게 합니다. 그 접시 위에 코르크 마개를 한 작은 병을 놓아두십시오. 그리고는 3리터쯤 되는 크기의 유리병을 준비하여 촛불이나 전열기(電熱器) 같은 것의 위에 거꾸로 세워 따뜻해지게 합니다.

천천히 그리고 충분히 열을 가하여 유리병 속의 공기를 가열해 둡니다. (데지 않도록 주의를!)

그럼, 즉시 이 유리병을 거꾸로 세워 접시 위에 코르크 마개를 한 작은 병 위에 푹 덮듯이 엎어 놓습니다. 유리병의 가장자리는 흡묵지 위에 잘 엎혀 있습니까? 이상으로 작은 병은 큰 유리병으로 밀폐되었습니다.

유리병 속의 공기가 식기 시작하면 접시 위의 물은 큰 병의 주둥이로 빨려 들어가서 완전히 없어지고 맙니다.

하지만 조심하지 않으면……당장에라도 공기가 가장자리에서 숨어 들어갈 것 같습니다. 아니, 걱정할 것은 없습니다. 접시 위에는 공연히 흡묵지를 가득 깔아 놓은 것은 아닙니다. 유리병의 주둥이를 꼭 누르고 있으면 흡묵지는 착 달라붙어 있으므로 공기는 들어가지 않습니다. 그리고 분수가 터져 나오기 시작할 것입니다.

두 번째 방법은—작은 병 속의 공기를 압축해 주는 것입니다. 병에 끼워 넣은 관의 위쪽 주둥이를 통해서 입으로 힘껏 공기를 불어 넣는 것입니다. 그러면 관의 아래쪽 주둥이에서 공기의 거품이 나올 것입니다.

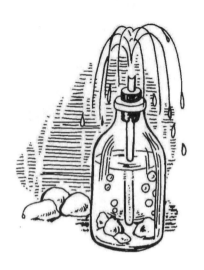

　그럼, 관의 주둥이에서 입을 떼어 보십시오. 멋지게 분출하는 분수가 보입니까? 다만 유감스러운 것은 그리 오래 계속되지 않는다는 점입니다. 이것은 압축공기가 눈 깜짝할 사이에 없어져 버리기 때문입니다.

　분수를 조금이라도 더 오래 지속시키기 위해서는 그 작은 병 속의 물을 약간 적다 싶을 정도로 담아두면 됩니다. 어쨌든 분수에 쓰는 물의 양으로는 그것으로 충분합니다. 게다가 공기의 양도 불어나니까요.

　세 번째의 분수는 두 번째의 분수와 흡사합니다. 병의 내부를 외부보다도 높은 압력이 되게 하는 방법을 이용하는 것인데, 입으로 공기를 불어넣는 것은 아닙니다. 여러분이 알고 있는 다른 방법을 쓰는 것입니다.

　작은 병 속에 백묵 부스러기를 몇 개 넣고 식초를 병의 4분의 3쯤까지 붓습니다. 얼른 관이 달린 코르크 마개로 막아 부엌의 설거지대나 큰 세숫대야 속에 놓습니다. (식초를 흘리지 않기 위해서입

* 토리첼리(1608~1647)는 이탈리아의 물리학자이며 수학자로서 로마에서 갈릴레이의 비서로 있으면서 자유낙하나 낙하실험에 의한 지구의 회전에 관한 연구를 했습니다. 이어서 그는 한쪽을 막은 유리관과 수은을 이용하여 진공(토리첼리 진공)의 존재를 밝혀냈습니다.

니다)

사실은 작은 병 속에서 탄산가스(이산화탄소)가 발생하기 시작하고 있습니다. 그 압력으로 관에서 식초의 분수가 뿜어 나오려 하고 있는 것입니다. (백묵에 묽은 염산을 타도 탄산가스가 발생하는데, 염산의 분수가 나오면 대단히 위험하므로 쓰지 않도록 해주십시오)

8. 기압계

공기의 압력을 측정하기 위한 장치를 『기압계』라고 합니다. 최초의 기압계는 이탈리아의 학자 토리첼리*에 의하여 1643년에 만들어졌습니다. 그 장치는 수은이 들어 있는 관의 한쪽을 납땜으로 막고 수은을 넣는 용기 속에 거꾸로 세운 것이었습니다. 공기는 수은이 들어 있는 용기 속의 수은을 누르기 때문에 관 속의 수은은 내려가지 않습니다.

그렇지만 관이 길기 때문에 관 안에 있는 수은주의 일부분은 아

* 토리첼리의 수은주의 상부에 생기는 공간은 『토리첼리의 진공』이라고 불리는데, 인류가 만든 최초의 진공이라고까지 일컬어집니다.

* 이 부분은 전문용어로 『공합』이라고 불립니다.

무래도 흘러나오고 맙니다. 그리고 수은주의 높이는 수은이 담긴 용기 속의 수은 면에서 약 76센티미터의 높이가 되는 곳에 고정되고, 그보다도 위쪽의 관 안에는 공간*이 생겼습니다.

오늘날에는 좀 더 편리한 『아네로이드 기압계』가 있습니다. 이 기압계에는 수은이 쓰이지 않습니다. 그 대신 아주 얇은 금속으로 된 작은 탱크*가 달려 있습니다. 이 탱크는 공기를 빼고 구멍을 납땜으로 막는 것입니다. 외부의 공기는 탱크 바닥을 눌러 탱크의 모양을 비뚤어지게 합니다. 그 압력이 높을수록 비뚤어지는 정도도 커지는데, 이 움직임을 바늘에 전해 줌으로써 바늘이 눈금 위를 이동하여 대기압을 나타내 줍니다.

이 아네로이드 기압계의 눈금은 수은주의 길이를 센티미터로 나타낸 것으로 표시되어 있는데, 이 표시 방법은 지금까지의 습관에 따랐기 때문입니다.

아네로이드 기압계는 별로 비싸지 않으므로 가정에서 손쉽게 사용할 수 있습니다. 이것을 사는 사람은 자기 스스로 날씨를 미리

알고 싶기 때문인데, 하루에 몇 번이고 텔레비전이나 라디오에서 나오는 일기예보를 보거나 들을 수 있는 사람에게는 불필요한 장치일는지 모릅니다. 그렇지만 기압계를 사용하면 자기가 있는 곳의 일기의 변화를 충분하고도 정확하게 판단할 수 있습니다.

만일 『기압이 내려가면』 대기압이 낮아진 것(저기압)을 의미하는 것이므로 날씨가 나빠질 전조입니다. 또한 『기압이 올라가면』 날씨가 좋아집니다.

아네로이드 기압계의 눈금 중간쯤에는 『부정(不定)』이라는 이해할 수 없는 문자가 표시되어 있습니다. 그 눈금 부근에서는 비, 눈, 아주 맑음이 될지도 모른다는 뜻입니다. 요컨대 날씨는 기압만이 아니라 바람이라든지 습도 등과 같은 여러 가지 원인에 의해서 결정되는 것이기 때문입니다.

만일 아네로이드 기압계가 가까이 있으면 그것을 가지고 재미있는 실험을 할 수 있습니다. 이 기압계를 들고 거리로 나갑시다. 그리하여 백화점이나 점포의 지하로 내려가 봅시다. 그리고 바늘이

가리키는 눈금을 정확히 알아둡니다. 알아두는 방법은 간단합니다. 이 기압계에는 보통 바늘이 또 하나 있습니다. 이 바늘은 보조용 바늘인데, 자기가 원하는 자리에 고정시켜 둘 수 있는 바늘입니다.

그러면 그 바늘을 현재 위치의 기압을 나타내고 있는 바늘 위에 정확히 겹쳐 놓은 다음, 이번에는 그 기압계를 들고 높은 곳, 이를테면 빌딩의 맨 위층이나 산 위에 올라가면 될 것입니다. 그 결과, 낮은 곳보다는 높은 곳의 기압이 낮다는 것을 알게 될 것입니다.

기압은 10미터가 높아질 때마다 수은주의 높이로 약 1밀리미터 낮아집니다. 요컨대 높아질수록 위에서 누르는 공기의 양이 적어지니까 기압이 낮아집니다.

9. 진공 이야기

"이 땜질을 한 관 속에 있는 게 뭐야?"
"진공이란다."

"진공이란 건 아주 텅 비어 아무것도 없는 거야?"

"응, 그래. 이보다 더 텅 빈 건 없단다. 가져가도 괜찮다. 뭐, 고마워할 것까진 없으니까!"

이것은 물론 지어낸 이야기입니다. 하지만 있을 수 없는 이야기를 쓴 것은 아닙니다. 사실은 현대 기술 속에서『진공(眞空)』은 구리나 고무나 유리나 석유처럼 없어서는 안 되는 것입니다.

진공이 없다면 전구는 만들 수 없습니다. 공기 속에서는 그 빛을 환하게 내는 필라멘트는 순식간에 타버릴 것입니다. 전구를 만드는 공장에서는 전구에서 공기를 뽑아내는 작업실에 진공파이프가 배관되어 있습니다. 공기가 빠진 전구에는, 그 작업을 한 후에 필라멘트가 타지 않도록 하는 가스를 조금 집어넣습니다.

그러나 진공을 필요로 하는 것은 전구에만 한한 것은 아닙니다. 요즘은 많이 없지만, 텔레비전의 브라운관이나 예전에 쓰였던 라디오의 진공관 등도 그렇습니다. 진공이 없으면 전등의 불도 켜지지 않고, 브라운관 텔레비전도 볼 수가 없습니다. 그리고 또한 트랜지

* 보통 『사이클로트론』혹은 더욱 큰 고출력을 내는 가속기를 『싱크로트론』이라고 합니다.

스타나 집적회로(集積回路)를 발명하는 기초가 된 진공관식 라디오에서도 소리를 들을 수가 없었을 것입니다.

또한, 물리학자들은 원자나 좀 더 작은 입자의 구조를 연구하는 데 거대한 가속기*를 사용합니다. 이 장치에는 고순도의 진공이 필요합니다. 아주 조금만 공기가 남아 있어도 실험은 제대로 되지 않고, 결과는 너저분하게 되어버리고 맙니다.

물리학자들은 부러운 듯이 곁눈질로 흘끗 하늘을 쳐다보고 있습니다. 저 하늘 아득한 저쪽 우주의 깊은 곳에는 어떠한 기체(氣體)의 찌꺼기도 없는 공간이 존재하고 있음에 틀림없다고 생각하면서…….

그 무한한, 상상도 할 수 없을 정도의 공간은 지구상의 실험실에서 만들 수 있는 가장 순수한 진공보다 몇 백 배나 순수한 것입니다. 그러한 곳에서 자기의 실험에 전념할 수 있다면 얼마나 좋을 것인가! 얼마 안 가서 수많은 물리학자들이 우주 공간에 나아갈 날이 닥쳐올 것입니다.—마치 진공에 빨려 들어가듯이.

제3장 하늘을 날자

1. 하늘에의 꿈

인간은 오래 전부터 하늘을 나는 것을 꿈꾸어 왔습니다. 새나 벌레나 박쥐 같은 날개를 만들 수 없을까 하고. 저토록 수많은 생물들이 공중을 날아다니는데도, 인간은 그렇게 할 수 없다니!

용감한 발명가들은 인간이 쓸 수 있는 날개를 만들려고 했습니다. 그렇지만 그와 같은 날개를 가지고는 아무도 날 수가 없었습니다. 인간에게는 자기의 몸을 공중에 들어 올릴 만한 힘이 없었던 것입니다.

기껏해야 발명가들은 산이나 탑의 꼭대기에서 자기가 만든 날개로 공중을 활공(滑空)하여 무사히 지면에 날아 내리는 게 고작이었습니다. 이와 같이 나는 것이라면 힘은 별로 필요가 없었던 것입니다.

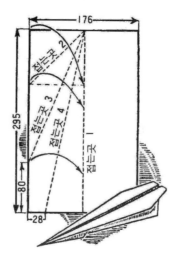

여러분은 틀림없이 몇 번이고 종이비행기를 만든 일이 있을 것입니다. 가장 간단하면서도 잘 날아가는 종이비행기의 하나는 『스트레일카(러시아어로 작은 화살이라는 뜻) 호』입니다. 이것을 만드는 데에는 295mm×176mm 크기의 종이가 필요합니다.

먼저 이 종이를 세로로 길게 절반을 접습니다. 그리고 그 다음의 접는 방법과 길이는 그림에 표시해 두었습니다.

『스트레일카 호』는 방안에서도 잘 날릴 수 있지만, 높은 집의 발코니에서 날리면 좀 더 멀리까지 날아갈 것입니다. 만일 상승기류를 탄다면 좀 더 높은 하늘로까지 날아갈 것입니다.

하지만 유감스럽게도 이 종이비행기에는 파일럿이 타고 있지 않습니다. 만일 파일럿이 타고 있다면 상승기류를 발견해내어 공기와 함께 상공을 향해 올라가면서 선회비행을 할 수 있으련만…….

그와 같은 방식으로 날고 있는 것은 엔진이 없는, 가벼운 기체를 조정하는 글라이더의 파일럿들입니다.

2. 최초의 비행사

『비행사』―이것은 옛날부터 있어온 말입니다. 우리는 오늘날에
와서는 『우주비행사』―우주를 유영(遊泳)하는 비행사―라는 말에서
한층 더 친근미를 느낍니다. 그러나 처음에는 공중을 헤엄쳐 다니
는『비행사』였습니다.

이 말이 쓰이기 시작한 것은 18세기, 지금으로부터 200년 전쯤
의 일입니다. 남프랑스의 작은 읍인 아노네이에서 제지공장을 하고
있던 몽골피에라는 두 사람의 형제가 있었습니다. 형은 물리학자였
습니다.

그는 공중을 날아가는 것은 새나 벌레에만 한한 것이 아니라는
점에 주목했습니다―굴뚝의 연기도 피어오르고 있으니까요. 연기가
하늘로 오를 수 있다면, 그것을 붙잡아 짐을 싣고 들어 올리게 할
수는 없을까?

그렇다면 연기를 어디에 가두어 두면 좋을까? 제지공장은 한동

* 형 조셉(1740~1810)과 동생 잭(1745~1799)은 1783
년 6월 5일 공개실험을 하여 10분간의 비행에 성공했습
니다.

안 떠들썩해졌습니다. 종이를 이어 붙여가지고 가벼운 부대를 만들
었습니다. 최초의 비행은 1783년 6월의 일이었습니다.*

둥그런 부대에는 연기가 가득 차 있었고, 바구니가 매어져 있었
습니다.

하지만 누가 그 속에 타려고 하겠습니까?……그와 같은 무모한
사람은 없었습니다. 어쨌든 공기가 인간을 떠받칠 수 있는지 없는
지는 아무도 몰랐었으니까요. 그 바구니 속에는 처음엔 양, 닭, 오
리 등과 같은 동물을 태웠습니다. 이와 같은 동물들이 최초의『비
행사』가 되었던 것입니다.

웃기는 얘기처럼 들릴지도 모르겠습니다. 다만 그로부터 170년
후에 최초로 우주 여행자가 된 것은 소련의 라이카라는 개였다는
것을 알고 있겠지요. 비행하는 상황을 사람 대신 개를 이용하여 테
스트한 후에야 겨우 인간이 우주를 향해 날아갔던 것입니다.

1783년의 10월에도 마찬가지였습니다. 동물들이 무사히 착륙한
후에 인간이 타고 나갈 차례가 돌아왔던 것입니다. 1783년 11월 21

* 이 최초의 유인비행은 25분간 8~9킬로미터의 거리를 비행했다고 합니다. 이러한 기구들에 관한 재미있는 이야기는 임펜체프가 쓴 《기구와 비행선 이야기》에 자세히 묘사되어 있습니다.

일, 프랑스의 파리에서 피라틀 드 로제와 마르키 달랑데 후작이 기구를 타고 공중에 떠올랐던 것입니다.*

이 기구는 『몽골피에식 기구』라고 했는데, 여기에도 연기를 가득 채웠습니다. 그 기구 밑에는 오랫동안의 비행을 할 수 있도록 특별히 만들어진 풍로가 매달려 있었습니다.

그런데 몽골피에 형제는 모든 문제는 연기에 있다고 생각했습니다. 그들은 연기가 하늘 높이 날아가는 것은 그것이 연기이기 때문이 아니라 뜨거운 열을 받은 탓이라는 것을 아직 알지 못했습니다.

하지만 우리들은 연기가 전혀 없더라도 따뜻한 공기가 기구를 들어 올릴 수 있다는 사실을 이미 알고 있습니다. 이전에 여러분은 비눗방울을 만들었던 일을 기억하고 있겠지요.(물리 이야기 PART 1 제13장 비눗방울의 과학)

그때 비눗방울은 여러분의 따뜻한 입김이 가득 채워져 공중으로 올라가서는 식기 전에는 내려오려고 하지 않았습니다.

* 러시아의 해군사관이었던 모자이스키(1825~1890)는
1881년에 세계에서 최초로 비행기 발명의 특허를 받았
습니다. 그것이 실제로 날았는지 어떤지의 기록은 남아있
지 않지만, 현대의 비행기에 가까운 구조로 증기기관을
사용하여 프로펠러를 돌렸다고 합니다. 그가 세상을 떠난
후 20년이 지나서 마침내 내연기관이 쓰이기 시작하여
라이트 형제의 비행기가 나타난 것입니다.

3. 비행기는 왜 나는가?

연은 왜 하늘로 오르는 것일까요? 그 까닭은 연의 면이 기울어
져 있기 때문입니다. 바람은 밑으로부터 연에 밀어 와서 연을 위쪽
으로 쳐들어 올립니다.

바람이 불지 않을 때에는 연을 여러분 자신이 끌어당기며 달려
나가지 않으면 안 됩니다. 결국 공기가 연을 밀거나, 또는 연이 공
기를 밀거나 결과는 마찬가지입니다.

옛날에 이런 일이 있었습니다. 세 마리의 작은 말이 짐마차를 끌
고 초원을 전속력으로 달려가고 있었습니다. 짐마차 뒤에서는 거대
한 연이 떠올라 있고, 튼튼한 밧줄로 매어져 있었습니다.

그런데 그 연 밑에는 사람이 매달려 있었던 것입니다! 그것은
비행기 발명가의 한 사람인 소련의 알렉산드르 표드르비치 모자이
스키*였습니다. 모자이스키는 도대체 왜 연에 매달려 날아가야겠다
는 생각을 하게 되었을까요?

그것은 비행기가 연과 똑같은 방식으로 날기 때문입니다. 비행기의 날개도 연과 마찬가지로 기울기를 가지고 있고, 역시 바람을 향해서 돌진함으로써 떠오르는 것입니다.

물론 비행기에는 말은 필요가 없습니다. 프로펠러가 비행기를 끌어당기거나 제트엔진이 밀거나 하기 때문입니다. 하지만 역시 비행기의 역사는 연에서 시작되었다고 할 수 있을 것입니다. 그런 까닭에 우리들도 연에서 시작해 보기로 합시다.

그럼, 얇고도 질긴 종이 두 장을 준비해 주십시오. 그리고 폭 8센티미터, 두께 5밀리미터쯤 되는 생선묵 모양의 단면(斷面)을 가진 가늘고 긴 막대기 세 개를 만듭니다.

세 개 중 두 개는 그림에서처럼 대각선으로 포개어 종이 위에 놓고, 나머지 한 개는 종이의 짧은 면에 얹어 놓습니다. 막대기의 양쪽 끄트머리는 지면에서 15~20밀리미터쯤 튀어나오도록 길이를 맞춥니다.

두 개의 막대기가 포개져서 교차하는 부분은 양쪽 막대기를 각

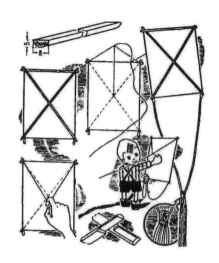

각 절반의 두께가 되도록 깎습니다. 이것은 막대기를 종이에 딱 붙이기 위해서입니다.

단, 종이 한가운데에서 포개지는 부분은 깎지 말기 바랍니다. 여기에는 가장 큰 힘이 가해지므로 막대가 약하면 연을 떠올렸을 때 부러지고 맙니다.

아래쪽에 튀어나온 막대기 끝에 칼자국을 내어, 실로 고리를 만들어 잡아맵니다.

다음에는, 종이를 바르는 묽은 풀로 막대기에 종이를 붙입니다. 짧은 가로 막대기는 판판한 면에 풀을 발라 종이에 대고 꼭 누르고서 그 위를 여러 번 마른 걸레로 가볍게 자근자근 눌러 문지릅니다. 마찬가지로 나머지의 긴 막대도 붙여 주십시오.

연이 마른 후에는 여기에 『고삐』를 맵니다. 이 고삐를 매려면 위쪽의 면(짧은 가로막대) 양쪽 끝에 실의 양쪽 끝을 잡아매고 아래쪽으로 잡아당겨, 그 실의 한가운데가 긴 막대기가 교차하는 위치보다 3센티미터 아래로 처지는 길이가 되게 합니다.

교차하는 막대기의 양쪽 곁의 지면(紙面)에 구멍을 뚫고 그 곳을 실로 힘차게 감아, 그 실의 한쪽 끝을 『고삐』의 한가운데에 잡아맵니다.

그 실을 잡아맬 때 똑바로 뻗친 길이가 연의 위쪽 가장자리에서 2센티미터쯤 비어져 나오도록 하지 않으면 안 됩니다. 그런 다음 연의 종이에 물을 약간 뿜어둡니다. 마르면 종이의 주름이 깨끗이 펴집니다.

연의 꽁지에는 좀 굵직한 끈을 씁니다. 길이 2미터 정도로 자른 끈의 양쪽 끝을 연의 아래쪽 양 옆에 있는 실로 된 고리에 잡아매고, 다시 60~70센티미터의 길이가 되게 똑같이 자른 끈을 8~10개쯤 다발을 만듭니다.

이 다발의 한쪽 끝을 방금 맨 2미터 되는 끈의 한가운데에 감아 실로 단단히 붙들어 맵니다. 그 다발은 그 끈의 위를 간신히 이동시킬 수 있을 정도로 단단히 죄어둡니다.

연의 고삐에 연을 띄워 올리는 연실을 매어, 연을 날리기에 알맞은 바람이 불어오거든 시작해 봅시다. 만일 연이 날아오른 후에 한 쪽 방향으로 기울거든 고삐의 한가운데에 맨 실의 위치, 혹은 꽁지에 있는 다발의 위치를 비켜 놓습니다. 연이 공중제비를 넘거나 거꾸로 될 때에는 꽁지가 너무 가벼운 탓입니다. 즉시 꽁지를 무겁게 해줍니다.

연을 만드는 방법에는 이 밖에도 많이 있습니다. 간단한 것으로부터 대단히 정성을 들인 복잡한 것에 이르기까지……. 연이라는 것을 착상해 낸 것은 사실은 새로운 것이 아닙니다. 이미 아득한 옛날부터 있었던 놀이도구로서 탈라스의 아르키타스*는 기원 전 4세기에 연을 날렸다고 할 정도입니다.

아르키타스는 얼마나 즐거웠을까요. 왜냐하면 그 당시는 전선 같은 것은 없었으니까—오늘날에는 고압선이나 전화선 등이 어디에나 둘러쳐져 있어서 위험합니다! 연을 날릴 때에는 전선이 없는 곳을 찾아 마음껏 즐깁시다!

4. 거꾸로 돌아가는 헬리콥터

여러분은 물론 헬리콥터가 어떠한 것인지 알고 있겠지요. 이것은 날개 없는 항공기입니다. 정확히 말하면, 회전날개를 하나나 또는 둘을 가진 항공기입니다. 헬리콥터는 수직으로 떠오를 수 있을 뿐만 아니라, 빌딩의 옥상이나 숲속의 풀밭이나 산꼭대기의 바위와 같은 매우 좁은 곳에 착륙할 수도 있습니다.

가령 여러분이 모형비행기 동호회에 가입했다고 합시다. 그러면 여러분은 최초의 모형의 하나로서 헬리콥터를 만들게 될 것입니다. 그것은 나비나 또는 오리라고 불리는 것입니다. 그 프로펠러는 날개 부분이 위로 향하고 있는데, 프로펠러를 돌려서 고무 식으로 된 엔진을 시동시키면 이 모형은 위로 떠오르고, 고무동력이 계속되는 한 공중을 날아다닙니다.

동력이 떨어지면, 이번에는 프로펠러를 거꾸로 회전시키면서 천천히 내려오는 것입니다. 이 경우, 프로펠러의 회전은 고무의 힘에

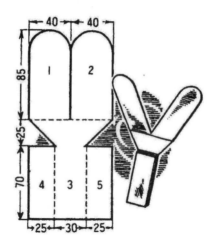

의한 것이 아니라 프로펠러에 해당하는 공기의 흐름에 의하는 것입니다. 이것은 바람을 받아 풍차의 프로펠러가 돌아가는 것과 같은 현상입니다.

그와 같은 『거꾸로 돌아가는 헬리콥터』라면 아주 간단히 만들 수 있습니다. 그것은 떠오를 수는 없지만, 그 대신 진짜와 똑같이 착륙합니다. 그림은 밀리미터 단위의 치수를 넣은 형지(型紙)입니다. 이 그림을 판지 위에 그려 보십시오. 겉모양 그대로 오려내고, 프로펠러가 될 부분은 한가운데서부터 절반에 잘리는 금을 칩니다.

4의 부분을 접어 3의 부분에 붙이고, 5의 부분도 마찬가지로 접어서 4의 부분에 붙입니다. 1과 2의 부분—프로펠러의 한쪽씩—은 각각 바깥쪽으로 젖히듯이 꺾습니다. 이상으로 장난감은 완성되었습니다! 높은 곳에서 던져 보십시오. 그것은 재빨리 회전하면서 매끄럽게 똑바로 날아서 내려올 것임에 틀림없습니다. 만일 흔들흔들 한다든지, 공중제비를 넘을 경우에는 무게가 부족한 것입니다. 아래쪽에 클립을 끼워 넣어 무겁게 해줍시다.

제4장 열을 가하면 어떻게 될까?

1. 공기를 따뜻하게 하자

공기를 따뜻하게 하면 어떻게 될까요? 이미 여러분은 이에 관한 여러 가지 지식을 익혔겠지요. 비눗방울이 날아가는 것은 그 속에 불어넣은 따뜻한 공기가 방안 공기보다도 가볍기 때문입니다. 장난감 뱀이 스토브 가까이서 구불구불 돈 것도 따뜻한 공기가 상승했기 때문입니다.

따뜻해진 공기가 가벼워지는 현상은 어째서 일어날까요? 그 무게는 어디로 숨어버렸을까요? 실험으로 확인해 봅시다.

투명하고, 되도록이면 얇은 유리병을 준비해 주십시오. 그 병의 주둥이에 딱 맞는 코르크 마개를 찾읍시다. 만일 알맞은 코르크 마개가 없으면 신선한 홍당무가 도움이 됩니다. 그 코르크 마개의 한가운데에 구멍을 뚫어 유리관을 끼워 넣습니다.

　유리관은 병의 바닥과 겨우 틈새가 남을 정도로까지 끼워 넣을 수 있는 긴 것을 사용하며, 코르크 마개의 구멍은 주위로부터 공기가 새어 들어가지 않도록 해 놓습니다. 그런 다음, 병에 잉크로 착색된 물을 약간 넣습니다. 이때 유리관의 아래쪽 끝은 물속에 잠기지 않으면 안 됩니다.

　손수 만든 이 실험 장치를 기억하고 있습니까? 우리는 『세 개의 분수』라는 실험에서 이것과 똑같은 것을 본 일이 있습니다. 하지만 여기서 분수의 실험을 하려는 것은 아닙니다. 다만 여러분이 양 손으로 병을 꽉 잡고 있으면 물이 관 속을 상승하게 된다는 얘기일 뿐입니다.

　물이 관 속을 기어오르기 시작하는 까닭은 그 뭔가가 물을 병에서 밀어내려고 한다는 것입니다. 하지만 그것은 도대체 무엇일까요? 틀림없이 여러분은 이미 깨달았을 것입니다.—또다시 눈에 보이지 않는 저 장난꾸러기 『공기』의 소행입니다. 여러분의 손에 있는 온기는 공기를 따뜻하게 하고 팽창시켜 물을 꽉 누르기에 충분했던 것입니다.

이 실험은 언뜻 보면 그다지 재미있는 것은 아닙니다. 뭔가 돌린다든지 비튼다든지 하는 것도 아니고, 날거나 폭발하거나 뛰어오르거나 분수를 내뿜거나 하는 일도 없습니다. 그렇지만 그 결과—공기를 따뜻하게 하면 팽창한다는 것—는 대단히 중요한 일입니다. 그리고 그 팽창은 여러분의 손에 있는 온기만으로도 놀라울 만큼 효과를 발휘하는 것이니까, 그 부풀어 오르는 현상은 대단한 것입니다.

그런데 이번에는 무게에 관한 얘기입니다. 가령 여러분에게 1리터의 공기가 있다고 합시다. 그 무게는 1.2그램이었다고 합시다.* 다음에는 이 공기를 따뜻하게 하여 팽창시킴으로써 그 부피를 2리터가 되게 합시다. (두 배로 부풀어 올리게 됩니다)

이때 무게가 얼마나 될까요? 그렇습니다. 전과 똑같은 1.2그램입니다. 공기는 어디서 들어온 것도 아니고 달아나 버린 것도 아닙니다. 다만 그것은 부풀어 올라서 희박해졌을 뿐입니다. 따뜻해져도 공기 전체의 무게는 변하지 않은 것입니다.

그런데 이때 어떤 변화가 일어났을까요? 1리터의 공기의 무게가 변화한 것입니다. 만일 찬 공기 1리터의 무게가 1.2그램이라면 2리터의 따뜻해진 공기도 1.2그램의 무게가 되는 것입니다. 즉 이 따뜻해진 공기의 무게는 1리터당 0.6그램이 됩니다(1.2÷2=0.6). 따뜻해진 공기는 희박해졌기 때문에 마치 가벼워진 것처럼 보이는 것입니다.

실제로 공기를 2배로 팽창시키려면 섭씨 300도 정도로까지 가열할 필요가 있습니다. 우리가 실험을 했을 경우에는 그보다도 훨씬 낮은 온도로 열을 가한 셈입니다. 어쨌든 조금만 열을 가해 줘도 공기는 어느 정도 팽창하는 것입니다.

다시 말하면 1리터 당 몇 그램이라든지, 1세제곱센티미터 당 몇 그램이라는 식으로 조금씩이라도 가벼워지는 것입니다. 그리고 그 공기는 차고 밀도가 큰 주위의 공기 속에서 위쪽으로 올라가는 것입니다. 그 상승하는 공기는 회전식 장난감을 빙글빙글 돌릴 수도 있습니다. 그리고 가벼운 비눗방울을 들어 올리거나 할 수도…….

만일 그 공기가 많이 있으면 무게의 차이가 충분히 생기므로 몽골피에 식 기구까지도 들어 올릴 수가 있는 것입니다.

그런데 공기가 다시 식으면 어떻게 될까요? 병을 잡고 있던 손을 놓고 잠시 동안 기다리고 있으면 관 속의 물은 하강하여 원상태로 되돌아가고 맙니다. 요컨대 식은 공기는 부피가 작아지는─수축되는─것입니다.

이 점에 대해서는 『손을 적시지 않는 기술』의 실험에서 시험해 본 그대로입니다─수축된 공기가 컵의 주둥이 밑으로 물을 빨아들였던 것입니다.

2. 움직이는 컵

공기는 따뜻해지면 팽창합니다. 하지만 빙빙 도는 컵과 무슨 관계가 있는 것일까요?─그것은 금세 알 수 있을 것입니다. 길이가

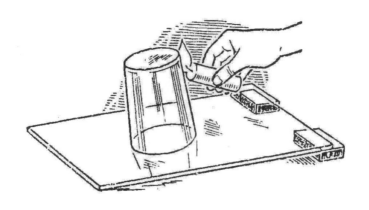

40센티미터쯤 되는 유리판이나 거울을 준비합시다. 그 유리판을 깨끗이 닦아낸 다음, 한쪽 가장자리 밑에 성냥갑 두 개를 깝니다.

다음에는 얇은 유리컵을 거꾸로 세워 유리 위에 놓습니다. 컵은 물론 그 자리에 가만히 정지해 있을 것입니다. 유리판의 경사는 조금밖에 되지 않기 때문입니다.

컵의 주둥이를 물로 잘 적셔 주십시오. 물을 칠하는 정도로는 효과가 없습니다. 역시 컵은 그 자리를 떠나려고 하지 않습니다. 그렇다면 지금, 이 게으름뱅이를 움직여 보지 않겠습니까? 촛불을 켜가지고 컵에 가까이 대 보십시오. 좀 더 가까이, 좀 더 가까이, 컵이 열기를 느낄 수 있도록.

컵은 아직도 움직이지 않네……아, 이거 보십시오. 움직입니다! 점점 더 빨리, 빨리. 마치 불꽃으로부터 달아나려고 하듯이 아래로 기어서 움직이는 것입니다.

그런데 컵에는 도대체 무슨 현상이 일어났을까요? 컵 속의 공기는 따뜻해져서 약간 팽창을 한 것입니다. 그리고 컵을 조금 들어 올려

밖으로 나가려고 하지만, 컵의 주둥이를 축축이 적시고 있는 물이 그걸 못하게 말리고 있습니다. 컵은 이제 막 물의 얇은 층 위에 매달려 있는 상태가 됩니다. 그러자 마찰이 갑자기 줄어들고, 컵은 기어가듯이 움직이기 시작했습니다—말하자면 아래쪽으로 헤엄치기 시작한 것입니다.

3. 물을 끓이자

조금 전 손의 온기로 공기를 따뜻해지게 한 장치는 틀림없이 여러분에게 있겠지요. 그렇습니다. 바로 그겁니다. 코르크 마개와 관이 달린 병입니다. 지금 그것을 새로운 실험에 이용하려고 합니다. 이제는 공기를 따뜻하게 하는 것이 아니라, 따뜻하게 하려고 하는 것은 물입니다.

이 실험에서는 물을 병에 가득히 채워둡니다. 병 속에 깊숙이 꽂아 놓은 관을 병의 주둥이에 가까운 곳까지 들어 올리고 코르크 마개를 합니다.

마개를 했을 때 코르크에 의하여 밀려난 나머지 물은 관 속을 통하여 상승합니다. 그 물은 코르크 위보다 1~2센티미터 높이가 되게 합니다. 만일 이 높이보다도 더 상승해 버리거든 조금 빼내 주십시오. 관의 위쪽 끝은 속이 텅 비어 있지 않으면 안 됩니다.

자, 그럼 병 속의 물을 따뜻하게 끓입시다. 하지만 여기서는 여러분의 손에 있는 온기만으로는 부족할 정도로 끓이는 것입니다. 그렇다고 해서 병을 직접 불 위에 얹어 놓는다든지 뜨거운 물속에 갑자기 집어넣으면 안 됩니다. 병이 터질 위험이 있기 때문입니다. 먼저 물을 넣은 냄비 바닥에 작은 막대기 두 개를 깔고 그 위에 병을 얹어놓습니다.

이와 같이 병의 아래쪽에도 물의 층을 만들면 안전합니다. 부뚜막 위에 직접 철제 목욕통을 걸어놓고 목욕을 하는 것과 같은 이러한 방법을 『물목욕식 가열』이라고 합니다.

관 속의 수위(水位)를 주의깊이 관찰해 주십시오. 그런데 이 물

을 잉크로 착색하는 일을 잊지 말고 실
행해 주십시오.

자, 보십시오. 수위가 약간 내려갔습니다……이것은 어찌된 까닭
일까요? 물은 열을 가하면 수축되는 것일까요? 아니, 결론을 서두
르는 건 아직 이릅니다. 다시금 관 속의 수위는 상승하기 시작하여
조금씩 높아져 갑니다. 그리고 이번에는 최초의 수위보다도 더 높
아져 버리고 말았습니다.

결국 열을 가하면 역시 물은 팽창합니다. 그런데도 처음에는 수
위가 내려간 것은 무슨 까닭일까요? 아는 사람 없습니까……?

그렇습니다. 우선 처음에는 병은 열을 받아 물보다도 먼저 팽창
했기 때문입니다. 그리고 그 후에 열이 물에 전해졌던 것입니다.

4. 여러분의 체온은 몇 도?

여러분의 체온은 정상입니까? 하기야 그걸 재 보는 건 손쉬운

일입니다. 체온계를 준비하여 자기의 겨드랑이 밑에 끼우면 됩니다. 몇 분간 기다렸다가 그걸 꺼내 눈금을 보십시오. 반짝반짝 빛나는 수은주가 보입니까?

여러분이 체온계를 쓰려고 했을 때, 이 수은주는 보이지 않았습니다. 그렇다면 도대체 그것은 어디서 나온 것일까요?

"밑에서 기어오른 거야, 그렇지?" 하고 여러분은 말하겠지요. 틀림없이 그렇습니다! 체온계의 아래쪽 끝에 수은단지가 있는데 수은은 여기에서 관 속을 올라온 것입니다.

요컨대 체온계가 따뜻해져서 그 속의 액체(수은)가 팽창했기 때문에 그렇게 된 것입니다. 앞에서 우리가 한 물의 팽창실험과 아주 똑같은 현상입니다.

이 밖에도 실내용이라든지 실외용의 한란계며, 목욕탕 속에 띄워 놓고 사용하는 온도계 등도 있습니다. 이와 같은 온도계 속에는 수은만이 아니라 붉은 액체도 쓰이고 있습니다. 이것은 알코올로 좀 더 확실히 보이도록 착색되어 있습니다. 알코올도 따뜻해지면 팽창하고 식으면 수축합니다.

5. 바늘을 달구자

고체에 열을 가하면 어떻게 되는지 아십니까? 기체도 팽창하고, 액체도 팽창했습니다. 아마도 고체도 마찬가지 현상이 일어나지 않을까요?. 그렇습니다. 고체도 팽창합니다. 여러분은 이미 물을 끓이는 실험을 할 때 깨달았을 줄 압니다.

병의 주둥이에 꽂아 넣은 관 속의 수위가 열을 가하기 시작했을 때 조금 내려간 사실을 기억하고 있습니까? 그것은 병이 팽창한 탓으로 일어난 현상이었던 것입니다. 그리고 그 병은—고체입니다.

그런데 병의 팽창이 여러분에게 도움이 되는 수도 있습니다. 고급 향수나 오드콜로뉴는 유리로 된 마개가 있는 작은 병으로서 잘 팔리고 있습니다. 이와 같은 마개는 값비싼 액체가 헛되이 증발해 버리지 않도록 병의 주둥이에 딱 맞도록 박혀 있습니다.

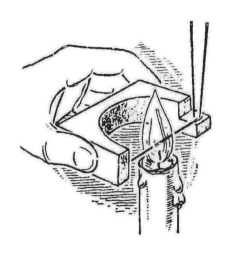

더러는 이 마개가 꽉 조여서 열리지 않는 수가 있습니다. 어떻게 하면 좋을까요? 누군가 힘 있는 사람을 부를까?—하지만 유리마개 위에 있는 손잡이를 망가뜨릴 뿐이고, 마개는 조금도 빠지지 않을 지도 모릅니다.

사실은 작은 병의 주둥이를 더운 물로 2~3초 동안 따뜻하게 하든지, 성냥불로 신중히 따뜻해지게 하면 되는 것입니다. 이와 같이 하면 병의 주둥이는 팽창하며, 마개는 힘들이지 않고서도 뽑을 수가 있을 것입니다. 다만 너무 오랫동안 따뜻하게 하지는 말아 주십시오. 그러면 마개까지 열을 받아 팽창해 버리게 됩니다.

쓸데없는 얘기에 열중하다가 딴 것마저 열을 가하고 있었습니다. 바늘에 열을 가하는 실험으로 되돌아갑시다. 코르크나 판자쪽, 또는 베니어판 등을 잘라 그림과 같은 모양의 틀을 만들어 주십시오. 바늘 끝을 그림의 왼쪽에 꽂고, 실을 꿰는 구멍 쪽을 오른쪽 끝의 잘 려나간 단면 위에 얹어 놓습니다. 그런 다음 좀 더 가는 바늘을 마 련하여 그 끝을 수평으로 놓여 있는 바늘구멍 속에 넣고, 틀의 단면에 2~3밀리미터를 꽂아 넣습니다. 이 수직으로 꽂힌 바늘은 장치의 지침(指針)이 되는 것입니다. 지침의 움직임이 두드러지도록 이 지침의 옆에 바늘 하나를 똑바로 꽂아 안표(眼標)를 만들어 놓습니다. 안표의 바늘은 지침과 딱 포개지도록 각도를 조절해두지 않으면 안 됩니다.

다음에는 수평으로 놓인 바늘을 촛불이나 성냥불로 열을 가해 주십시오. 바늘은 늘어나고 구멍은 오른쪽으로 이동하여 수직 방향을 가리키고 있던 지침을 기울어지게 할 것입니다.

6. 뜨개바늘을 달구자

금속으로 된 뜨개질바늘을 사용하는 훌륭한 실험을 해봅시다. 뜨개바늘을 코르크(또는 홍당무 토막)에 꿰고, 그 코르크 위에서 두 개의 바늘핀을 내리꽂아 뜨개바늘의 양쪽 옆을 꿰뚫고 나가게 합니다. 이 두 개의 바늘핀 끄트머리는 거꾸로 엎어 놓은 컵 바닥에 서

는 다리가 되는 셈입니다. (그림을 참고해 주십시오)

　뜨개바늘의 양쪽 끝에는 홍당무를 꽂아둡니다. 홍당무의 한복판을 꿰지 말고 그 대부분이 밑으로 가도록 꿰는 편이 좋습니다. 이렇게 하면 뜨개바늘의 균형이 잘 잡힙니다―결국 중심(重心)이 아래쪽으로 처지기 때문입니다.

　어쩐지 저울같이 생긴 것이 만들어졌습니다. 양쪽 끝의 홍당무를 이동시켜 뜨개바늘이 완전히 수평이 되도록 조절해 주십시오. 그것이 끝나거든 이 저울 한쪽의 팔 밑에 불이 켜진 촛불을 놓습니다. 자아, 보십시오. 열을 받은 팔 쪽이 기울어졌습니다! 촛불을 치워보십시오―한참 있으면 다시금 균형이 잡힙니다.

　이것은 어떻게 된 현상일까요? 뜨개바늘의 한쪽 팔이 열을 받아 무거워진 것일까요? 아닙니다. 물론 그런 일은 없습니다. 그 팔이 길어져서 홍당무가 지점(支點)으로부터 좀 더 멀리 움직이기 시작했을 따름입니다. 그래서 길어진 팔 쪽이 무거워져서 아래로 내려간 것입니다. 마치 『작은 새가 하마를 들어 올렸을』 때의 실험(물

리 이야기 PART 1 제3장 <하마와 작은 새>)과 같이! 뜨개바늘은 식으면 다시금 원래의 길이로 수축되고, 모든 것은 최초의 상태로 되돌아갑니다.

7. 철교를 달구면?

철교를 달구다니, 어떻게 하면 되는 걸까? 성냥으로? 촛불로?……
아닙니다. 걱정할 필요는 없습니다. 철교는 우리가 없어도 열을 받고 있으니까요. 햇볕에 실컷 달구어지면 되는 것입니다. 그러나 겨울이 되면 매서운 추위로 다리는 식고 맙니다. 철교는 뜨개바늘이나 바늘처럼 금속으로 되어 있습니다. 그렇다면 철교도 열을 받으면 길어지는 것일까요? 그리고 겨울보다도 여름철에 철교는 길어지는 것일까요?

그렇습니다. 그 늘어나는 정도는 아주 사소한 것이어서, 전체를 봐도 몇 센티미터쯤밖에 안 됩니다. 그러나 철교를 받치고 있는 다리 기둥을 파괴하는 데는 이 정도로 늘어나기만 해도 충분합니다.

그래서 강철과 콘크리트로 만들어진 큰 다리는 특수한 방법으로 건설합니다. 다리의 한쪽 편만을 움직이지 않도록 고정시키고, 다른 한쪽 끝을 강철로 된 롤러 위에 얹어 놓습니다. 여름이 되면 이 롤러는 아주 조금만큼 강가에서 육지 쪽으로 굴러가고, 겨울에는 강 쪽으로 굴러갑니다. 다리는 호흡을 하고 있는 것입니다.

철도의 레일과 레일을 연결해 놓은 이음새에 틈이 남아 있는 것도 이와 똑같은 이유에서입니다.

8. 열의 전달 방법

굵은 나무토막에 긴 못을 박아 그림에서와 같은 네모진 쟁반(쇠로 된 것이 좋습니다)에 얹어 놓습니다. 이 긴 못에 촛농이나 밀랍*을 써서 아래쪽에 작은 못을 몇 개 붙여 놓습니다. 그리고 긴 못의 대가리 밑에 불을 켠 초를 놓습니다.

* 이것을 열전도물이라고 하는데, 두께 1미터 되는 판자의 양면에 1°C의 온도차가 있을 때 판자의 1제곱미터를 통하여 1초간에 흐르는 열량으로 나타냅니다.

자아, 그거 보십시오. 하나, 또 하나, 작은 못이 떨어집니다. 그것은 차례로 불에서 가장 가까운 못부터 먼저 떨어지기 시작하여 차츰차츰 먼 못이 떨어집니다.

요컨대 열은 긴 못을 뜨거워진 쪽에서부터 차가운 쪽의 끄트머리로 차츰 전해져 갑니다. 열이 전해지는 방식은 급격한 것이 아니라 점차로 전해져 갑니다.

못이 다 식은 후에 그 못을 뽑아내고, 가늘고 긴 막대기를 그 뚫어진 구멍 속에 끼워 주십시오. 이번에는 재료를 바꾸어 똑같은 실험을 반복해 봅시다. 그러면 상황은 전혀 달라지고 맙니다. 막대기 끝은 타기 시작하는데도 작은 못은 막대기에 그냥 달라붙어 있을 것입니다. 이것은 나무는 쇠보다도 훨씬 더 열을 전달하기 어렵다는 것을 말합니다.

만일 적당한 유리관 같은 것이 있으면 그걸 사용하여 같은 실험을 해보십시오. 물론 유리는 타거나 하지는 않을 테지만, 열의 전달 상태*는 나무와 큰 차이는 없습니다.

9. 유리컵에 열을 가하자

먼저 유리컵의 안쪽에서부터 흰 종이와 검은 종이를 번갈아가며 붙입니다. 그러면 컵은 얼룩말 같은 줄무늬 모양의 모습이 될 것입니다. (그림과 같은 다각 면을 가진 유리컵이 있으면 편리합니다)

이 컵의 중심에 양초를 똑바로 세워 넣습니다. 그렇게 하기 위해서는 컵의 안지름에 딱 맞는 원반을 판지로 2,3매 만들어, 그 원반의 중심에 양초의 굵기만한 구멍을 오려냅니다.

이 원반을 양초의 중간 중간에 한 장씩 끼워 놓으면 컵 속에 넣었을 때 정확한 중심 위치에 들어갈 것입니다.

컵의 바깥쪽에서 밀랍을 사용하여 작은 못을 붙여 주십시오. 못은 각 면에 한 개씩 모두 다 같은 높이에 붙여 둡니다.

여기까지의 준비가 끝나면 실험을 시작할 수 있습니다. 컵을 접시 위에 얹어 놓고 원반이 끼워진 양초를 컵 속에 넣습니다. 이때 양초의 높이는 양초의 심이 컵의 가장자리 밖으로 나오지 않는 정

도의 것을 쓰십시오.

자, 이젠 양초에 불을 붙여 가만히 관찰을 합시다. 1분 경과……2분 경과……아직은 그대로입니다. 하지만 쨍그랑! 한 개의 못이 접시에 떨어지는 소리가 났습니다. 이어서 쨍그랑, 쨍그랑! 두 개, 세개, 못이 떨어집니다. 쨍그랑! 그리고 네 번째의 못이 떨어지는 소리. 이것으로 충분합니다.

불을 끕시다.

컵의 바깥쪽에서 붙여 놓은 못 중에서 반수는 떨어지지 않았습니다. (그림의 컵은 8각 면이니까 못이 8개 붙어 있었습니다) 그러나 잘 살펴봐 주십시오. 재미있는 것은, 남아 있는 못의 전부는 흰 종이를 붙인 면에 있는 것입니다. 검은 면의 못부터 먼저 벗겨진 것입니다. 왜 그럴까요?

이 경우, 양초는 컵을 따뜻해지게 했습니다. 하지만 불꽃은 유리에 닿지 않았습니다. 컵이 뜨거워진 것은 다만 양초에서 나오는 불꽃의 빛이 닿았기 때문입니다. 그와 같은 현상은 이를테면 태양이

지구를 따뜻하게 하는 것과 똑같은 이치입니다. 여름이 되면 햇살이 가장 강해지므로 여러분도 다음과 같이 말한 일이 있을 것입니다.

"흰 옷을 입으려무나. 검은 옷을 입으면 더워서 못 견딘단 말이야!"

흰색은 거기에 비치는 빛을 반사하지만, 검은색은 빛을 흡수해 버립니다. 그런 까닭에 검은색의 면은 흰색의 면보다도 빨리 따뜻해져서, 못은 그 검은색의 면에서부터 먼저 떨어져 나간 것입니다.

10. 종이 냄비, 땀 흘리는 항아리, 주사

빈 깡통으로 그림과 같은 세 발 받침대를 만듭시다. 판지를 접어 작은 상자를 만들고, 각 모서리에 클립을 끼워 둡니다. 그 상자에 약간의 물을 부어 세 발 받침대 위에 올려놓고 밑에서 불이 켜진 양초로 뜨겁게 달굽니다. 이 실험은 항상 프라이팬 위에서 하기 바

랍니다.

양초의 불꽃은 종이냄비의 바닥을 날름날름 핥고 있습니다. 냄비 바닥은 금세라도 타서 물이 흘러나오지 않을까 하고 생각하겠지만, 여전히 아무 일도 일어나지 않습니다. 얼마 안 있어 물은 끓기 시작했지만, 종이는 여전히 아무 이상이 없습니다. 결국 물이 다 증발해버린 후에야 종이냄비는 타기 시작하여 재가 되는 것입니다.

이것은 끓는 물이 종이를 식히고 있는 것을 말하는 것일까요? 네, 말 그대로입니다.

만일 온도계가 가까이 있으면 물이 끓고 있는 동안은 그 온도가 섭씨 100도 이상 되지 않는다는 것을 여러분의 눈으로 확인할 수 있을 것입니다. 이 정도의 온도로는 아직 종이는 타지 않습니다. 끓는 물이 여분의 열을 빼앗아 버리기 때문입니다.

만일 물이 끓지 않고, 단지 증발만 하고 있는 온도일 때에는 종이 냄비의 온도는 더욱 낮은 온도가 되어 있습니다.

고대 이집트에서는 더울 때에 찬 물을 만들기 위해서 재미있는

방법을 쓰고 있었습니다. 질흙으로 된 항아리 같은 다공질(多孔質)의 용기에 물을 가득 채웠습니다. 그러면 물은 조금씩 다공질의 틈새를 통하여 용기의 바깥으로 스며 나오게 됩니다. 즉, 용기가 땀을 흘리는 것입니다.

스며 나온 물은 증발합니다. 그 증발을 재촉하기 위해서 부채를 든 노예를 용기에 항상 붙어 있게 했습니다. 노예가 바람을 일으키면, 스며 나온 물의 증발이 활발해지고, 용기 속의 물은 급속히 식게 됩니다.

여러분은 다음과 같은 경험을 한 일은 없습니까? 따뜻한 물을 손에 끼었어도 바람을 쐬거나 하면 그 손은 갑자기 써늘하게 차가워지는 것을! 이리하여 용기는 땀을 흘린 셈이지만, 가엾은 노예는 진짜 땀을 흘리면서 차가운 물을 만들어 냈던 것입니다.

그런데 이 냉각 방법은 여러분의 몸에도 도움이 됩니다. 더울 때에는 땀이 나오는데, 그렇게 됨으로써 땀이 몸을 식혀 주고 있습니다.

* 지에틸에테르는 1기압에서 비등점이 섭씨 34.6°입니다.

* 에틸알코올은 1기압에서 비등점이 섭씨 78. 32°입니다.

자, 이번에는 주사에 대한 이야기입니다. 부르르! 이 말을 듣기만 해도 소름이 쫙 끼치는 사람이 있을 것입니다. 하지만 주사를 맞기 전에 알코올이나 에테르로 피부를 문지를 때 정말로 말 그대로 차가움을 느낄 것입니다. 그것은 실제로 피부가 차가워지니까요.

여러분은 자신의 체온이 섭씨 36~37°쯤 된다는 걸 알고 있겠지요. 그런데 에테르는 겨우 35°* 정도에서 끓어버리고 맙니다. 피부에 바르면 에테르는 보글보글 끓습니다. 그리고 앞의 실험에서 종이냄비가 끓는 물로 인하여 식혀진 것과 마찬가지로 에테르는 피부를 식힙니다. 알코올은 이 온도보다도 조금 높은 78°*에서 끓습니다. 그래서 알코올은 에테르만큼 급속히 피부를 식히지는 않지만, 물에 비하면 상당히 빠릅니다.

11. 식히는 장치의 이야기

틀림없이 여러분의 집에도 냉장고가 있을 것입니다. 그 속에서는

* 옛 소비에트연방의 하나. 카자흐 사회주의공화국을 말합니다. 모스크바의 동쪽, 우랄산맥, 서 시베리아 저지(低地)의 남쪽인데, 카스피 해, 아랄 해의 북동쪽에 위치해 있습니다.

* 옛 소비에트연방의 하나. 우크라이나 사회주의공화국을 말합니다. 모스크바의 남방, 흑해의 북쪽에 위치해 있습니다.

* 북극해 쪽의 바렌츠 해에 면한 곳으로서 노르웨이, 핀란드 동쪽에 위치해 있습니다.

바깥이 아무리 무더울지라도 성에가 은색으로 빛나고 식료품은 잘 상하지 않습니다. 그렇지만 그와 같은 식료품은 여러분 가정의 냉장고에 들어가기까지 어떻게 해서 신선함을 유지시키고 있을까요? 그 물품들이 부패해서 악취를 풍기지도 않고, 시큼해지지도 않으며, 씁쓰레한 맛이 나지도 않는 것은 왜일까요? 그것들을 운반하는 거리는 결코 짧지도 않을 텐데…….

러시아에서는, 모스크바에서 사먹는 고기는 어쩌면 카자흐스탄*에서 운반되어 오는 것인지도 모릅니다. 버터는 우크라이나*에서, 대구토막은 무르만스크*에서 실려 오는 식으로…….

전국 방방곡곡, 뿐만 아니라 국외에까지도 폭넓은 범위에 걸쳐 체인으로 연결된 것—그것은 여러분이 상상도 할 수 없을 정도의 체인망입니다. 그리고 그것은 『통일 냉동 체인망』이라고 불리고 있습니다.

체인의 최초의 고리에 해당하는 것이 매입용 냉동창고입니다. 그와 같은 냉동창고는 가축의 도살장이나 버터 공장, 그리고 과일이며 야채의 풍부한 수확물을 수집하는 농촌 지역, 어선이 잡은 생선을 부려 놓는 항구 등에 있습니다.

식료품은 냉동창고에서 꺼내어 냉동차나 냉동선으로 수송하게 됩니다. 이것이 체인의 두 번째의 고리입니다.

체인의 세 번째 고리는 배급소의 냉동창고입니다. 그 곳의 큰 창고 안에는 동결된 생선, 통조림을 한 꽁치며, 게며, 정어리, 그리고 신선한 채로 냉동된 야채며 과일 등이 들어 있는 상자가 잔뜩 쌓여 있습니다.

그뿐만 아니라, 크림 모양으로 된 버터가 들어 있는 통이 피라미드처럼 쌓여 있으며, 소시지며 사태고기며 큼직한 고깃덩어리가 송이처럼 축 늘어져 있습니다. 그 전체의 양은 도저히 킬로그램 단위로는 나타낼 수 없습니다. 큰 냉동창고가 되고 보면 몇 만 톤이나 들어가니까요!

식료품은 거기에서 상점이나 식당에 배달되고 발송됩니다. 이 경우에도 냉동차로 운반합니다. 이와 같은 자동차의 덩치가 큰 밀폐

된 차체는 얼음처럼 빛나는 알루미늄 판으로 덮여 있습니다. 이와 같은 차는—이미 냉동 체인망의 네 번째에 해당합니다. 식료품은 거기에서 다섯 번째—식당의 냉동 선반, 상점의 냉장고나 냉동 진열대에 운반되어 있습니다.

식당에 운반되어 온 식료품의 냉동 체인망은 거기서 끝납니다. 그렇지만 상점에 운반되어 온 식료품에는 체인의 또 하나의 고리, 처음부터 세어서 여섯 번째의 고리가 기다리고 있습니다. 그것은 여러분 가정의 냉장고입니다. 그리고 그것은 몇 킬로미터에 걸쳐 거미줄처럼 쳐진 체인망의 마지막 고리에 해당하는 것입니다.

이 거대한 체인망으로 연결된 모든 냉장고에 도대체 어디서 냉기(冷氣)를 운반해 오는 것일까요?

장소에 따라서는 잘게 쪼갠 얼음과 소금을 섞어 이용하고 있지만, 이것보다도 훨씬 더 많이 쓰이고 있는 것은 여러분들의 가정에 있는 냉장고 같은 냉장용 장치입니다. 그 기능은 어느 쪽이냐 하면, 주사의 실험, 즉 피부에 바른 에테르의 증발실험을 연상시키는 것입니다.

냉장고 안에도 에테르와는 다른 프레온이라는 이름의 휘발성 액체가 사용되고 있습니다. 프레온은 냉각실을 에워싸고 있는 관 속에서 급격히 증발하여 열을 빼앗으며, 그렇게 함으로써 냉각실은 성에로 푹 덮이게 됩니다.

프레온의 증기를 선반 밑에 설치된 압축기(컴프레셔)가 빨아들이는 소리는 흔히 들을 것입니다. 냉장고에서 뭔가 조용히 돌고 있는 듯한 소리가 나는 것은 바로 그 압축기의 소리입니다.

압축기는 프레온의 증기를 압축하여, 냉장고의 뒤쪽에 드러나 있는 관 속으로 밀어냅니다. 이 관 속에서 프레온은 다시금 액체로 변하여 열을 밖으로 나가게 합니다. 냉장고는 선반의 내부만이 차가워지며, 외부로 열을 내보내고 있습니다.

그런 까닭에 냉장고를 충분히 가동시키기 위해서는 뒤쪽의 가열된 공기를 자유로이 달아나게 해주지 않으면 안 됩니다. 그러므로 방의 벽에 바짝 붙인다든지, 열을 받은 공기가 상승해 가는 통로로

서의 뒤쪽의 틈을 위에서 덮개를 씌우거나 하는 건 안 됩니다. 요즘의 냉장고는 기술이 발전해서 이런 문제점들이 많이 보완되었습니다만.

액체가 된 프레온은 관에서 또 다시 냉장고의 내부를 식히기 위해서 냉각실을 에워싸고 있는 관 속으로 보내집니다. 이와 같이 하여 프레온은 냉장고의 내부를 냉각하거나 외부로 열을 내보내거나 하면서 오랫동안 순환할 수가 있는 것입니다. 대형 냉장고에서는 이따금 암모니아 등의 다른 액체가 쓰이는 일도 있는데, 냉각장치의 구조는 똑같은 것입니다.

인공적으로 만들어진 냉기는 냉장고를 식혀서 아이스크림을 만들거나 하는 일만 하는 것은 아닙니다.

여름철에 스케이트를 타 보고 싶지 않습니까?—그러면 지금 곧 스케이트장을 얼립시다.

대단히 더운 여름날의 오후는 찌는 듯이 무더워서 견딜 수가 없습니다—방안의 공기를 식히도록 합시다.

로켓이나 우주복 등의 재료를 테스트하는 연구소에는 냉기가 필요합니다—그러한 경우에는 특수한 방안에 우주공간의 저온(低溫)을 만들어내면 되는 것입니다.

　인공의 냉기는 학문이나 생활상의 의지할 보람이 있는 협력자가 되었습니다. 우리들의 기술은 부채로 바람을 일으킨 그 노예의 시대로부터 크게 진보했습니다.

제5장 노래하는 파도

1. 전화의 실험

빈 깡통으로 전화를 만들어 봅시다. 되도록 얇은 금속으로 된, 뚜껑을 떼어낸 깡통이 좋습니다. 깡통따개로 딴 깡통은 그 가장자리에 스치거나 찔려서 다칠 염려가 있으므로 펜치 같은 것으로 삐죽삐죽한 가장자리를 접어넣어 주십시오.

이것으로 만드는 전화기는 물론 진짜처럼 고성능은 아닙니다. 이웃마을은커녕 이웃집에도 이것으로 전화하는 것은 무리입니다. 그러나 옆방하고 하는 거라면 아주 잘 들립니다.

여기서 가장 중요한 것은, 이 전화를 여러분이 직접 만드는 일입니다. 하지만 이 전화기를 다 만들기까지는 나사 한 개, 못 한 개도 쓰지 않습니다. 전화선은 안 쓰느냐고 물을지도 모르지만, 그것도 필요 없습니다. 필요한 것은 빈 깡통 두 개, 성냥개비 두 개, 그

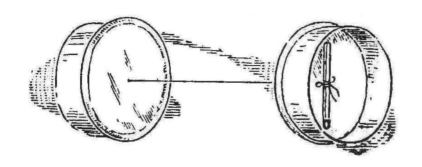

리고 긴 실뿐입니다.

우선 빈 깡통으로 수화기를 두 개 만듭니다. 만드는 방법은 아주 간단합니다. 깡통을 깨끗이 씻어서 잘 말립니다. 그리고 깡통의 한 가운데에 실을 꿰는 구멍을 뚫습니다. 수화기는 이상으로 완성입니다.

이 전화기의 가장 중요한 부분—그것은 실입니다. 소리는 실을 따라 전해져 갑니다. 가장 좋은 실은 합성섬유로 된 낚싯줄이지만, 자수에 쓰이는 명주실이나 바느질에 쓰이는 나일론실도 나쁘지는 않습니다.

좋지 못한 것은 보통의 무명실이나 삼실(麻絲) 따위입니다. 실은 10~15미터쯤 필요하게 됩니다. 물론 실을 짧게 해도 좋지만, 그렇게 하면 재미가 없습니다. 상대방의 소리가 전화를 통해서 들려오는지, 직접 들려오는지 판별하기가 어려워지기 때문입니다.

실 끝은 수화기의 구멍에 꿰어 성냥개비 한가운데에 잡아맵니다. 어떻게 하는지는 그림을 잘 살펴봐 주십시오.

수화기의 한쪽을 들고, 다른 한쪽을 상대방에게 넘겨줍니다. 실이 팽팽히 당겨지도록 실의 길이대로 양쪽으로 한껏 떨어집니다. 실은 어디에도 닿지 않도록 똑바로 공중에 뻗치지 않으면 안 됩니다.

어느 한쪽이 자기의 수화기를 귀에 대고, 다른 한 사람은 그것을 입가에 가까이 대고 얘기를 걸어 보십시오.

"여보세요, 지금 전화 시험 중입니다! 여기는 전화국, 지금 시험 중……"

테스트가 끝나거든 자, 시험해 봅시다. 큰 소리를 내거나 소곤소곤 얘기를 하거나 하면서 전화의 통하는 상태를 확인하며 즐겁게 긴 잡담을 해봅시다. 이 전화기라면 아무리 오랫동안 전화를 하더라도 요금은 나오지 않습니다.

2. 실전화의 원리

우리들이 만든 전화기는, 소리는 실제로 어떻게 전해지는 것일

까? 이것을 확실히 알 수 있는 것은 마당에 쳐 놓은 빨랫줄을 통해
서입니다. 빨랫줄의 한쪽 끝을 풀어 가지고 너무 팽팽하지 않을 정
도로 잡아당깁니다. 그런 다음 손등으로 빨랫줄(로프)을 힘껏 쳐 보
십시오. 그러면 그 한대 얻어맞은 빨랫줄이 출렁거리며 휘어서 골
짜기가 생깁니다.

　그 골짜기는 손을 치운 후에도 사라지지 않고 빨랫줄을 타고 저
쪽으로 출렁거리며 나아갑니다. 골짜기는 빨랫줄을 매어 놓은 기둥
에까지 가서 사라지리라 생각했지만, 사라지지는 않습니다. 이번에
는 골짜기가 아니라 산이 되어 여러분의 손앞에까지 되돌아옵니다.

　이와는 반대편 방향에서도 그렇게 할 수 있습니다. 빨랫줄(로프)
을 밑에서부터 한대 쳐 보십시오. 이번에는 빨랫줄 위에 산이 생기
는데, 그것은 기둥이 있는 데까지 빨리 갔다가 돌아서서(골짜기가
되어) 되돌아옵니다.

　결국 빨랫줄은 진동을 전해 주는 것입니다. 빨랫줄 자체는 같은
자리에서 흔들리고 있을 뿐이어서 빨랫줄 기둥 쪽으로 이동하거나

되돌아오거나 하는 것은 아닙니다. 파도 자체가 이동해 가는 것입니다.

소리—이것도 진동입니다. 금속으로 된 얇은 판에 펜 끝이나 안전면도의 날을 살짝 닿게 해놓고 판의 끄트머리를 망치로 가볍게 두드려 주거나 손가락으로 튕겨 보십시오. 쟁그르릉 하고 소리가 날 것입니다.

그 진동의 움직임이 눈에 보입니까? 물론 그 하나하나의 움직임(산이 되거나 골짜기가 되거나 하는 모양)은 보이지 않을 것입니다—매우 빠른 진동이니까요.

기타 따위와 같은 현악기를 이용하여 줄의 진동을 잘 관찰해 봅시다. 만일 북이 있으면 그 위에 씌워 놓은 가죽도 진동한다는 걸 알게 될 것입니다.

이것을 확인하기 위해서 북을 세로로 세운 다음, 코르크나 말오줌나무(넓은잎딱총나무)의 열매, 또는 스티로폼으로 구슬을 만들어 실로 그걸 꿰어가지고 북의 가죽에 닿도록 매달아 놓습니다. 그리고는 북을 막대로 두드리면 둥 하고 울립니다. 그러면 구슬은 순식간에 튕겨 나갈 것입니다.

우리들이 만든 장난감 전화기를 사용할 때 여러분은 빈 깡통 속에 입을 대고 말했지요. 그 소리로 인하여 빈 깡통 바닥이 도르르 진동했던 것입니다. 그 진동은 마치 빨랫줄을 파도가 타고 나갔던 것처럼 낚싯줄을 타고 나갔습니다. 다만 그 진동은 가늘고 약해서 눈으로 확인할 수가 없었던 것입니다.

3. 스푼에서……종소리

만일 장난감 전화에 썼던 것과 같은 실이 2미터쯤 있으면 스푼 종을 만들 수 있습니다. 다른 사람에게는 들리지 않습니다. 이 종은 여러분의 귀에만 가만히 울려옵니다.

스푼을 실 한가운데에 꼭 묶어 놓고서 실의 양 끝을 가려진 양쪽 귀에 대고 손가락으로 눌러 보십시오. 그리고는 스푼이 자유로

이 흔들리도록 몸을 약간 구부리고 금속
판이나 테이블 다리 등에 탁 하고 부딪쳐
보십시오. 그러면 마치 종 같은 소리가 귀에 울려올 것입니다.

쨍그랑, 쨍그랑! 스푼은 부딪친 충격으로 진동하며, 그 진동이
실을 타고 여러분의 귀에 직접 들려오는 것입니다. 다만 알루미늄
이나 플라스틱 스푼으로는 안 됩니다. 좀 더 무거운 금속으로 된
것이 좋습니다. 물품에 따라 음색이 어떻게 다른지 시험해 보는 것
도 좋습니다.

4. 보틀폰

보틀폰—별로 딱 들어맞는 말이 아닐지도 모르지만, 그라모폰(축
음기), 텔레폰(전화), 메가폰 등과 같은 말도 있고, 또한 색소폰이나
실로폰으로도 연주하고 있는 터이니까, 우리가 만든 악기를 보틀폰
이라고 해도 나쁘진 않을 것입니다. 더구나 그것은 병(보틀)으로 만

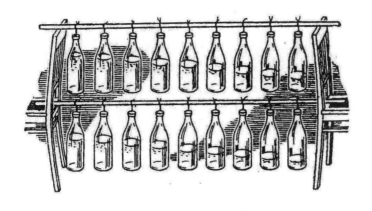

드는 것이니까요……

그림에서처럼 한 줄씩 병을 매달아 놓고, 두드렸을 때 각각 다른 음계(音階)를 내도록 병마다 물의 양을 달리합니다. 피아노의 음계 ─7가지의 장음과 5가지의 반음─를 만들 수 있으면 뭣보다도 가장 좋습니다.

보틀폰의 장단을 맞추기 위해서는 음감에 뛰어난 사람을 데리고 와서 한 바스켓의 물과 깔때기를 내주면 더할 나위 없습니다.

보틀폰은 두 개의 막대기를 사용하여 연주합니다. 병을 여러 줄에 매달아 놓으면─어떠한 곡이라도 칠 수 있을 것입니다.

5. 메가폰

오늘날에는 스포츠 경기라든지 영화촬영, 혹은 배 위에서 이웃에 있는 배와 대화를 주고받을 경우 등에는 음을 확대하는 기구로서 전기식 메가폰(확성기, loudspeaker)을 사용하게 되었습니다. 그와

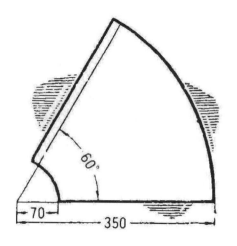

같은 전기식으로 된 것이 없었을 무렵에는 보통 메가폰을 사용하여 자기의 의사를 큰 소리로 전하고 있었습니다. 여러분도 종이로라면 스스로 메가폰을 만들 수가 있습니다.

그림에 그려져 있는 것은 메가폰의 형지(型紙)입니다. 도화지를 가지고 와서 그 가장자리를 따라 똑바른 직선을 길이 350밀리미터 긋습니다. 직선의 한쪽 끝에 컴퍼스의 바늘을 세우고 반지름 70밀리미터와 350밀리미터 되는 원호(圓弧)를 그려 주십시오. 그 다음, 분도기와 삼각자를 이용하여 60°의 각을 구하여 부채꼴을 만듭니다.

메가폰의 형지에는 풀을 칠해서 붙이기 위한 풀칠을 할 자리를 잊지 말고 그려 놓도록 해 주십시오. 완성된 형지를 그림의 굵은 실선(實線)을 따라 오려내어 풀칠한 자리에 풀이나 종이에 쓰이는 접착제를 칠하여 붙입니다.

풀이 마를 때까지 풀칠하여 붙인 부분을 판판한 판자쪽 위에 올려놓고 몇 개의 압핀으로 이음매를 한 줄로 야무지게 고정시켜 놓으면 좋을 것입니다. 메가폰을 들기 쉽도록 종이손잡이를 붙일 수도 있지만, 이것은 만들지 않아도 상관없습니다.

이 메가폰을 들고 입에 대어 보십시오—여러분의 음성은 놀랄 만큼 커질 것입니다. 그 까닭은 메가폰이 사방으로 소리가 흩어지지 않도록 하고 듣는 사람의 방향으로만 향하도록 하기 때문일까요?

아닙니다. 그것으로는 올바른 답이 되지 않습니다. 여러분도 금세 알 수 있으리라 생각하지만, 실제로는 소리가 메가폰의 앞쪽에만이 아니라 그 옆쪽이나 뒤쪽에도 크게 들리는 것입니다.

여기서 문제가 되는 것은—소리라는 것은 공기의 진동이라는 사실입니다. 그러나 우리들의 주위에는 공기가 가득 차 있습니다. 그런데 목구멍이 큰 사람도 소리는 별로 크지 않습니다. 그런 까닭에 전부의 공기를 단번에 뒤흔드는 일은 무리입니다.

하지만 입에 메가폰을 대고 자기의 입 주위에 있는 공기만이라도 진동시키는 일부터 시작하지 않으면 안 됩니다. 이것은 그다지 어려운 일은 아닙니다. 그리고 빨랫줄(로프) 위를 파도가 전해져 나가듯이 공기의 파장(波長)은 메가폰을 따라 달리기 시작합니다. 메가폰은 앞쪽이 점점 더 넓게 퍼져 있으므로 파장도 크게 퍼져 나갑니다. 메가폰의 끄트머리까지 도달하면 그 출구(出口)에서는 놀랄 정도의 크기가 되는 것입니다.

제6장 거꾸로 된 나라에서

1. 거꾸로 된 나라

"거꾸로 된 나라가 정말 있니?"―그것은 있습니다. 그 곳에서는 모든 것이 거꾸로 되어 있습니다. 이 나라에서는 오른손이 왼손이 되어 버립니다. 쓴 글씨 전부가 뒤집히기 때문에 읽기에 대단히 애를 먹습니다.

여러분이 낮에 이웃집 개하고 놀다가 찢어진 오른쪽 바짓가랑이가 괴상한 나라에서는 아무렇지도 않지만, 그 대신 왼쪽 바짓가랑이에는 커다란 구멍이 뻥하니 뚫려 있다는 것입니다.

아마도 이미 여러분은 깨달았을 것입니다. 이 나라는 의심할 것도 없이 거울 뒤에 있는 나라의 현상입니다. 그리고 물론 겉보기일 뿐인 나라입니다.

사실, 거울의 뒤를 보더라도 벽이나 옷장밖에 없다는 것은 여러분도 충분히 알고 있을 것입니다.

또한 여러분이 어떠한 모습을 하고 있든지—넋을 잃고 멍하니 바라볼 만한 미인(미남자)이든, 혹은 그저 그런 대로 평범한 겉모습이었든—아무튼 여러분 이외에는 아무도 없는 것입니다. 그리고 모든 인간이 여러분과 똑같은 사람들이며, 다만 오른쪽 왼쪽이 거꾸로 뒤바뀌어 있기만 한 세계입니다.

재미있는 것은, 거울이 유리로 되어 있으니까, 여러분은 자신의 비쳐진 모습을 만져 볼 수도 없습니다. 손가락을 거울에 대고 시험해 보십시오. 차라리 거울에 손자국을 내지 않도록 막대기로 건드리는 편이 좋을지도 모릅니다.

거울에 비친 막대 끝과 진짜의 막대 끝과의 사이에는 틈이 있다는 걸 아십니까? 그것은 거울 두께의 2배가 되어 있습니다. 만일 거울이 유리로 되어 있지 않고, 곱게 갈고 닦인 금속으로 되어 있을 경우에는 틈이 생기지 않습니다.

2. 태양 토끼의 비밀

여러분은 거울을 사용하여 태양의 빛을 반사시켜 본 일이 있습니까? 그 때 거울 위에 생기는 빛의 상(像)이 태양 토끼라고 불리는 것입니다. 왜 그렇게 불리는 것일까요? 아마도 힘차게 뛰어다니기 때문이겠지요. 여러분이 그 거울의 방향을 조금만 틀어도 빛의 반사상(反射像)은 토끼처럼 크게 뛰어갑니다.

거울에서 나오는 반사광선을 좀 더 자세히 살펴볼 수도 있습니다. 테이블 끝에 두께 1~2센티미터의 판판한 판자나 책을 놓고 그 위에 흰 종이를 펴 놓습니다. 그리고 종이 가장자리에 살이 성긴 빗을 세워 주십시오. 그리고 의자 위에 전기스탠드를 세워 램프의 높이가 테이블의 지면과 똑같이 되도록 해 주십시오. 램프로부터 테이블 끝까지 거리는 약 2미터가 되게 합니다. 방안의 불을 끄고 스탠드의 램프를 켜 보십시오. 종이에 줄무늬가 광선과 마찬가지로 일직선으로 종이 위에 뻗쳐 있습니다.

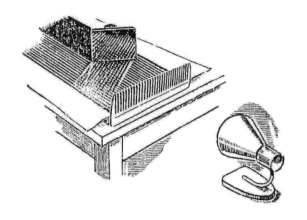

이번에는 빗의 맞은편 종이 위에 네모난 거울을 세워 보십시오. 테이블의 종이 위에는 반사광선의 줄무늬가 보일 것입니다.

거울의 방향을 천천히 바꾸어 가면 그 반사광선의 줄무늬도 방향을 바꾸는데, 그 방향의 변하는 속도는 똑같지 않고 줄무늬 쪽이 더 빠릅니다.

여러분이 거울의 방향을 빗을 통하여 비치는 광선에 대해서 45° 가 되게 하면 그 거울의 반사광선은 90°, 즉 직각 방향으로 빗나갑니다. 태양 토끼가 그토록 뜻밖의 속도로 뛰어다닌 것도 바로 이와 똑같은 이유에 의한 것입니다.

3. 거꾸로의 거꾸로

거울에 비친 자신의 모습을 자기가 바라보았을 때, 거기에 비친 자기는 다른 사람이 자기를 바라보았을 때의 모습과는 반대로 비칩니다. 사실, 자신이 머리털을 한쪽 편으로 빗질하여 매만지면, 거울

에 비친 자신은 반대쪽으로 머리털을 빗질하여 매만지게 됩니다. 얼굴의 검정 사마귀도 같은 쪽에 있지 않습니다.

그러므로 거울로 모든 것을 거꾸로 하면, 거울에 비쳐진 자신의 얼굴은 본 일도 없는 딴 사람의 얼굴이 되어버리는 것입니다.

그럼, 어떻게 하면 주위 사람들이 보고 있는 것과 같은 자기를 자기 자신이 바라볼 수 있을까요? 거울은 모든 것을 거꾸로 뒤집으니까……그렇다, 좋은 생각이 있다! 거울에 비쳐진 거꾸로 되어 있는 모습을 살짝 딴 거울에 비추는 것입니다. 거꾸로의 거꾸로라면 모든 것이 원상태로 되돌아가겠지요.

그럼, 어떻게 하면 좋을까요? 두 번째의 거울의 도움을 받기로 합시다. 벽에 걸어 놓은 거울 앞에 서서 또 하나의 거울을 손에 듭니다. 손에 들고 있는 쪽의 거울을 벽에 대해서 예각(銳角)이 되는 각도로 돌려주십시오.

다시 말해서 여러분은 양쪽의 거울을 빼돌려 주는 셈이 됩니다. 그렇게 하면 양쪽 거울 속에 여러분의 바른 모습이 나타날 것입니다. 이것은 문자를 사용하면 간단히 알 수 있는 일입니다.

표지에 큼직한 문자가 쓰인 책을 손에 들고 얼굴 가까이 대 보십시오. 양쪽 거울에 비친 문자는 어느 것이나 좌우가 바르게 비쳐서 보통으로 읽을 수 있을 것입니다.

다음에는 자기의 머리털을 잡아당겨 보십시오. 거울을 바라보면서 하기에는 좀 어렵겠지요. 거울에 비친 모습은 이 경우, 아주 똑바로 비치고 있고 좌우도 뒤집혀 있지는 않습니다. 그것이 도리어 어리둥절하게 만듭니다.

사실은 여러분이 어리둥절해진 것은 거울에 거꾸로 비치는 자기의 모습에 낯익어 버렸기 때문입니다.

기성복 가게나 양장점에 가 보면 세 개의 거울이 달린 삼면경을 흔히 볼 수 있습니다. 이 거울을 사용하면 자기의 옆모습도 볼 수가 있고, 바른 모습—거꾸로의 거꾸로—도 간단히 비치게 할 수 있습니다.

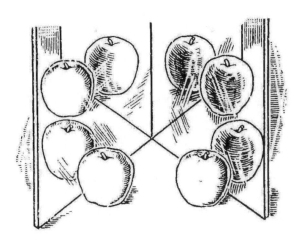

4. 진짜 수는 몇이지?

두 개의 거울을 사용하여 여러분은 거꾸로가 아닌 모습을 한 자기의 분신(分身)을 만들려고 한 셈입니다. 그리하여 여러분은 그렇게 하는 데 성공했습니다……더구나 분신이 두 명이나 생겨난 것입니다. 왜냐하면 여러분이 본 것은 하나의 상(像)이 아니라, 단번에 두 개의 겉모습으로 된 상을 보았기 때문입니다. 이미 여러분은 세명이 되었으니까, 여전히 자기 자신이라고 불려도 좋은지 알 수 없게 되어버릴 지경입니다.

두 개의 거울을 가지고 있으면 이상야릇한 짓을 많이 해 보일수가 있습니다. 예를 들면 그 두 개의 거울을 직각이 되도록 합쳐서 세우고, 그 거울 사이에 두 개의 사과를 놓으면 8개의 사과가보일 것입니다.

이거 실컷 먹을 수 있겠다고 생각하더라도 먹을 수 있는 사과는역시 두 개뿐입니다. 나머지 여섯 개는 겉보기만의 사과──물리학

용어로 말하면 단지 허상(虛像)인 것입니다.

두 개의 거울을 마주 바라보도록 세우고, 그 사이에서 양초에 불을 붙입니다. 그 거울들에는 양초 자신의 모습이 비치고, 그 비친 양초의 모습이 반대쪽의 거울에 비치며, 그 모습이 또다시 맞은편의 거울에…… 하는 식으로 양초는 양쪽에 뻗치는 무한한 행렬이 되어 죽 늘어설 것입니다. 눈앞에서 가까운 것일수록 밝게 빛나고, 멀어질수록 점점 밝기가 약해져 갑니다―이것은 빛의 일부가 조금씩 거울에 빼앗겨 버리기 때문입니다.

5. 공중을 날아보자

여러분의 집에는 커다란 거울이 붙은 이불장이나 양복장이 있습니까? 있다면 공중을 날 수 있습니다. 그렇지만 실제로 나는 게 아니라, 지금까지의 모든 거울의 이상야릇한 현상과 마찬가지로 외관상으로만 그럴 뿐입니다.

　우선 여러분의 몸의 절반이 옷장의 그림자 속에 가려지고 나머지 절반은 거기에서 쪽 드러나도록 서 주십시오. 친구들에게 부탁하여 자신의 정면에 서 있게 한 다음, 진짜의 자기와 거울에 비친 자기를 마주 이어, 정확하게 자신의 전신상(全身像)이 될 만한 위치를 발견하게 하는 것입니다.

　자신이 손을 쳐들면—친구들에게는 자기가 양 손을 쳐든 것처럼 보이겠지요. 이것만으로는 아직 요술은 아닙니다. 그럼 다음에는 발을 들어 보십시오—친구는 당신이 공중에 떠 있다고 착각할는지도 모릅니다. 억울하게도 여러분은 자신의 『무중량 상태』에 있는 모습을 바라볼 수가 없습니다. 친구하고 교대로 친구로 하여금 그렇게 하도록 합시다.

6. 여러분의 얼굴은 어떤 얼굴?

　거울을 사용하여 친구에게 깜짝 놀랄 만한 선물을 줍시다. 거울

전체를 덮을 만한 종이를 가지고 와서 될 수 있는 대로 못생기고 심술궂게 보이는 눈과 비뚤어진 코, 이를 드러낸 무시무시한 입을 그려가지고 그걸 오려냅니다. 다 만들어진 종이는 풀로 거울 위에 붙입니다. (나중에 떼어낼 수 있도록 해두지 않으면 안 됩니다)

자, 그러면 방안에 친구를 불러다 놓고 탁상용 전등만을 켜고서 그 친구의 머리 그림자가 벽 위에 비치는 곳에 서게 하여 벽 쪽을 향하게 합니다. 이 그림자는 눈도 입도 없는, 새까만 실루엣이 될 것입니다.

이제부터 이 실루엣에 눈이며 입이며 코를 달려고 하는 것입니다. 친구더러 눈을 감고 있으라고 하고는 그 사이에 여러분은 숨겨 둔 거울을 꺼내는 것입니다. 그리고 친구의 머리 그림자가 있는 곳에 종이를 오려낸 부분에서 반사된 빛이 알맞게 비칠 만한 위치에 거울을 세워 보십시오.

눈을 뜬 순간, 친구는……! 결과에 대해서는 여러분에게 맡기기로 합니다—하지만 이것이 거울과 빛의 성질을 잘 알기 위한 실험의 하나입니다.

7. 이상한 거울

지금까지는 구부러진 것을 싫어하는 거울의 이야기였습니다. 그 거울들은 있는 모습을 그대로 비추는 정직한 것이었습니다. 좌우는 뒤집어진 것이었지만…….

그러나 거울의 면이 굽은 이상한 거울도 있습니다. 규모가 큰 어린이공원이나 유원지 등에 가면, 금속으로 만들어진 곡면경(曲面鏡)이 놓여 있거나 『깜짝집(도깨비집)』이라고 불리는 것이 있습니다. 거기서는 자기 모습이 캐비지처럼 몽톡한 원형이 되거나 홍당무처럼 가늘고 길어지거나, 혹은 싹이 트기 시작한 양파처럼 다리가 없고 배가 볼록하며, 거기에서 마치 화살처럼 비쩍 마른 가슴이 뻗어 나오고 보기 흉하게 길게 늘어진 머리가 가느다란 목 위에 얹혀 있거나 하는 꼴을 볼 수 있습니다.

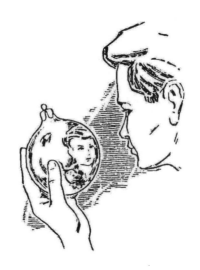

어린이들은 배꼽이 빠지도록 웃어젖히고, 어른들은 웃음을 꾹 참고 고개를 설레설레 저을 뿐입니다. 그러면 그 바람에, 이상한 거울에 비친 모습은 점점 더 몹시 우스꽝스러운 꼴로 비뚤어지는 것입니다.

『깜짝집』은 어디에나 다 있는 건 아니지만, 이상한 거울은 우리들의 생활 속에 흔히 볼 수 있습니다. 아마도 여러분은 크리스마스 트리 같은 데다 매다는 유리 공에 비치는 자신의 얼굴이라든지, 은빛으로 도금된 주전자나 커피포트에 비치는 자신의 모습을 물끄러미 바라다본 일이 있겠지요. 이러한 상(像)들은 모두가 다 대단히 우스꽝스러운 모양으로 비뚤어져 있고, 게다가 쭈그러들어 있습니다.

그것은 왜일까? 거울이 『볼록면』으로 되어 있기 때문입니다. 자전거나 오토바이의 핸들에 달아 놓은 거울이나 버스의 운전석 옆에 있는 거울도 볼록면 거울로 되어 있습니다. 이와 같은 거울은 거의 다 비뚤어지지는 않지만, 조금 작게 쭈그러진 상이 비치도록 되어 있습니다―평면경(平面鏡)에는 도로의 뒤쪽, 혹은 버스 등의 뒤쪽 도어가 조금밖에 비치지 않으므로 도움이 되진 않습니다. 하지만 볼록면 거울 같으면, 거울이 작더라도 넓은 범위가 비칩니다.

때로는 오목면 거울이라는 것도 있습니다. 거울에 자기의 얼굴을 가까이 가져가면 자신의 얼굴이 확대되어 보입니다. 이와 같은 거울에 전구의 빛을 반사시켜, 빛을 평행하게 뻗치는 광선의 다발이 되도록 함으로써 좁은 범위를 멀리까지 비추는 것으로는 서치라이트나 자동차의 헤드라이트 등이 있습니다.

제7장 빛을 잡을 수 있다

1. 빛은 구부러지는가?

여러분은 빛이 똑바로 비친다는 것을 알고 있겠지요. 셔터나 커튼의 틈새를 통해서 새어드는 빛을 생각해 보십시오. 그 빛은 공중에 떠도는 먼지 때문에 황금빛으로 빛나 보입니다.

그건 그렇다 치고, 물리학자라는 사람들은 무엇이든지 실험으로 확인해 보려고 하는 습관이 있습니다. 셔터 틈새의 실험이라면 물론 한번 보면 금방 알 수 있는 것입니다. 커피 컵에 동전을 집어넣는 실험에 대해서는 어떨까요?

그러한 실험을 모른다는 말입니까? 그렇다면 같이 해봅시다. 텅빈 커피 컵에 동전을 넣고서 자기의 눈 위치에서 커피 컵 속의 동전이 보이지 않게 되도록 컵 바닥의 동전을 움직입니다. 동전의 표면에서 반사된 빛은 여러분의 눈의 방향으로 똑바로 비칠 테지만,

커피 컵의 테두리가 그 진로를 가로막아 버리고 맙니다. 그렇지만 나는, 지금 또 다시 그 동전을 보이도록 하려고 마음먹고 있습니다. 여러분의 눈의 위치를 움직이지 않고, 커피 컵이나 동전에도 손을 대지 않고 말입니다.

커피 컵에 물을 따르세요……동전을 건드리지 않도록 신중히, 천천히……좀 더 따르세요……좀 더……. 그거 보십시오, 동전이 보이지 않습니까? 마치 떠오르기라도 하듯이 다시금 보이기 시작한 것입니다!

하지만 잘 살펴보면 동전은 컵 바닥에 가로놓여 있습니다. 그렇다면 컵 바닥이 쳐들려서 바닥이 얕아진 것일까요? 동전에서 똑바로 나온 빛은 여러분의 눈에 도달하지 않았지만, 지금은 그 빛이 도달해 있습니다.

그렇다면 빛은 어떻게 해서 커피 컵의 테두리를 우회(迂回)한 것일까요?

같은 커피 컵이나 유리컵에 스푼을 비스듬히 넣고 물을 부어 보십시오. 스푼이 구부러졌지요? 물속에 가라앉아 있는 끄트머리는 위쪽으로 쳐들린 것처럼 보이지만, 스푼을 들어 올려 보면 똑바로 뻗은 것입니다. 그렇다면 빛은 정말로 구부러지는 것일까요?

2. 역시 빛은 구부러진다

이제는 이 점을 살펴보기에 가장 알맞은 시기가 된 것 같습니다. 그럼, 태양 토끼의 신비함을 우리들에게 분명히 밝혀 준 실험과 아주 비슷한 실험을 해 봅시다.

테이블과 흰 종이, 그리고 빗까지도 같아서 하기가 좋습니다. 이 경우에는 전기스탠드를 테이블 가에서 1.5~2미터쯤 되는 거리에 놓고 흰 종이를 테이블 위에 펴놓은 다음, 살이 성긴 빗을 테이블 끝에 세웁니다. 다만, 거울 대신에 이번에는 물이 담긴 컵을 준비합니다. 컵은 얇은 유리로 만들어진 보통 것이라도 상관없습니다.

흰 종이에는 컵과 똑같은 크기의 구멍을 오려내고, 그 속에 컵을

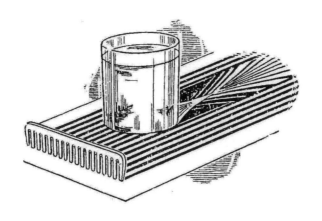

놓고서 종이 밑에 책이나 노트를 깔고 종이를 조금만 들어 올립니다. 즉, 빛이 물의 부분을 통과하여 컵의 바닥을 통과하지 못하도록 할 필요가 있기 때문입니다.

다 되거든 방안을 어둡게 하고 전기스탠드를 켜 보십시오. 종이 위를 광선이 길게 뻗쳐……그것은 정말이지 일직선입니다. 그러나 컵에 부딪친 광선은 구부러져 있습니다. 컵 뒤에서 그 광선들은 한데 모여 또다시 부채꼴로 퍼져 나갑니다.

이 경우에는 빛의 굴절이 정확하게 컵이 있는 데서 일어나고 있습니다. 좀 더 정확히 말하면, 빛이 컵 속으로 들어갈 때와 나올 때에 일어나고 있습니다. 빛은 볼록형으로 둥그스름한 컵을 통과하여 한 점에 모입니다. 그러나 여러분은 별로 진기하게 생각되지는 않겠지요? 확대경으로 몇 번이고 타서 눌은 자리를 만들어 본 경험이 있을 테니까요.

이 확대경처럼 한가운데가 볼록한 모양의 유리를 라틴어로 렌즈라고 합니다. 그래서 볼록형 유리나 확대경 등과 같은 둥그스름한 모든 유리를 렌즈라고 하게 되었던 것입니다.

3. 얼음으로 불을 일으킨다

여러분은 줄 베르느의 소설 《하테라스 선장의 여행》 속에 등장하는 크로보니 박사가 얼음덩이를 써서 불을 일으킨 이야기를 알고 있습니까? 박사는 얼음으로 커다란 렌즈를 만들었습니다. 그리고 그것을 이용하여 태양광선을 한 점에 모아 불을 일으켰던 것입니다.

이 소설의 주인공은 지름 30센티미터쯤 되는 얼음덩이를 매끈매끈하게 깎아가지고 손으로 닦아 윤을 내어 렌즈를 만들었던 것입니다. 여러분들 같으면 좀 더 간단한 방법으로 만들 수 있을 것입니다. 다만 거푸집(모형)이 필요하겠지요—『얼음 렌즈』는 한가운데가 부풀어 오른 것이어야 합니다.

거푸집이 될 용기에 깨끗한 물을 받아 겨울의 매서운 바깥공기에 내놓습니다. 딱딱하게 얼거든 그걸 부엌으로 들여와 더운 물이 담긴 큰 세숫대야를 준비하여 그 속에 넣습니다. 거푸집에서 얼음이 빠지거든 다시금 그걸 밖으로 들고 나와, 그 『얼음 렌즈』를 깨끗한 판자 위에 꺼내 놓습니다.

그리고는 그 가장자리께를 잡고 태양 쪽으로 돌려놓은 다음 마른 종이를 뭉쳐 그 위에 태양광선을 모아 보십시오. 모든 일에 실수가 없으면 얼음은 종이를 태울 것입니다.

『얼음 렌즈』는 냉장고의 제빙실에서 만들 수도 있습니다. 제빙실의 크기에 의해서 큰 렌즈는 만들 수 없을 테지만, 그렇게 크지 않은 접시나 찻잔으로도 충분합니다.

얼음 속에 공기 거품이 남지 않도록 천천히 시간을 들여 얼리면 될 것입니다.

4. 보이지 않는 세계에

지금으로부터 약 400여 년 전, 이탈리아나 네덜란드의 솜씨 좋은 기술자들은 안경을 만들 궁리를 했습니다. 그리고 안경에 이어 작은 물건을 들여다보는 확대경(루페)이 고안되었습니다. 이것은 대단히 재미있는 매력적인 도구였습니다. 아무튼 아주 작은 곡식의 낱알이든 파리의 발이든, 아무리 자디잔 부분일지라도 갑자기 보이게 되니까요.

현대에는 아마추어 무선가(無線家)들이 조금이라도 먼 거리에 있는 국(局)과 교신하려고 무선장치에 골몰하고 있지만, 300여 년 전쯤에는 광학기기(光學機器) 만들기 애호가들은 보이지 않는 세계를 조금이라도 깊숙한 곳까지 들여다보려고 고성능의 렌즈를 만드는 데 열중했던 것입니다.

그와 같은 애호가들 중의 한 사람으로 네덜란드의 안톤 반 레이번후크*가 있었습니다. 그 당시는 렌즈 제조의 최고기술을 지닌 기술자조차도 잘해야 30~40배의 배율을 가진 렌즈밖에 만들지 못했습니다. 그런데 레이번후크는 300배로 확대된 정확하고 선명한 상

* 2매 렌즈를 짝지은 현미경을 만들어 현미경의 진도에 큰 공헌을 한 사람은 영국의 물리학자 로버트 후크(1635~1703)인데, 그는 이 현미경을 사용하여 생물조직을 관찰하여 세포(그가 붙인 명칭)를 발견했습니다.

(像)을 만들었던 것입니다.

마치 동화의 세계가 이 호기심 많은 네덜란드인 앞에 문을 활짝 열어놓은 것 같았습니다. 레이번후크는 눈에 띄는 것은 무엇이든지 렌즈 밑으로 가지고 왔습니다.

그는 처음으로 물방울 속의 미생물이나 올챙이 꼬리의 모세혈관, 그리고 적혈구 등, 아직 아무도 예상한 일도 없는 수많은 놀라운 것을 보았던 것입니다. 그러나 그 발견은 손쉽게 이루어졌다고 생각하면 안 됩니다.

그는 자신의 일생을 연구에 바친 헌신적인 인물이었습니다. 그가 만든 렌즈는 현대의 현미경과는 달라서 대단히 불편한 것이었습니다. 관찰 중에는 고개를 움직이지 못하도록 특수한 받침대에 얼굴을 꼭 눌러대고 있지 않으면 안 되었던 것입니다. 그리고 놀라운 것은 레이번후크는 이 받침대에 얼굴을 눌러대고 60년간이나 현미경을 계속 들여다보았던 것입니다.

레이번후크는 1매(枚) 렌즈의 현미경을 쓰고 있었습니다. 그 당시에도 이미 2매 렌즈를 쓰는 현미경*은 존재하고 있었습니다. 그 현미경은 첫 번째의 렌즈를 통해서 나타나는 상을 직접 눈으로 보는 것이 아니라 두 번째의 렌즈를 통해서 보는 구조로 되어 있었으며, 게다가 두 번째의 렌즈는 눈을 가까이 대기에 좋도록 배율(倍率)을 낮게 해 놓고 있었습니다. 그와 같이 들여다보기도 쉬워졌을 뿐만 아니라 다시 한 번 확대할 수 있도록 되었던 것입니다.

확실히 렌즈를 두 개 사용한 현미경은 그 당시로서는 아직 매우 불완전한 것이었습니다. 게다가 겨우 수십 배 정도의 배율을 가진 것밖에 없어서 빈약하고 불선명한 상이 보일 뿐이었습니다.

레이번후크는 1매 렌즈의 현미경으로 훨씬 더 높은 배율을 끌어내고 있었습니다. 그렇지만 점차로 2매 렌즈의 현미경이 개량되어 레이번후크가 쓰는 렌즈의 성능을 웃돌게 되었던 것입니다.

오늘날의 현미경은 이미 2매 렌즈의 형식을 갖춘 것이 아니라, 여러 개의 렌즈를 사용하여 이군(二群)의 렌즈 구성으로 되어 있습니다―일군(一群)은 관찰하는 대상을 향하게 되고(대물렌즈), 또 하나의 렌즈 군은 눈으로 보는 데에 쓰이고 있습니다(접안렌즈).

5. 볼록렌즈의 신비

아주 작은 벌레라든지, 시계의 자디잔 나사며 톱니바퀴 등도 확대경이나 할아버지의 안경인 볼록렌즈를 통해서 들여다보면 훨씬 더 크게 보입니다. 그리고 눈에 보이지 않는 부분까지 잘 보입니다.

그런데 실제로는 확대경의 기능은 거리와 매우 관계가 깊습니다. 확대경을 통해서 어떤 물체를 보고 있다가 그 물체로부터 조금씩 멀찍이 떨어져 보십시오.

처음에는 상이 확대되고, 그 다음에는 비눗방울처럼 부풀어 오르기 시작하며, 확대경 전체를 꽉 메우더니, 마지막에는 흩어져 사라져 버리고 맙니다.

그냥 그대로 계속해서 멀리 떨어져 상을 보기 위해서는 눈을 렌즈로부터 멀찍이 떼어놓지 않으면 안 됩니다. 보인 상은 확대되어 있지만, 거꾸로 나타나 있을 것입니다. 다시 멀어지면, 그 거꾸로 나타난 상은 점점 작아지고 작아져서……얼마 안 있어 실물 크기만 해지고, 그 후에는 아주 작아져 버릴 것입니다.

이런 까닭에 확대경은 물체에 접근했을 때에만 확대할 수 있는 것입니다. 그리고 멀리 있는 물체를 확대하지 않고, 접근하지도 않으며, 반대로 멀어지는 것처럼 보여줍니다.

그럼, 멀리 있는 물체를 확대하여 보고 싶을 때에는 어떻게 하면 좋을까요? 무대 위의 배우나 바다 위의 배, 달 표면의 분화구(크레이터)를 보고 싶다면? 확대경은 그와 같은 물체의 축소된 상을 만들어 냅니다.

그러므로 물체가 멀리 있더라도, 그 상은 렌즈 가까이 있는 것처럼 할 수 있습니다. 요컨대 이 상은 두 번째의 확대경을 통해서 볼 수 있습니다.

여기까지 오면 이제 그 상을 확대할 수 있을 것 같습니다. 만일 두 번째의 확대경이 첫 번째의 확대경보다도 배율이 높으면 물체는 우리들 쪽으로 접근해 오는 것처럼 보일 것입니다. 이렇게 해서 만들어진 것이 망원경이나 쌍안경입니다.

확대경은 미생물을 우리에게 보여줄 뿐만 아니라, 화성(火星)의 극관(極冠)이나 토성의 고리 같은 테, 그리고 상상도 할 수 없을 정도로 먼 거리에 있는 별이나 성운(星雲)을 눈앞에 보여줍니다.

6. 상(像)을 잡아 보자!

그렇다고 해서 어떠한 상(像)이든지 다 붙잡을 수 있는 것은 아닙니다. 예를 들면 거울에 비치는 허상(虛像) 등은 눈으로 볼 수 있을 뿐입니다. 그것을 붙잡을 수는 없습니다.

실제로 흰 종이를 준비하여 거울에 비친 상이 영화처럼 이 종이 위에 비치는지 안 비치는지, 위치를 이리저리 바꾸어 보기 바랍니다. 하지만 기를 쓰고 덤빌 필요는 없습니다. 어차피 아무것도 비치지 않을 테니까요!

그러나 렌즈에 따라서는 상을 붙잡아 그것을 지면(紙面)이나 스크린이나 사진 필름에 비출 수 있는 것이 있습니다. 확대경을 사용하여 불을 일으킨 실험을 상기해 보기 바랍니다.

사실은 종이를 태운, 눈부신 밝은 점—이것이야말로 태양의 상을 붙잡은 것입니다. 물론 그것은 축소된 상입니다. 태양은 우리가 있는 곳에서 매우 멀리 있으며, 렌즈도 한 장뿐이니까. 그러나 그것은 허상이 아니라 완전히 실재하는—실상(實像)입니다. 어쨌든 종이가 불붙어 탔으니까요.

렌즈를 사용하면 이 밖에도 실상을 만들 수 있습니다. 예를 들면 여러분의 방에 있는 창과 그 바깥 풍경의 상을 종이나 흰 벽에 비추어 낼 수 있을 것입니다. 이 실험을 가장 효과적으로 할 수 있는 것은 바깥은 아직 밝은데도 방안은 이미 어둑어둑해진 저녁때입니다.

어두운 방안에서는 양초의 실상을 간단히 만들 수 있습니다. 불이 켜진 양초로부터 1미터쯤 떨어져서 확대경을 들고 있고, 그 뒤

로 몇 센티미터 되는 곳에 흰 종이를 놓습니다. (그림을 보아 주십시오)

확대경을 앞뒤로 약간 이동시켜 주면 이윽고 종이 위에 뚜렷한 양초의 상이 비칠 것입니다. 그리고 그 상은 거꾸로 선 작은 것이 될 것입니다. 여러분의 방안에 있는 창의 상을 비춘 경우와 아주 똑같습니다. 확대한 양초의 실상을 만들 수도 있습니다. 그러려면 확대경을 양초에 가까이 갖다 대면 됩니다. 이와 같이 하여 확대한 상도 거꾸로 서 있습니다.

실상(實像)—그것은 여러분이 몇 번이고 본 일이 있는, 게다가 아주 좋아하는 것입니다. 즉, 영화관의 스크린에 비추어지는 상을 말하는 것입니다. 사실은 영사기의 대물렌즈는 여러 장의 광학(光學)렌즈로 구성되어 있으며, 그것을 통하여 필름에 찍혀 있는 작은 그림을 스크린 위에 확대하여 비추어 주고 있는 것입니다.

7. 요술 램프(환등기)

여러분도 요술램프(환등기)를 만들 수 있습니다.* 네모진 틀 위에 루페(확대경)가 달린 필름 확대경과 빈 구두상자가 있으면 나머지는 간단합니다. 그림에서처럼 구두상자의 한쪽 측면을 대각선 모양으로 자르고, 자른 자리를 바깥쪽으로 되접어 꺾은 다음 루페가 달린 네모진 틀을 끼워 넣고 틈새가 없도록 주위를 밀폐합니다.

상자의 반대쪽 면에는 100볼트 전구의 소켓을 끼울 수 있을 정도의 둥근 구멍을 뚫어 40와트 백열전구를 끼워 상자에 꽂아 놓습니다. 물론 전원(電源)에 연결시킬 수 있는 코드가 달려 있지 않으면 안 됩니다.

다음에는 루페가 있는 곳에 슬라이드 필름을 끼워 넣고 요술램프(환등기)의 불을 켜 주십시오.* 루페의 렌즈 위치를 앞뒤로 움직여 조절하면 어둡게 만든 방안의 벽에 슬라이드 필름의 확대경 상(像)을 비추어 낼 수 있을 것입니다.

그런데 이런 경우를 요술(환상)이라고 할 수 있을까요? 예를 들면 알라딘의 요술램프라면 확실히 그 이름 그대로였을 것입니다.

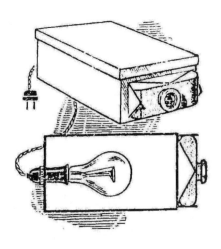

조금만 문질러 주면—커다란 악마가 나타나 궁전을 짓거나 동네를 파괴하려고 했으니까요. 그러나 우리의 요술램프는 아무리 문질러도 손바닥에 물집이 생기는 외에는 아무것도 나타나지 않습니다.

그런데도 요술램프라고 이름을 붙이게 된 데에는 나름대로의 이유가 있었던 것입니다. 이것을 이용하여 아라비안나이트 이야기에 나오는 그 가엾은 악마가 시샘할 정도의 『기적』을 보여주고 있었습니다.—고대 이집트나 고대 그리스의 신전에는 신들의 상이 벽에 나타났던 것입니다. 그리고 그 당시의 신관(神官)들에게는 영사용의 광원(光源)으로서 태양이 도움이 되었을 것입니다.

300~400년 전쯤, 유럽의 어느 종파(宗派)의 목사들은 이 상을 만드는 장치를 개량하여 석유램프와 같은(단지 더욱 어둑어둑한) 램프를 광원으로 삼았습니다. 이렇게 함으로써 어두컴컴한 교회의 벽에 매우 흐릿한 상을 비추는 데 성공했으며, 그것만으로도 효과는 충분했습니다.

신자들은 무서운 나머지 바닥에 꿇어 엎드렸던 것입니다. 그렇지만 머리가 좋은 목사들은 자기들의 서적 속에는 이 장치의 구조를 기록해 두면서도 이 『기적』의 비밀이 일반인들에게는 알려지지 않도록 일부러 속이며 설교를 하고 있었습니다.

오늘날에는 물론 요술램프(환등기)라고 하더라도 어디에도 요술 같은 점은 없습니다. 이와 같은 단순한 장치에는 초등학생도 속지 않을 것입니다. 그렇지만 낡은 환등기는 진짜 기적을 한 가지 낳았습니다. 그것은 현대 영사기의 할아버지가 된다고 하는 것입니다.

영사기의 중요한 부분—밝은 광원이 뒤쪽에, 대물렌즈가 앞쪽에, 그 중간에 그림(필름)—은 환등기와 똑같습니다. 그리고 그림(필름) 만이 돌아간다고 하는 것도 똑같습니다.

오늘날 영사기라고 하는 요술램프는 멀리 떨어진 어떠한 곳에든지 학문이나 뉴스의 빛을 비추어 주고 있습니다.

8. 핀홀 카메라(침혈 사진기)

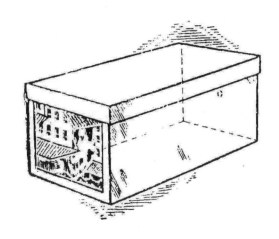

　우리가 만든 환등기의 중요한 부품 중의 한 가지는 빈 구두상자
였습니다. 이와 똑같은 상자 등으로 카메라를 만들 수도 있습니다.
실제로는 이 카메라로 사진을 찍을 수는 없지만, 핀트 맞추기를 하
는 데 있어서는 나무랄 데가 없습니다.

　카메라의 가장 값비싼 부품—그것은 렌즈를 복잡하게 짜 맞춘
대물렌즈입니다. 그러나 우리는 전혀 대물렌즈 없이 하려고 합니다.

　그 대물렌즈를 대신해 주는 것이 구두상자 측면에 뚫어 놓은 작
은 구멍입니다. 상자의 길쭉한 방향의 측면에 바늘로 작은 구멍 하
나를 뚫고, 그 반대쪽 측면은 오려냅니다. 다만 유지(油紙)나 트레
이싱페이퍼(반투명의 종이)를 붙이기 위한 테두리만을 남겨 놓습니
다.

　다 만들어진 『카메라』를 테이블 위에 놓고 그 구멍을 창 쪽으로
돌려놓습니다. 그렇게 하면 반투명의 종이 위에 창과 그 바깥의 경
치들이 거꾸로 선 선명한 상이 비치게 될 것입니다.

　하지만 방안이 밝을 경우엔 이 상이 지워져 버립니다. 그럴 경우

* 유리 등의 투명한 판에 사진 필름과 똑같은 유제(乳劑)를 칠한 감광재료입니다.

에는 검은 물체를 씌워 그것을 제거하면 보이게 될 것입니다. 이 『카메라』를 밖으로 들고 나갈 수도 있는데, 검은 물체를 같이 가지고 다니는 걸 잊지 말기 바랍니다.

이 핀홀 카메라에 비치는 상은 실상(實像)입니다. 만일 반투명의 종이 대신에 사진용 필름을 놓으면 사진을 찍을 수도 있을 것입니다. 재미있는 것은, 초기의 카메라는 우리가 만든 이 카메라와 아주 흡사했습니다. 대물렌즈, 셔터, 파인더 등은 좀 더 나중에 가서야 나타난 것입니다.

처음에는 다만 작은 구멍과 핀트를 맞추기 위한 젖빛유리로 된 상자뿐이었으며, 핀트가 맞으면 그 유리를 빼내고 건판(乾板)*을 끼워 넣고 촬영했던 것입니다.

제8장 빛의 신비한 성질

1. 이상야릇한 문제

산수 문제집 속에서 다음과 같은 문제를 만나면 여러분은 어떻게 해답할까요?

"어느 학생이 파란 색종이를 사서, 그것을 노란 색종이하고 같이 섞었습니다. 그럼 어떠한 색깔이 될까요?"

아마도 여러분은 문제를 작성한 사람이 농담으로 말하고 있는 것이 아닐까 하고 한참 동안 생각할 것입니다. 파란 색종이와 노란 색종이를 어떻게 한데 뒤섞을 수가 있을까 하고. 그렇지만 실제로 그것은 가능한 일입니다. 산수 문제집에는 그와 같은 문제는 없을 테지만, 그것을 지금 여러분과 같이 풀어 보기로 합시다.

그럼, 그림과 같은 팽이를 만들어 주십시오. 팽이의 다리는 성냥 개비로, 원반은 판지로 만듭니다. 흰 판지가 없으면, 어떠한 판지라

도 상관없지만, 그 대신 흰 종이를 그 위에 붙이지 않으면 안됩니다. 그리고 원반을 네 쪽으로 구분합니다. 이와 같이 구분된 그 하나하나의 부분은 부채꼴이라고 불리는 모양이 되는데, 그 부채꼴의 두 군데를 그림물감이나 연필로 파랗게 칠하고, 나머지 두 군데를 노랗게 칠해 주십시오. 이와 같이 하여 문제의 푸른 종이와 노란 종이가 만들어졌습니다.

파랑과 노랑의 색종이를 뒤섞기 위해서 팽이를 돌립니다. 그러면 파랑과 노랑은 여러분의 눈앞에서 뒤섞여 버립니다. 어떤 색깔이 되었을까요? 녹색입니다! 이렇게 해서 이 이상한 문제를 우리는 푼 셈인데, 하지만 해답 역시 이상한 느낌이 듭니다. 그러나 답은 틀린 것이 아니라 그것이 완전한 바른 풀이입니다. 팽이는 몇 번 돌리든지 돌고 있을 때는 항상 녹색으로 보일 것입니다.

그렇다면 빨간 종이와 노란 종이를 합치면 어떻게 될까요? 빨강과 파랑이라면? 그와 같은 팽이를 만들어 돌리면 어떻게 되는지 시험해 보십시오.

그런데 가장 재미있는 팽이는 무지개의 일곱 빛깔 전부를 한데 합치면 어떻게 되느냐 하는 얘기입니다. 그러기 위해서는 팽이의 원반을 8군데로 구분하고, 그 중의 7개의 부분에 무지개의 일곱 빛깔—빨강, 주황, 노랑, 초록, 파랑, 남색, 보라—을 칠합니다. 8번째의 부채꼴은 하양 그대로 놓아두십시오.

팽이를 돌려 보십시오. 팽이는 거의 하얀색이 되는 것을 알 수 있을 것입니다. 팽이의 색깔은 좀 더 순백에 가깝게 하기 위해서 예비로 남겨 둔 8번째의 부채꼴을 쓰기로 합니다. 이것은 조정용 (調整用)으로서 도움이 될 것입니다.

이를테면 팽이가 돌 때 불그스름한 색깔로 보이거든 예비의 조정용 부채꼴을 약간 녹색으로 칠합니다. 그 부채꼴을 점점 더 짙게 칠하면서 시험하는 사이에 거의 순백의 색깔을 낼 수가 있을 것입니다.

또한 만일 팽이가 초록색의 빛을 띠며 돌고 있거든 조정용의 부채꼴을 붉은색으로 칠합니다. 그리고 만일 남색처럼 보이거든 주황으로, 노랗게 보이거든 옅은 보라로……이런 식으로 칠하면 되는 것입니다.

그런데 이와 똑같은 조정용의 부채꼴을 사용하여 무지개의 색깔 전부를 쓰지 않더라도 보색(補色)이라고 불리는 관계에 있는 한 쌍의 색깔만—남색과 주황, 초록과 빨강, 자주와 노랑—으로 흰색을 낼 수가 있습니다.

이 경우 조정에 시간이 걸리는데, 그 대신 흰색 팽이가 정지한 순간에 노랑과 보라, 혹은 주황과 하늘색이라면 얼마나 재미있겠습니까!

2. 암흑 속의 물통

여러분은 지금까지 몇 번이고 물통 속의 무뚝뚝한 사람들의 모습을 멍하니 내려다본 일이 있겠지요. 그러나 그 물통이 놓여 있는 방의 창을 판지로 가릴 생각은 물론 한 일이 없겠지요. 그런데 물

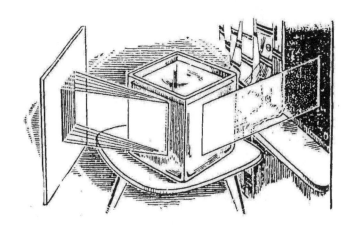

통이 가장 재미있는 광경을 보여주는 것은 바로 방안을 깜깜하게
했을 때입니다.

판지를 방안의 창 전체에 붙인다는 건 여간 큰 일이 아닐 것이
고, 또한 그렇게까지 할 필요도 없습니다. 구할 수 있는 만큼의 판
지를 준비하고, 나머지는 담요로 가리면 됩니다. 판지에는 세로 10
센티미터, 가로 2센티미터의 가늘고 긴 간격(슬릿)을 만들어 이것
을 창에 붙여 주십시오. 햇빛은 이 간격을 통과하여 폭넓은 띠 모
양이 되어 비쳐 듭니다. 그림에서처럼 물통을 배치해 주십시오. 그
렇게 해서 빛이 물통의 한쪽 면에 합쳐져 있는 두 장의 유리면을
통과하도록 하지 않으면 안 됩니다. 다음에, 통과한 빛의 물통에서
바깥쪽으로 나오는 위치에 흰 종이를 한 장 세워 주십시오. 이 종
이 위에 이상한 색깔의 띠가 비칠 것입니다. 그 색깔의 순서가 무
지개의 색깔과 똑같습니다. 즉, 빨강, 주황, 노랑, 초록, 파랑, 남색,
보라의 순서입니다.

이 실험은 해가 높이 떠오르지 않은 때(아침이나 저녁 때)에 하

면 특히 좋은 결과가 됩니다. 그러기 위해서는 동쪽이나 서쪽 창이 적당합니다. 남향 창에서는 햇빛이 너무나도 높은 위치에서 비쳐들기 때문에 잘 되지 않습니다. 아무래도 남향 창을 쓰지 않으면 안 될 때에는 창가의 아래쪽에 거울을 놓고 햇빛을 수평 방향으로 구부려서 낮은 각도에서 비쳐들게 합니다.

여러분의 집에 물통이 없더라도 실망할 것은 없습니다. 물을 담은 세숫대야를 이용하더라도 아름다운 무지개를 만들 수 있습니다. 다만, 이 경우에는 세로 20센티미터, 가로 12센티미터의 거울도 필요합니다.

햇빛은 창에 붙인 판지의 가늘고 긴 간격을 통과하여 세숫대야에 비쳐듭니다. 그 때 빛은 물속으로 숨어들어 거울에서 반사하여 다시금 수면에서 나와 가지고 판지의 간격 아래쪽에 붙여둔 흰 종이 위에 부딪칩니다. 이 경우에는 윗부분에 빨강, 아랫부분에 보라가 오는 무지개 색깔이 이뤄질 것입니다.

3. 흰색은 희지 않다?

『이상야릇한 문제』에서는 각각 색깔이 다른 부채꼴을 합쳐서 흰색을 만들었습니다. 또한 『암흑 속의 물통』에서는 흰색으로부터 무지개의 모든 색이 만들어졌습니다. 그렇다면 흰색은 전연 희지 않다는 것이 아닐까요? 좀 더 정확히 말하면, 그 색은 한 가지 색으로 된 것이 아니라 여러 가지가 합쳐진 색깔이 아닐까요? 그렇기 때문에 비가 갠 후의 무지개나 분수의 물보라 무지개가 나타난다든지, 물웅덩이의 표면에 석유나 기름의 무지개 같은 색채 무늬가 생기거나 하는 것일까요?

바로 그렇습니다. 태양은 빨강이나 초록, 자주 등 모든 빛이 뒤섞인 색을 우리들에게 보내 줍니다. 그 빛은 흰색처럼 보입니다. 그러나 그것이 종이나 나뭇잎에 부딪치면 어떻게 될까요. 앞의 것은 하얗게, 뒤의 것은 초록으로 보이는 것은 무슨 까닭일까요?

그 이유는 종이가 모든 빛을 반사하여, 우리들의 눈에 모든 색깔

이 모인 빛이 일시에 뛰어들기 때문입니다. 또한 녹색식물은 녹색 빛을 다른 색보다도 잘 반사합니다. 다른 색은 흡수되어 버리는 것입니다.

만일 사진을 확대하는 암실에서 사용하는 붉은 램프나 붉은색 유리가 있으면 그걸 사용하여 풀이나 나무를 보십시오. 그것들은 대단히 검게, 거의 새까맣게 보일 것입니다.

말하자면 녹색식물에서는 실제로 붉은빛이 거의 반사되지 않는다는 것입니다.

그런데 색유리를 통해서 보면 어째서 색이 들어 있는 것으로 보일까요? 그것은 모든 잡다한 색이 혼합된 태양빛 속에서 그 색이 선택되고, 그 밖의 색깔의 빛은 통과할 수 없기 때문입니다.

만일 여러분 곁에 투명한 아크릴판이나 유리판으로서 색깔이 든 것이 있거든(크기가 사방 6센티미터쯤 되는 것), 형형색색의 별 모양의 무늬를 실험할 수 있습니다. 판지를 한 장 가지고 와서 절반으로 접을 수 있도록 살짝 갈라진 금을 낸 다음 되접어 꺾습니다.

절반으로 접힌 각 면에 반지름 3센티미터의 원을 그립니다. 다만 두 장의 면을 겹쳤을 때 원의 중심이 일치하지 않으면 안 됩니다. 그런 다음에 그 원들 속에 별표 십자를 그립니다. 한쪽의 별표 십자는 그 끄트머리가 각각 수직과 수평 방향으로 향하게 하고, 다른 쪽은 45도만큼 별표 십자 전체를 돌려놓은 모양이 되게 합니다. 그림을 보면 이것을 잘 알 수 있을 것입니다.

다음에는 그 별을 조심스럽게 오려내어 접은 자국이 있는 판지를 흰 종이로 만든 스크린과 두 개의 양초(또는 전기스탠드) 사이에 세웁니다. 이 양초의 불꽃(또는 전기스탠드의 램프)은 반드시 똑같은 높이가 되게 하지 않으면 안 됩니다. 양쪽으로 벌려 놓은 판지의 안쪽 각도는 스크린 위에 밝게 빛나는 별이 서로 겹쳐져서 여덟 개의 뿔을 가진 별 모양이 비치도록 조절해 주십시오. 그런데 이번에는 불빛 한쪽을 색깔이 든 유리판으로 가려 봅시다.

자아, 보십시오. 스크린 위의 별은 3색이 되었습니다. 한가운데는 흰색으로, 여덟 개의 뿔 중에서 반수는 색유리의 색깔로, 나머지의

> *『**석송**(石松)』이라고 하는 양치류의 포자를 모은 담황색
> 의 가루. 지방분이 있고 습기를 잘 빨아들여 환약의 겉을
> 싸거나 미란부에 뿌립니다.

뿔은 그 보색으로 물들어 버렸습니다.

말하자면, 유리가 붉은색이면 별 모양의 뿔은 빨강과 녹색으로, 유리가 파랑이면 파랑과 주황색으로, 유리가 보라색이면 보라와 노랑이 되겠지요.

4. 안개 속의 후광

여러분은 『석송자(石松子)*』라는 걸 알고 있습니까? 이것은 양치식물의 포자(胞子)로서 대단히 자잘한 가루 같은 것입니다. 이것은 약국에서 팔기도 합니다. 이것을 사용하여 근사한 실험을 해봅시다.

적당한 크기의 투명한 유리판을 찾아내어 거기에 얇게 바셀린을 발라 주십시오. 그리고 신문지 위에 고르게 흩어 뿌린 석송자에 바셀린을 바른 면을 꼭 눌러댑니다. 유리를 들어 올리면서 가장자리를 가볍게 손가락으로 톡톡 튕겨 필요 없는 석송자를 털어냅니다. 그렇게 하면 매우 얇은 반투명의 층이 남을 것입니다.

* 거즈로 해도 이러한 후광이 비치지만, 가스 실로 짠 천 (무명 및 표면의 보푸라기를 가스의 불꽃으로 태워 매끈하게 만든 실로 짠 직물) 같으면 『사(紗)』와 마찬가지로 확실히 보일 것입니다. 또한 모기장 같은 방충망 등에 쓰이는 올이 성긴 합성섬유의 천으로 해도 후광이 비칠 것입니다.

이번에는 유리를 눈에 가까이 대면서 그것을 통하여 촛불을 바라보십시오. 불꽃의 주위에 안개가 핀 듯한 후광(後光)이 보일 것입니다. 하나……둘……셋씩이나! 그리고 어느 빛의 고리도 마치 무지개처럼 바깥쪽에서부터 빨강, 주황, 노랑, 초록, 그리고 그 안쪽에 파랑—이렇게 늘어서 있습니다. 촛불의 불꽃으로부터 되도록 멀리 떨어지면—후광은 크게 퍼집니다. 이와 같은 후광은 안개가 끼었을 때 가로등 주위에서 목격하곤 하는 것입니다. 석송자도 이와 마찬가지로 유리를 안개가 낀 것처럼 흐릿하게 한 것입니다.

견직물로서 『사(紗)』라고 하는 매우 얇고 올이 성긴, 훤히 들여다보이는 천이 있는데, 그 헝겊이 있으면 후광에 대한 또 하나의 실험을 할 수 있습니다. 그 천을 판지의 틀에 붙이고 촛불을 통해서 바라보십시오. 틀을 팽팽히 잡아당기고 천을 바르면 촛불의 불꽃은 그 끄트머리에 무지갯빛의 테두리 장식을 단 빛나는 십자가처럼 보일 것입니다.*

* 독일의 남작(1720~1792). 젊은 시절, 러시아와 터키의 전쟁에 종군하고 돌아와 황당무계한 여행이야기며, 모험이야기를 재미있게 했기 때문에 『허풍선이 남작』이라는 별명을 갖게 되었습니다.

* 『소마트로프(Thaumatrope)』는 원형판 위에 새장을 그리고 그 뒷면에는 새를 그려 매어 돌리면 마치 새가 새장 속에 있는 것처럼 착각하게 되는 원리를 발견하고, 양면의 그림을 빠른 속도로 번갈아 봄으로써 잔상으로 인해 시각의 지속성을 보여주는 원리를 입증하기도 했다. 소마트로프는, 애니메이션 제작을 할 때 그림을 여러 개 만든 다음 그 그림을 빨리 넘겨서 마치 움직이는 것처럼 보이게 하는 것입니다.

5. 빙빙 도는 허풍선이 남작

여러분은 뮌히하우젠* 남작의 우스꽝스러운 모험이야기를 읽은 일이 있습니까? 이 유명한 허풍선이의 주위에는 별의별 온갖 일이 다 일어났지만, 언제든지 남작은 그 궁지에서 벗어났던 것입니다.

어느 날, 남작은 적의 요새에 몰래 숨어들어갔는데, 그의 사랑하는 말이 갑자기 내려닫힌 요새의 문에 의해서 두 동강으로 잘려버리고 말았습니다. 그래서 남작은 자기 준마의 뒷 절반의 수색을 서둘렀습니다. 사실은 말의 뒤 절반은 무사히 숲속의 풀밭에서 어슬렁거리고 있었습니다. 재치 있는 남작은 조금도 당황하지 않았습니다. 그는 눈 깜짝할 사이에 절반씩인 말을 꿰매어 맞춰 가지고 완전히 원래대로 된 말을 타고 달려갔습니다.

말할 것도 없이 이 이야기는 뮌히하우젠 남작의 모든 이야기와 마찬가지로 터무니없는 허풍이야기입니다. 하지만 진짜 말이 아니라 그림으로 그려진 것이라면 두 동강으로 갈라진 말일지라도 이어

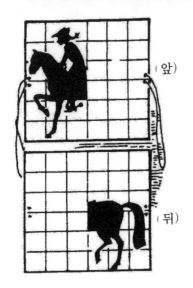

(앞)

(뒤)

붙일 수가 있을 것입니다. 이것을 실제로 해보기 위해서 장난감을 하나 만들어 봅시다.

이 장난감에는 『소마트로프(깜짝 반)』라는 꽤 까다로운 이름이 붙어 있습니다. 장난감 그 자체는 대단히 간단한 것입니다. 소마트 로프는 전부 세 개의 부품—판지와 두 개의 끈—으로 되어 있습니 다. 다만 판지가 가벼우면 잘 되지 않습니다. 되도록 두껍고 무거운 것이 좋으므로, 베니어판의 양 면에 흰 종이를 붙여 이용하는 편이 좋을지도 모릅니다.

말을 타는 남작의 그림을 잘 그리기는 상당히 어려운 일입니다. 게다가 끝을 꿰는 구멍도 정확히 뚫지 않으면 안 됩니다. 그러니까 먼저 판지의 양 면에 격자무늬처럼 선을 그어 놓기로 합시다. 처음 에는 한쪽 면에 선을 긋고, 그 선에 딱 맞추어 반대쪽의 면에도 선 을 긋습니다.

이와 같이 양 면을 다 같이 격자무늬의 선을 일치시켜 놓습니다. 표시를 해놓은 자리에 구멍을 뚫고 끈을 꿰어 고리처럼 만듭니다.

그리고 그 끈을 길게 늘여 손가락 사이에서 잠시 동안 꼬면 소마트로프는 잘 돌아갈 것입니다.

다음에는 말의 전반부와 후반부의 그림을 판지의 각 면에 격자무늬를 따라 정확히 옮겨 그려 보십시오. 처음에는 연필로 윤곽을 그리되, 회전시켰을 때 양 면의 그림이 딱 합쳐지는지 어떤지를 맞춰 보지 않으면 안 됩니다. 정확히 합쳐지면 즉시 그 그림을 까맣게 칠해 주십시오. 또다시 소마트로프를 돌려 봅시다. 남작의 두 동강이 난 말은 눈앞에서 하나로 합쳐지고 맙니다.

왜 그렇게 될까요? 우리의 눈은 보인 것의 인상을 기억에 남겨 두려고 하기 때문입니다. 말의 머리 부분이 없어지더라도 여러분의 눈에는 그것이 아직 10분의 1초쯤 계속해서 보이는 것입니다. 소마트로프는 그 짧은 시간 안에도 몇 번이고 말의 꼬리와 머리를 보여 주기 때문에 여러분에게는 말 전체가 일시에 보이는 것처럼 생각되는 것입니다.

이와 같은 눈의 특질은 영화나 텔레비전에 도움이 되고 있습니다.

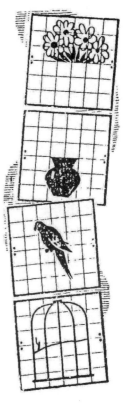

그 화면들에는 1초간에 몇 십 매나 되는 정지한 화상(畵像)이 만들어져 나오지만, 그것들은 눈 속에서 한데 겹쳐져버려서 연속해서 움직이는 화상처럼 보이는 것입니다.

소마트로프를 사용하면 말을 꿰매어 맞출 수가 있을 뿐만이 아닙니다. 작은 새를 새장 속에 넣거나 꽃다발을 꽃병에 꽂거나 할 수도 있습니다. 이 밖에도 자기 스스로 소마트로프에 자기가 좋아하는 그림을 그려 잘되는지 어떤지 시험해 보십시오.

6. 눈으로는 분간이 되지 않는다

소마트로프의 실험에서 인간의 눈은 불완전한 것임을 알았습니다. 우리의 눈은 소마트로프의 한쪽 면에 그려진 그림이 다른 한쪽의 그림과 번갈아 도는 것을 분간할 수 없습니다. 이와 같은 눈의

불완전성에 의거한 재미있는 실험이 또 두 가지 있습니다―그것은
동전을 회전시키는 실험과 오리나 닭의 『뼈』를 사용한 실험입니다.

책상 위에 동전을 올려놓고 그것을 양쪽에서 바늘 끝으로 떠받
치도록 하여 들어 올립니다. 그리하여 이 동전 끄트머리에 훅 하고
숨을 불어대면 동전은 양쪽의 바늘을 축도로 하여 매우 빨리 회전
하기 시작할 것입니다. 그 동전이 공처럼 보이게 될 때까지 빨리
회전시킬 수도 있을 것입니다.

새의 가슴 위쪽에는 『창사골(暢思骨)*』이라고 하는 기묘하게 생
긴 뼈가 있습니다. 그 뼈는 한쪽 끄트머리가 연결된 두 개의 쇄골
로 이뤄진 것입니다. 닭이나 혹은 오리를 통째로 먹게 되는 일이
있거든 이 부분의 뼈를 남겨 두었다가 살을 모조리 발라내어 깨끗
이 한 다음에 실험에 사용합니다.

먼저 그 뼈의 두 개의 끄트머리에 튼튼한 실을 몇 바퀴 친친 감
아 실 끝을 맵니다. 팽팽해진 실고리가 만들어지거든 성냥개비를
실 사이에 절반쯤 끼워 넣고 고무를 감아올리듯이 단단히 감습니

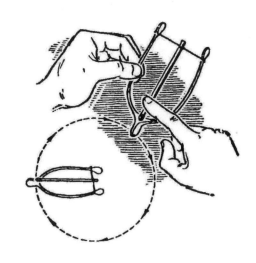

다. 이와 같이 감아 나가면 뼈의 양쪽 끄트머리는 서로 가까워질 것입니다.

다음에는 그 성냥개비의 한쪽 끄트머리를 실에 끼운 채 뽑아내어 다른 한쪽 끄트머리가 뼈의 밑동 한가운데 닿게 합니다. 한쪽 손의 손가락으로 성냥개비의 끄트머리를 뼈의 한가운데에 눌러대고 있다가 얼른 손가락을 빼내면 성냥개비는 한 순간에 획 하고 원을 그리면서 반대쪽 뼈의 밑동에 부딪쳐 정지할 것이라고 예상하고 있었던 것이 아닐까요?

그런데 이상한 것은, 아무리 해도 그와 같이는 보이지 않았을 것입니다. 이 실험을 백 번 되풀이하더라도 성냥개비의 끄트머리가 원을 그리는 모습을 눈으로 볼 수는 없을 것입니다. 그리고 마치 그것이 뼈의 한 가운데에 구멍을 뚫으면서 빠져나간 것처럼 보이는 것입니다.

사실은 성냥개비의 움직임이 너무나도 빨라서 성냥개비의 원운동이 눈에 보이지 않는 것입니다.

7. 영사기의 또 하나의 조상

소마트로프—이것은 영사기의 조상 중의 하나였습니다. 그것보다도 더 가까운 조상 중에 『스트로보스코프』라는 것이 있습니다. 이 장치 속에서도 매우 빠른 그림의 바꿔치기하는 동작이 진행되고 있습니다. 다만, 소마트로프보다도 스트로보스코프 쪽이 그림의 매수가 많기 때문에 여러 가지 순간의 동작을 표현할 수 있습니다.

예를 들면, 여기에 공을 던지고 있는 네 장의 소녀의 그림이 있습니다. 제1의 순간—공은 소녀의 손 안에 있습니다. 제2의 순간—공은 절반까지 올라가 있습니다. 제3의 순간—공은 가장 높은 곳까지 올라가 있습니다. 제4의 순간—공은 다시 절반의 높이에 올라가 있습니다(이때 이미 공은 내려와 있지만, 그림은 제2의 순간과 똑같습니다).

이 그림들을 네 장의 모눈종이에 한 장씩 옮겨 그리십시오. 그때 모눈의 눈금을 이용하여 그림의 크기를 두 배로 확대하면 보기

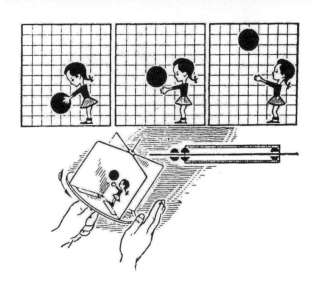

가 쉬워질 것입니다.

이 네 장의 그림을 합쳐서 붙이기 전에 스트로보스코프의 축(뜨개바늘)과 축받이(베어링, 구멍 뚫린 비즈 구슬)를 준비합니다.

축받이로 쓰일 비즈 구슬은 뜨개바늘이 훌렁훌렁 들락날락할 수 있는 정도의 구멍이 뚫려 있는 큼직한 구슬이 좋습니다.

다음에는 종이로 축받이의 파이프를 만들 차례인데, 높이는 스트로보스코프에 붙일 그림과 같은 높이로 하고, 파이프의 양쪽 끄트머리에는 비즈구슬을 접착제로 붙여둡니다. 그 때 축받이가 되는 비즈구슬의 구멍이 어긋나지 않도록 미리 뜨개바늘을 꿰어 놓지 않으면 안 됩니다. 또한 아래쪽으로 갈 비즈구슬은 종이 파이프에서 몸 절반을 밖으로 내놓도록 해놓습니다(위로 갈 비즈구슬은 안쪽에 밀어 놓아도 상관없습니다).

그리고 소녀의 그림을 너무 심하게 주름이 잡히지 않도록 (둥근 연필로) 가로로 절반으로 구부립니다. 그리하여 네 장의 그림을 +자 모양으로 등과 등을 마주 대고 붙입니다. 그런 다음 접착제가 마르기 전에 +자 모양의 중심에 종이 파이프(축받이)를 꿰어 놓으십시오. 그림의 아래쪽 가장자리(풀칠할 자리)에는 아직 접착제를 바르면 안 됩니다. 그 다음에는, 판지로 지름 10센티미터 되는 원반을 만들어 그 한가운데에 파이프가 들어갈 만한 구멍을 뚫습니다. 그리고 그 원반 위에 +자 모양의 부분을 얹어 놓고, 그림의 아래쪽을 원반에 붙입니다. 이때 축받이 아래쪽의 비즈구슬은 원반의 아래쪽에서 삐죽이 나와 있지 않으면 안 됩니다.

마지막으로, 뜨개바늘에 아래쪽에서 다시 비즈구슬 한 개를 꿰어 한쪽 손으로 그 뜨개바늘을 들고, 반대편 손으로 판지로 된 원반을 회전시킵니다. 소녀의 그림으로 된 메리고라운드(회전목마)는 점점 빨리 돌기 시작합니다. 그러면 소녀의 손 안에 있던 공은—위로 아래로, 위로 아래로—폴짝 폴짝 뛰기 시작할 것입니다.

제9장 전기를 잡을 수 있다

1. 전기는 어디에서 살고 있는가?

여러분은 물론 그것이 어디에서 살고 있는지 알고 있겠지요. 높은 전신주 위에 쳐진 전선이나 방안의 전기 코드나 회중전등의 전지 속에도 살고 있습니다.

그러나 이러한 것은 모두 가정에서 쓰이는, 사람들에게 익숙해진 전기입니다. 인간은 그것을 붙잡아 일을 시키고 있는 것입니다. 그것은 전열기나 전기다리미를 뜨거워지게 하고, 전등을 환하게 하고, 전동기를 웅웅 소리를 내게 하고, 라디오로 하여금 노래를 하게 합니다. 전기는 이 밖에도 헤아릴 수 없을 만큼 여러 가지 일을 할 수 있습니다.

그렇다면 이 세상에는 야생의, 길들여지지 않은 전기가 있을까요? 자기 스스로 생계를 유지하며 살아가고 있는 전기가 있을까요?

사실은 있습니다. 소나기구름 속에 눈을 아찔하게 하는 번개가 달리고 있는 것, 그것이 바로 전기입니다. 그것은 무더운 열대지방의 밤에, 배의 돛대 위에도 번쩍이곤 합니다. 그렇지만 그것은 단지 구름 속이라든지, 열대지방의 밤에만 한한 일은 아닙니다. 그 전기는 조용히, 사람들이 의식하지 못하도록 어디에서나 다 살고 있습니다. 여러분의 방안에도 있어서, 여러분은 이따금 그것을 손으로 붙잡고 있지만, 여러분 자신은 깨닫지를 못하고 있습니다. 하지만 그것을 발견하는 것은 어려운 일이 아닙니다.

겨울날, 따뜻한 건조한 방에서 플라스틱으로 만들어진 빗으로 머리털을 몇 번이고 빗어 보십시오. 희미하게 빠지직 빠지직 하는 소리가 들릴 것입니다. 그리고 머리털이 곤두서고 맙니다. 전날 밤에 머리를 감았다면(단, 머리가 말라 있어야 합니다) 그 소리가 특히 두드러지게 일어납니다. 만일 어두운 곳에서 머리를 빗으면 아주 작은 전기의 불꽃도 볼 수 있습니다. 전기가 여러분의 머리털 속에 있습니다.

　휴지처럼 얇은 종이를 자디잘게 찢어 놓고 여기에 플라스틱 빗을 가까이 대 보십시오. 찢어진 종잇조각은 가만히 있습니다. 그렇지만 빗을 머리털로 문지르면—종잇조각은 빗에 달라붙습니다.

　뭔가 달라진 점이 있을까요? 그것은 단 한 가지 빗이 전기를 지니게 되었다는 것입니다. 결국 이 끌어당기는 힘은 전기에 의해서 생겨난 것입니다. 종잇조각이 희미하게 까딱거린다 싶더니 살아 있는 생물처럼 팔딱팔딱 뛰기 시작합니다. 만일 빗으로 머리를 빗지 말고, 모직물이라든지 플란넬을 말려가지고 그것으로 빗을 잠깐 문지르면 종잇조각은 더욱더 요란하게 동요된 것처럼 움직입니다.

　빗은 종잇조각만이 아니라 마른 왕겨나 말오줌나뭇가지도 끌어당깁니다. 플렉시글라스(plexiglass, 유기 글라스라고 불리는 투명한 플라스틱)가 있으면 더 잘 됩니다. 이것은 매우 전기를 잘 띠는 것이므로, 이제부터 시작하려고 하는 실험에서도 이것을 이용하는 것이 가장 편리합니다.

2. 전기의 댄스홀

전기를 띤 종이 인형의 무희(舞姬)가 춤을 추는 댄스홀을 만들어 봅시다. 다만, 이 댄스홀에서 춤을 추기 위해서는 빗의 대전력(帶電力, 물체가 전기를 띠는 힘)으로는 너무 약합니다. 길이 40센티미터, 폭 25센티미터쯤 되는 유리판을 준비합니다. 그리고 그 유리를 충분히 말린 다음에 두 권의 두꺼운 책의 페이지 사이에 양쪽 끝을 끼워 넣습니다. 유리는 책상 위에서 약 3센티미터의 높이가 되게 하십시오.

얇은 종이를 사용하여 1.5~2.0센티미터쯤 되는 장난감 인형들을 만들고, 그 발을 바늘핀으로 고정시켜, 인형이 뛰어오르더라도 유리에 들러붙지 않도록 해놓습니다. 그리고 이 인형들 위에 유리를 씌워 둡니다.

전기를 띤 유리판이 되게 하기 위해서 질기고 튼튼한 모직물이나, 더욱 더 좋은 것은 명주 헝겊인데, 그런 것으로 유리를 잠시 동안 문지릅니다. 헝겊도 바싹 마른 것이 아니면 안 됩니다. 이윽고 인형들은 전기에 끌어당겨져서 발딱 일어나 팔짝팔짝 뛰기 시작할 것입니다. 그리고 여러분이 헝겊으로 유리를 문지르기에 지쳐 버릴 때까지 인형들은 쉴 새 없이 춤을 출 것입니다.

만일 실험이 즉시 성공되지 않거든 다시 한 번 유리와 헝겊을 말립니다. 아무리 사소한 습기라도 이 실험의 방해물이니까요.

그와는 달리, 유기(有機) 유리를 사용하면 이 실험은 놀랄 만큼 잘됩니다. 이 플렉시글라스 판은 꼬깃꼬깃 뭉친 종이나 마른 손바닥으로 문지르기만 해도 전기를 잘 띕니다. 그리고 이 유리는 상당히 세게 인형을 끌어당기려고 하기 때문에 얇은 종이가 아니라 보통의 종이로 인형을 만들어도 상관없습니다.

그런데 이 『전기 댄스홀』은 재미있는 다른 실험에도 이용할 수 있습니다. 스티로폼을 잘라 주사위를 만들어가지고 종이인형인 무희들 대신에 유리 밑에 넣습니다. 유리를 문지르면―주사위는 폴짝폴짝 뛰면서 그 때마다 주사위의 여러 가지 눈을 내놓을 것입니다.

3. 세인트 엘모의 불

여러분은 틀림없이 이 신비스런 자연현상에 관한 글을 어떤 책을 통해서 읽은 일이 있을 것입니다. 그것은 열대지방의 밤에 배의 마스트나 돛대 위에 차가운 불꽃이 촛불처럼 나타납니다. 이와 같은 불은 옛날부터 널리 알려져 오고 있었습니다. 콜럼버스나 마젤란도 그것을 보았고, 카이사르(Gaius Julius Caesar, 줄리어스 시저 BC 100~BC 44)도 역시 언젠가 한 번 산을 넘어가는 야간 행군 중에 부하인 병사들의 창끝에 그와 같은 빛나는 것을 보았다고 기록해 놓았습니다.

여러분도 이 『세인트 엘모의 불』과 비슷한 것을 만들 수 있습니다. 방안의 불을 끄고, 마른 헝겊으로 유기 유리판을 잘 문질러, 반쯤 벌린 가위 끝을 이 판에 가까이 가져가 보십시오. 그 판까지는 아직 상당한 거리가 있는데도 이미 가위 끝에 엷은 갈색의 불꽃처럼 빛나며 흔들리는 줄기가 나타날 것입니다. 가만히 귀를 기울여 듣고 있으면, 슝 또는 붕 하는 소리가 희미하게 들려올 것입니다.

* 로마황제 디오클레티아누스(재위 284~305년) 시대에 순교한 승정(僧正) 에라스무스를 이탈리아어로 『엘모』라고 부르게 되었는데, 그가 지중해를 항해하는 선원들의 수호성자였던 데서 이 같은 이름이 붙었다고도 합니다.

『세인트 엘모의 불』은 차가운 불입니다. 만일 가위 대신에 성냥개비를 가까이 가져갔다 하더라도 그 불은 성냥개비의 대가리 위에서 춤을 추고 있을 뿐이며, 불이 붙는 일은 없습니다.

그런데 이 『세인트 엘모』라는 이름은 어디서 유래한 것일까요? 옛날 사람들은 미신을 곧잘 믿어서, 모든 신비스러운 현상을 성스러운 사람이 일으키는 짓이라고 생각하거나 악마의 소행이라고 생각하곤 했습니다. 하지만 이 불을 위해서 다행인 것은, 사람들이 이것을 보고 좋은 일이 일어날 조짐이라고 생각해 준 일이었습니다.

이 불이 곧잘 나타난 것은 이탈리아의 성(聖) 엘모 사원에 있는 뾰족탑 끝이었습니다.* 그러나 실제로는 이 불은 우리들이 해본 실험과 거의 같은 것입니다. 다만 유기 유리의 판을 문지르는 대신에 전기를 띤 구름이 배나 성당의 뾰족탑 위를 지나간 것에 지나지 않습니다.

4. 전기 고양이

여러분은 이 세상에 전기뱀장어나 전기가오리라는 생물이 있음을 틀림없이 들어서 알고 있겠지요. 그것들은 먹을 것을 잡을 때 전기를 내어 상대방을 감전시켜 버립니다. 하지만 전기 고양이라는 말은 들은 일이 없습니다. 이 괴상한 동물은 어디에 있을까요?

『전기를 일으키는 능력』은 어떤 고양이에게나 다 있습니다. 그렇지만 어떠한 고양이나 다 실험에 적합한가 하면 그렇지는 않습니다. 얌전하고 성질이 온순하며 깨끗한 고양이가 아니면 안 됩니다. 지저분하고 더러운 고양이는 안 됩니다. 그 이유는 고양이의 털이 전기를 잘 띠지 않기 때문입니다. 덧붙여 하는 말이지만, 미래의 물리학자인 여러분도 이 실험에 적합하다고는 할 수 없습니다. 만일 여러분이 고양이를 싫어하고, 고양이도 여러분을 좋아하지 않는다면 고양이는 여러분의 손안에서 얌전하게 가만히 있지는 않을 것이기 때문입니다.

습도가 낮은 추운 날에 고양이의 털을 완전히 말리기 위해서 스토브 등의 난방기구 옆에서 고양이를 따뜻하게 해줍니다. 그리고

자신의 손을 깨끗이 씻고 말린 다음에 그림에서처럼 한쪽 손으로 고양이를 들어 올립니다. 반대편 손을 써서 고양이의 가지런히 난 털을 따라 머리에서부터 꼬리로 재빨리 반복해서 쓰다듬어 보십시오. 얼마 안 있어 손에 가볍게 콕콕 찌르는 듯한 통증을 느끼게 되고, 빠지직거리는 희미한 소리가 들릴 것입니다.

만일 이 실험을 어두운 곳에서 한다면, 눈이 익숙해지면 고양이의 털이 작은 불꽃을 띠고 있음을 깨닫게 될 것입니다 이 실험에서는 고양이에게 별 괴로움이 되지 않으리라고 생각하지만, 혹시 고양이의 울화통을 터뜨릴 경우 재난은 여러분이 당하게 될 것입니다.

유명한 발명가 에디슨은 축음기를 발명한 사람인데, 전기에 관한 분야에서도 수많은 발명을 했습니다. 그는 백열전구와 그 소케트며 스위치를 발명하고, 최초의 전기에 의한 조명설비를 만들었습니다.

5. 전기의 인력

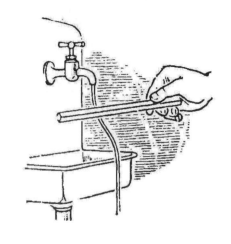

전기에는 인력(引力)이 있습니다. 그렇지 않다면 우리들의 댄스 홀 인형들은 춤을 출 수 없었을 것입니다. 이 전기의 인력을 이용한 실험을 몇 가지 더 해봅시다.

이제부터 하는 실험에서 전기의 발생원이 되는 것은—마른 모직물 헝겊으로 문지른 에보나이트라든지 플렉시글라스로 된 막대기입니다(플렉시글라스로 된 것으로는 직선자, 삼각자, 펜대 등 많은 것이 있습니다).

<실험 1> 달걀을 달걀받침에 올려놓고, 그 위에 직선자를 균형이 잡히도록 가만히 놓습니다. 잘 문지른 에보나이트나 플렉시글라스의 막대기를 자에 가까이 대면 자는 마치 자석의 바늘과도 같이 막대기를 따라 돌기 시작할 것입니다.

<실험 2> 얇은 종이를 찢어 좁고 긴 테이프처럼 만듭니다. 다만 종이의 끄트머리까지 찢지 말고 빗의 살 같은 모양으로 남겨둔 채 이것을 볼펜 둘레에 감아 놓습니다. 그러면 그림붓 같은 것이 되는데, 그 붓대의 한쪽을 뭔가 받쳐지는 것에 세웁니다. 이때 붓 끝의

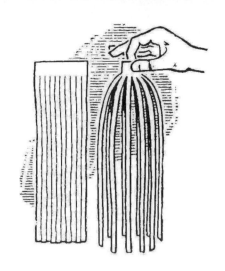

종이는 축 늘어져 있을 것입니다. 그런데 여기서 충분히 문지른 막대기를 가까이 갖다 대면—종이테이프는 약간씩 움직이기 시작하여 그 막대기의 방향으로 끌어당겨질 것입니다.

<실험 3> 수도꼭지를 조금 틀어 물을 가느다랗게 흐르게 해놓습니다. 그리하여 전기를 띤 막대기를 그것에 가까이 댑니다. 그러면 물줄기는 막대기 방향을 따라 흐르고 말 것입니다.

이 현상은 그 막대로부터 자신의 몸을 멀리할수록 빗겨 흐르기를 잘할 것입니다. 그 막대가 질이 좋은 유기 글라스로 된 것이라면 물줄기를 설거지대 밖으로 빗겨 흐르게 해버릴 수도 있습니다.

6. 여덟 발의 전기 문어

전기 동물원의 동물이 한 마리 더 늘어나는 것처럼 생각되겠지만, 특별히 문어를 쓰다듬어 전기를 일으키려는 것은 아니니까 걱정할 것은 없습니다. 종이로 만드는 문어를 말합니다. 신문지의 끄트머리에서 폭 8센티미터의 종이테이프를 한 장 오려내어 그것으로 여덟 개의 『발』을 만듭니다. 다만 마지막까지 다 오려내지 않도록 주의합니다. 그렇지 않으면 문어가 아니라 실국수가 되어버릴 테니까요.

진짜 문어는 물이 아니면 죽어 버립니다. 그러나 종이 문어는 이와는 반대로 약간의 습기조차도 견뎌내지 못합니다. 겨울에는 스토브에, 여름에는 햇볕에 쬐어 완전히 말립니다. 마른 문어를 마른 책상 위에 주름을 펴서 똑바로 놓습니다. 그리고 양복에 쓰이는 브러시로 문어의 발을 따라 쓰다듬어 이것에 전기를 띠게 합니다. 브러시가 완전히 말라 있지 않으면 안 되는 것은 말할 것도 없습니다.

전기를 띤 문어의 잘리지 않은 쪽의 종이 끝을 고리처럼 동그랗게 말아 손에 들고 있습니다. 이때 발은 축 늘어져 있겠지요. 하지만 찬찬히 살펴보면 그 발은 마치 먹을 것을 붙잡으려고 하는 듯이 범종(梵鐘) 모양으로 퍼져 있지 않겠습니까!

자아, 그럼 용기를 내시기를! 이 문어의 벌리고 있는 발 속으로

밑에서부터 한쪽 손을 쑥 집어넣어 보십시오. 그 여덟 개의 발은 금세 여러분의 손을 붙잡고 매달릴 것입니다. 하지만 종이 문어인지라 빨판으로 달라붙을 염려는 없습니다.

이 유쾌한 실험에는 도저히 납득할 수 없는 점이 있습니다. 전기를 띤 문어의 발은 여러분의 손을 붙잡았을까요? 확실히 문어의 발은 여러분의 손에 끌어 당겨졌습니다. 전기는 인력을 지니고 있으니까요. 그러나 이 실험에서 처음으로 문어의 발이 범종 같은 모양으로 퍼진 것은 무슨 까닭일까요? 당연히 그 발들도 서로 끌어 당겨져서 착 달라붙어야 하지 않았을까요?

7. 전기를 무서워하는 인형

전기가게에는 전기다리미, 전기주전자, 전기청소기 등이 진열되어 있습니다. 그러나 전기를 무서워하는 인형만은 여러분 스스로 만들 수밖에 없습니다.

찰흙으로 될 수 있는 한 깜짝 놀라는 표정을 짓는 머리 부분을 만들어, 이것을 만년필에 꽂아 봅시다(당연한 일이지만, 뚜껑은 그대로 꽂아둡니다). 그리고 그 만년필을 적당한 받침대에 고정시켜 주십시오. 그런 다음 치즈나 초콜릿 등을 싸는 은박지로 모자를 만들어 찰흙 인형의 머리에 씌웁니다. 『머리털』은 얇은 종이를 폭 2~3밀리미터, 길이 10센티미터쯤 되게 잘라서 모자에 붙입니다. 종이로 된 이 풀머리는 단정하지 못하게 그냥 늘어뜨려져 있을 것입니다.

그럼 여기서 전기를 잘 띤 막대를 인형에 가까이 대 보십시오. 인형은 전기를 몹시 무서워합니다─그의 머리털은 희미하게 몸서리를 치기 시작할 것입니다. 막대기를 은박지 모자에 접촉시키고, 다시 막대기의 측면으로 은박지 부분을 매끄럽게 쓰다듬어 돌리면─ 전기를 무서워하는 이 인형의 공포심은 극도에 달하여 머리털은 곤두서고 맙니다.

8. 전기는 반발시킨다

문어와 전기를 무서워하는 인형의 실험은, 전기가 끌어당길 뿐만 아니라 때로는 반발시키곤 한다는 것을 우리에게 가르쳐 주었습니다. 그 문어의 발은 서로 반발하여 서로 밀어냈던 것입니다. 그리고 인형의 머리털이 곤두선 것도 그들이 서로 반발했기 때문입니다.

왜 전기는 이와 같이 이상하고도 모순된 행동을 하는 것일까요?

사실은 전기라는 것에는 종류가 두 가지 있다는 것을 알고 있습니다. 그 하나는 지금까지 우리가 많은 실험을 해 본 중에서 이용해 온 에보나이트나 플렉시글라스를 모직물 헝겊으로 문질러 발생시킨 전기입니다. 그런데 또 하나의 별다른 종류의 전기도 존재합니다. 그것을 발생시키기 위해서는 유리 막대나 유리판을 명주 헝겊으로 문지릅니다. 다만 유기 유리가 아니라 진짜 (창 등에 쓰이는) 유리를 사용합니다.

이 실험은 보통의 실내 같은 데서는 성공하지 못할는지도 모릅

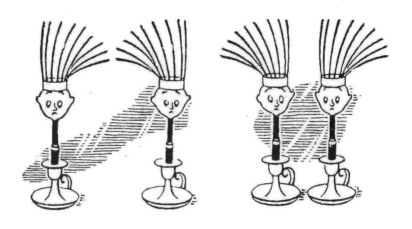

니다. 그리고 또한 유리 막대나 명주 헝겊이 아주 깨끗하고 바짝 마른 것이 아니면 안 됩니다. 만일 이 전기를 어떻게 해서든지 발생시킬 수가 있다면, 이 유리로 만든 전기(플러스 전기)는 마이너스 전기와 똑같은 작용을 할 것입니다. 그것은 종잇조각을 끌어당기고 달걀 위에 있는 자를 잡아당겨 돌리며, 인형의 머리털을 곤두세웁니다. 전기의 댄스홀에서는 보통의 유리로도(유기 유리만큼의 효과는 없었다고 할지라도)아주 잘 되었던 것을 상기해 보기 바랍니다.

도대체 플러스 전기와 마이너스 전기는 어디에 차이가 있을까요? 이것을 이해하는 가장 알기 쉬운 방법은 두 개의 인형을 만드는 일입니다. 전기를 두려워하는 이 두 개의 인형을 서로 너무 멀리 띄어놓지 말고 책상 위에 놓은 다음, 한쪽 인형을 이를테면 유기 유리의 막대기로 전기를 띠게 해 보십시오. 그러면 그 인형은 무서운 나머지 머리털을 곤두세울 것입니다. 전기를 띠지 않은 한쪽의 인형도 머리털을 움직이기 시작합니다. 그것은 최초의 인형의 머리털 쪽으로 끌어 당겨져 있습니다. 그러면 다시 한 번 막대기를 두 번

400

째의 인형도 전기를 띠게 해 봅시다. 그러면 이 인형도 무서운 나머지 머리털을 곤두세웁니다. 이 인형들을 서로 접근시켜 보십시오. 인형들의 머리털은 서로 반발하지 않습니까! 이와 똑같은 짓을 보통의 유리 막대로 해보아도 똑같은 결과가 됩니다.

그런데 한쪽의 인형을 유기 유리 막대로 전기를 띠게 하고, 다른 한쪽을 보통의 유리 막대로 전기를 띠게 하면—인형들의 머리털은 서로를 잡아당길 것입니다.

9. 테이블 위의 번개

컵 세 개를 불 옆에서 충분히 말려 가지고 테이블 위에 놓습니다. 그 위에 금속으로 된 쟁반이나 보통의 금속판을 얹어 놓습니다 (이것도 잘 건조된 것을 사용합니다). 다음에는 삼각자 등과 같은 유기 유리제품을 마른 헝겊으로 문질러 전기를 띠게 해서 그 금속판 위에 얹습니다. 그리고는 커피 스푼을 들고 금속판 끝에다 가까

이 가져가 보십시오. 톡! 이게 무슨 소리일까? 스푼은 아직 금속판
에 닿지도 않았는데 ……불을 끄고 눈이 어둠에 익은 다음에 이 실
험을 다시 한 번 해봅시다. 이번에는 『번개』가 보일 것입니다—그
것은 성냥개비의 절반쯤 되는 길이를 가진, 밝고도 파르스름한 불
꽃입니다. 그렇다면 여러분의 귀에 들린 톡 하는 소리는 『천둥소
리』일까요?—사실 그렇습니다. 천둥소리는 보통 소리 쪽이 뒤늦게
들릴 것입니다. 다만 번개가 머리 위 가까이 빛날 때에는 천둥소리
도 거의 동시입니다.

　실제로는 번갯불은 매우 빠른 속도로 순간적으로 전달됩니다. 그
런데 소리 쪽은 속도가 느려서 1초 동안에 약 330~340미터밖에
나아가지 않습니다. 그렇기 때문에 천둥이 멀리서 칠 때, 번개가 번
쩍인 후 잠시 지나면 그제야 천둥소리가 들립니다. 하지만 우리들
의 실험에는 물론 빛이나 소리나 거의 동시에 도달합니다.

　만일 스푼이 아니고, 단순히 자기의 손을 금속판에 가까이 가져
가면 『천둥』은 여러분의 손에 떨어집니다. 이것은 위험한 것은 아

402

니지만, 짜릿하게 느껴질지도 모릅니다.

10. 전기 스푼

테이블 위에 때가 묻지 않은 마른 병을 두 개 놓아 주십시오. 우유병이 있으면 주둥이가 넓어서 안성맞춤입니다. 그리고 이 두 개의 병 주둥이에 직선자를 건너질러 놓습니다. 그 자에 명주실로 만년필을 매달고, 만년필 아래쪽 끝이 테이블에서 1센티미터 높이가 되도록 합니다. 그리고 만년필 밑에 자잘하게 찢은 종잇조각을 뿌려 놓습니다.

유기 유리의 막대를 모직물의 헝겊으로 문질러 만년필의 위쪽 끝에 갖다 대 보십시오. 종이가 어떻게 되는지 주의해서 살펴봅시다. 그런데 아무 일도 일어나지 않습니다. 아무래도 실험이 잘되지 않았는지도 모릅니다. 두 번, 세 번……되풀이해 보아도 안 됩니다.

그렇다면 이번에는 만년필 대신에 금속으로 된 스푼을 매달아 놓고 똑같은 짓을 되풀이해 봅시다. 그러면 어떻게 될까요. 종잇조각은 잘 문지른 막대를 스푼에 접촉시키기만 해도 몹시 안절부절못하게 되어 버립니다. 그리고 금세라도 스푼의 아래쪽 끝에 달라붙을 것처럼 됩니다. 여러분이 막대를 접촉시킨 것은 만년필로 했을 때와 마찬가지로 위쪽 끝이지만⋯⋯그런데도 아래쪽 끝에 달라붙으려고 하다니⋯⋯.

왜 그와 같은 차이가 일어날까요? 그것은 스푼은 금속이어서 전기가 잘 통하기 때문입니다. 그래서 막대에 축적되어 있던 전기[전하(電荷)*를 말합니다]가 스푼의 위쪽 끝에서 스푼 전체에 퍼져 전해진 것입니다. 그러나 그 플라스틱으로 된 만년필은 전기가 통하지 않습니다. 이 경우, 축전된 전기(전하를 가리킵니다)는 만년필의 위쪽 끝에 머문 채 아래쪽 끝으론 전해 주려고 하지 않습니다.

이상으로 여러분은 왜 모든 전선이 구리나 알루미늄 등의 금속으로 만들어져 있는지 알았을 것입니다. 이와 같은 전선은 고무나 플라스틱 등으로 덮어씌워져 있는데, 이것은 전기가 다른 것에 전해져 달아나 버리지 못하도록 하기 위해서입니다. 이러한 재료들은 전기가 통하지 않습니다.

11. 최초의 전지

나에게는 한 권의 낡은 책이 있습니다. 그것은 물리교과서인데, 1799년에 프랑스의 파리에서 출판된 것입니다. 이 책은 옛날의 질이 좋지 않은 종이로 인쇄되어 있습니다. 그 당시는 아직 목재의 섬유로 종이를 만들 수가 없었습니다. 그리고 그 책의 삽화는 컬러였습니다. 하지만 그것은 나중에 붓으로 색을 칠한 것이었습니다. 그 당시의 인쇄소에서는 아직 컬러 인쇄를 할 수 없었습니다.

이 책은 동화작가인 게르센존으로부터 나에게 들어온 것입니다. 그는 이 책을 1937년에 번역하고 수정을 가하여 《톰 티토의 과학의 즐거움》이라는 책으로 펴냈습니다―우리가 해본 실험의 대부분은 이 책에서 도입한 것입니다.

게르센존이 이 책을 어디서 구입했는지 나는 모릅니다. 지금은 이미 그것을 물어볼 수는 없습니다. 제2차 세계대전이 일어났을 때, 그—미하일 아브라모비치 게르센존—는 구 소비에트의 국민의용군에 지원병으로 참전했다가 전사하고 말았던 것입니다.

그런데 이 책에는 『중심(重心)』, 『공기』, 『물』, 『소리』에 관해서 씌어 있고, 또한 『거울』, 『현미경』, 『망원경』, 『색깔 팽이』에 관해서도 씌어 있습니다. 그리고 전기에 관한 것은 우리가 이 장에서 익힌 것과 거의 같은 내용의 것이 씌어 있습니다. 그렇지만 그 이상의 대부분의 것은 씌어 있지 않습니다.

"잠깐만 기다려 주세요. 전기의 조명 따위에 관한 것은요? 또 전동기나 전기기관차나 전열기 등에 관한 것은 씌어 있지 않습니까?" 하고 여러분은 질문을 할지도 모르겠군요.

18세기 말에는 그와 같은 것은 아직 없었습니다. 학자들도 전기는 눈에 보이지 않는, 무게가 없는 신비스러운 액체라고 생각하고 있었습니다. 라디오나 텔레비전은 물론이고, 전동기나 회중전등용의

* 이탈리아의 전기 화학자(1745~1827). 전기 분야에서 전기쟁반, 축전기, 검정기(檢電器)를 만들고, 또한 열전회 (熱電堆) 및 볼타전기를 발견하여 처음으로 화학적 방법에 의한 전기의 발생법을 발견했습니다.

간단한 전지(電池)조차도 존재하지 않았던 것입니다.

그런데 최초의 전지가 나타난 것은 바로 1799년의 일이었습니다. 그런 까닭에 나에게 있는 낡은 물리교과서에는 그것이 연대 상으로 맞지 않았던 것입니다. 이 전지를 발명한 것은 이탈리아의 물리학자 알렉산드로 볼타*였습니다. 전압의 단위 『볼트』는 이 물리학자의 공적을 기리기 위해서 그 이름을 붙인 것입니다.

구리와 아연의 원반으로 만들어진 전지를 『볼타의 전지』니 또는 『볼타의 전퇴(電堆)』라고 부르고 있습니다. 이 전지는 구리—아연—구리—아연—구리—아연의 순서로 그 금속을 기둥처럼 겹쳐 쌓고, 황산의 용액으로 촉촉이 적셔 나사(螺絲) 천의 원반을 끼워 놓은 것입니다.

여러분도 이 전지와 아주 흡사한 것을 만들 수 있습니다. 먼저 구리판(銅板)과 아연판을 구해 가지고 와서, 같은 크기의 원반을 각 각 다섯 개씩 오려냅니다. 은화와 동전을 써서 만들 수도 있지만, 동전 속에는 갖가지 금속이 섞여 있으므로, 사용한다면 순은이나

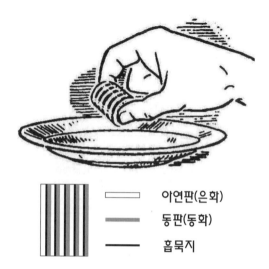

	아연판(은화)
	동판(동화)
	흡묵지

순동에 가까운 것이 아니면 안됩니다(그 때에는 동전의 때를 깨끗이 벗겨내는 것도 잊어선 안 됩니다).

나사 천 대신에 흡묵지를 사용하고, 황산용액 대신 진한 식염수를 사용합니다. 볼타의 전지를 겹쳐 쌓는 방법은 그림을 보십시오. 물에 젖은 손가락으로 이 전지의 기둥을 집어들어 보십시오. 그 순간, 약하긴 하지만 분명히 전기 쇼크를 느끼게 될 것입니다.

제10장 되살아나는 쇳조각

1. 자석 돛단배

"이 세상 끝에는 자석(磁石)의 산이 있다."고 옛날 사람들은 말해왔습니다. 그리고 그 산은 뜻밖에도 바다 한가운데 있습니다. 만일 그 산에 너무 가까이 가면 배는 불행을 당하게 됩니다. 산이 쇠를 강하게 끌어당기는 바람에 배는 엉망진창으로 부서져 침몰해 버리고 맙니다.

세계에는 실제로 자철광(磁鐵鑛)이 묻힌 광석의 산이 존재하고 있습니다. 그 최대급 산 중의 하나가 러시아의 우랄산맥 남동부 마그니토고르스크 읍의 근처에 있었습니다. "있었습니다."라고 과거형으로 말한 것은 오늘날에는 그 속이 커다란 낭떠러지가 되어버렸기 때문입니다. 산 여기저기가 파헤쳐지고, 굴삭기로 바수어져 화차에 실렸습니다. 하지만 강철로 된 굴삭기나, 강철제의 화차가 산에 착 달라붙어 버리는 일은 전혀 없었습니다. 이리하여 산은 점점 마그 니토고르스크의 야금공업(冶金工業) 콤비나트*의 『마그니토카 용광 로』속으로 옮겨졌던 것입니다. 콤비나트가 산을 자기에게로 끌어 당겨 이것을 먹어치워 버린 셈입니다.

자철광은 그렇게 강하게 끌어당기는 것은 아닙니다. 인공적으로 만들어진 자석 쪽이 훨씬 더 강하게 작용합니다. 자석은 특수한 합 금(合金)에 의해서 만들어지며, 공장에서 그것을 자석화(磁石化)하 는 것입니다. 그와 같은 자석을 가지고 와서 몇 가지의 재미있는 실험을 해봅시다. 먼저 처음에는 자석이 배에 박혀 있는 못을 뽑아 내는지 어떤지 시험해 보기로 합시다.

발사 재(材)나 스티로폼 조각으로 돛단배의 선체(船體)를 만들고 거기에 돛을 답니다. 돛 대신에 너무 크지 않은 못을 마련하여 거 기에 종이로 된 돛을 달아 주십시오. 다만 못은 되도록이면 무게가 가벼운 것을 한 개만 씁니다. 그렇게 하지 않으면 자석을 배에 가 까이 대기도 전에 무거워서 뒤집어지고 마니까요. 자, 다 되었거든

돛을 올리고 출범합시다.

큰 접시나 세숫대야에 물을 가득 담아 배를 띄운 다음 자석을 손에 들고 접시 옆에서 그 배를 겨냥합니다. 다만 자석을 물에 적시면 녹이 슬어 버리므로 주의합시다.

그럼, 돛단배가 자석에 가까이 다가가도록 돛에 대고 입으로 숨을 불어 보십시오. 그 돛단배는 돌아서 가지 않겠습니까! 자석이 배의 진로를 틀어 자기 쪽으로 끌어당기는 것입니다. 꽈당! 돛의 못이 자석에 착 달라붙어 버리고 말았습니다. 그렇지만 못이 빠질 정도로 강하지는 않습니다. 그렇지만 장난감 돛단배는 보기 좋게 자석의 산에 끌어 당겨져서 전복하고 말았습니다.

2. 바늘의 물구나무서기

자석은 바늘이나 바늘핀을 대단히 잘 끌어당깁니다. 혹시 그만 무심코 마룻바닥에 흐트러뜨렸을 때 자석을 사용하여 주우면 대단

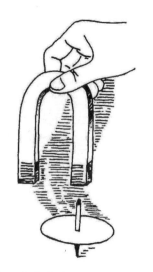

히 편리합니다. 바늘은 차례차례로 자화(磁化)하여 한 개의 사슬처럼 되어 가지고 자석에 매달릴 수 있습니다. 그러나 자석에서 첫 번째로 매달린 바늘을 빼내면 그 바늘의 사슬은 뿔뿔이 흩어져 버리고 맙니다.

그런데 바늘을 『물구나무서기』 시킬 수도 있습니다. 테이블 위에 몇 개의 바늘을 놓고, 위에서 신중히 자석을 가까이 가져갑니다. 바늘은 점차로 안정을 잃고 움직이기 시작하다가 뛰어오르려고 합니다. 그때를 노리고 있다가 날쌔게 자석을 조금 뒤로 물리면 바늘은 자석에 달라붙을 기회를 잃고 간신히 간들거리면서 물구나무를 설 것입니다.

3. 매달려서 도는 팽이

판지로 된 둥근 판에 가느다란 막대기를 꽂아 가벼운 팽이를 만듭니다. 막대기의 아래쪽 끝을 뾰족하게 깎고 위쪽 끝에는 바늘핀을 대가리가 간신히 보일락 말락 할 정도로 깊이 꽂아 주십시오.

팽이를 책상 위에 돌려놓고 자석을 위에서부터 가까이 가져갑니다. 조금 더 가까이, 조금만 더……에잇! 팽이는 깡충 뛰어올라 축에 꽂아 놓은 바늘핀의 대가리가 자석에 착 달라붙습니다. 그런데 놀라운 것은, 팽이가 멎지 않는 것입니다. 그것은 대가리로 매달린 채로 계속 돌고 있을 것입니다.

4. 자기의 『전염』

이 전염병은 인간에게는 옮지 않습니다. 그러므로 여러분은 조금도 무서워할 것은 없습니다. 먼저 자석을 손에 들고 그 끄트머리에 바늘을 가까이 가져가 보십시오. 물론 그 바늘은 착 달라붙겠지요. 그것을 떼어내어 반대쪽 끄트머리에 붙이면 그래도 역시 착 달라붙을 것입니다. 그렇다면 자석의 한가운데에 붙이면 어떻게 될까요 (이 경우, 한가운데라는 것은 막대자석이면 막대의 절반 길이가 되는 곳을, 말발굽형 자석이면 U자형으로 굽은 부분을 가리킵니다)?

잘 살펴보십시오. 떨어져 버릴 것입니다. 이상한 일입니다. 자석의 한가운데는 전연 『자성(磁性)』이 없고, 양쪽 끝으로 갈수록 자석의 활동은 강해집니다. 자석의 양끝은 『극(極)』이라고 불립니다. 이미 말한 바와 같이 여러분은 이 전염병에는 걸리지 않습니다. 하고 싶은 대로 자석을 만져 보아도 여러분이 자성을 띠게 되지는 않습니다.

하지만 바늘은 어떨까요? 바늘도 감염되지 않을까요? 시험해 보기로 합시다. 자석에 접촉되어 있는 바늘을 다른 바늘에 슬쩍 닿게 해보십시오. 이미 여러분이 알고 있는 바와 같이, 닿게 하는 곳은 바늘의 양 끝이 아니면 안 됩니다(바늘의 끝이나 귀가 있는 쪽).

바늘과 바늘이 착 달라붙지 않습니까? 아마도 달라붙을 것입니다. 다만 끌어당기는 힘이 대단히 약한 경우가 있습니다. 그와 같은 경우에는 (의사의 말을 빌면) 건강한 사람(바늘)이 병든 사람(자석)과 너무 접촉하지 않았던 것이 원인이라고 생각합니다. 그렇다면

414

우리가 실컷 접촉시켜 주지 않겠습니까?

바늘을 책상 위에 놓고 자석의 한쪽 극(極)으로 세게 문지릅니다. 문지르는 방법은 바늘의 이쪽 끝에서 저쪽 끝으로 방향을 한쪽으로만 정하여 문지르고는 떼고, 문지르고는 떼고……이렇게 하기를 15~20회쯤 반복해 주십시오. 그 정도로 충분합니다. 이렇게 되고 보면 이젠 틀림없이 때가 늦습니다—결국 자석에 의해서 감염되어 있을 것입니다.

자, 보십시오. 자화(磁化)된 그 바늘은 다른 바늘들을 단번에 끌어당기지 않습니까!

5. 머리가 좋은 거위

자화(磁化)시킨 바늘에 자석의 양극을 한쪽씩 가까이 가져가 보십시오. 그러면 이상하게도 한쪽 극에는 바늘귀가 있는 끝만이 끌어 당겨지고, 또 하나의 극에는 바늘끝 쪽만이 당겨집니다. 사실은

극은 똑같지 않습니다. 양극 사이에는 뭔가 다른 점이 있습니다.

　이 성질을 유용하게 쓴 것이 『머리가 좋은 거위』라는 재미있는 장난감입니다. 거위의 몸뚱이는 스티로폼으로 만드는 것이 좋습니다. 찰흙을 써도 되지만, 그래서는 하얀 거위가 되지 않습니다. 그러나 좀 더 중요한 것은 거위의 몸무게가 불어나서 움직임이 둔해지는 일입니다. 다음에는 철필의 펜촉(금속 부분)을 자화(磁化)해 놓았다가 거위의 몸에 꽂습니다. 만일 그것을 구할 수 없거든 자화시킨 바늘을 부리 쪽에서부터 꽁지 쪽으로 꿰어 놓도록 합니다.

　세면기에 물을 채워 거위를 띄우고는 자석의 한쪽 극을 가까이 가져가 봅시다. 분명히 거위의 부리는 자석의 어느 한쪽 극에 끌어당겨질 것입니다. 이 극에 빵조각을 실로 붙들어 매어놓고, 또 다른 한쪽 극에는 솜을 붙들어 매어놓고는 거기에 겨자를 발라 둡니다. 그러면 그 거위는 무슨 일이 있어도 겨자 쪽으로는 얼굴을 돌리려고 하지 않습니다. 완강하게 외면을 할 것입니다.

　여러분은 대수롭지 않은 솜씨로 이 거위에게 숫자를 가르쳐 줄 수도 있습니다. 그렇게 하기 위해서는 주위에 숫자를 적어 넣은 종이 테를 바닥이 깊숙한 접시의 가장자리 둘레에 얹습니다. 숫자는 1에서 10까지 있으면 충분합니다. 작은 자석이나 자화된 바늘이나 못 같은 것을 손에 감추어 쥐고 있다가 거위의 얼굴을 끌어당기는 쪽의 극만을 손가락 방향으로 돌려놓습니다.

예를 들면 『4』라는 숫자를 거위에게 보여준 다음, 자석을 감추어 쥐고 있는 손으로 거위를 격려해 주듯이(그 숫자가 있는 방향으로 거위를 돌아가도록) 그 손으로 인도하면 되는 것입니다.

6. 정말로 거위는 영리한 놈

혹 여러분은 자신이 만든 머리 좋은 거위가 사실은 다른 사람에게 조종당하고 있다고 생각지는 않았는지요? 절대로 아닙니다. 자석을 멀찍이 치워 놓은 후에 거위의 동작을 살펴보십시오. 물론 거위는 한곳에 정지하겠지요. 그러나 시험 삼아 부리를 다른 방향으로 돌려보십시오. 그러면 그것은 원래의 방향으로 도로 돌아갈 것입니다.

앞의 실험에서 사용한, 숫자를 써 넣은 테와 바닥에 깊숙한 접시가 아직 남아 있으면 거위가 정확하게 원래의 방향으로 되돌아가는 것을 간단히 확인할 수가 있습니다. 그 부리는 처음과 똑같은 숫자가 있는 곳을 가리킬 것입니다. 3회, 5회, 10회……이렇게 하고 싶은 대로 해 보아도 부리는 마치 자화(磁化)되어 있기라도 한 것처럼 아주 똑같은 방향을 향해서 정지합니다.

확실히 이 거위는 자화한 펜촉(또는 바늘이나 못)을 안에 지니고 있습니다. 그건 그렇다 치고, 거위의 부리의 방향을 되돌리려고 하는 다른 자석은 어디에 있을까요? 여러분은 조금 전에 그 자석을 치워버렸을 텐데.

사실은 다른 자석이 분명히 존재하고 있습니다. 그 자석은 거위를 비롯하여 이 세상의 모든 자석에 영향을 미치고 있는 것입니다. 그 자석이란—우리들의 행성(行星, planet), 우리들이 태어난 고향인 지구입니다.

어떠한 자석이든지 컴퍼스(나침반)가 됩니다. 그것을 자유로이 회전할 수 있도록 해주면 한쪽의 극은 북(北)을 가리킵니다. 이 극을 자석의 북극(N극)이라고 부르기로 되어 있습니다. 또한 다른 한쪽의 극은 남(南)을 가리킵니다. 이쪽 극은 자석의 남극(S극)이라고 불립니다.

7. 자석의 고기 낚기

코르크나 스티로폼 등으로 작은 물고기를 만듭시다. 그 고기들의 입에는 작은 못을 꽂아둡니다. 그 물고기를 세면기 안에 띄워 놓고, 낚싯바늘 대신에 작은 자석을 달아맨 낚싯대를 마련합니다. 고기가 걸리지 않는다고 해서 투덜거릴 일은 없습니다. 고기 입에 꽂아 놓은 못도 자석을 사용하여 자화해 놓으면 더욱 더 잘 낚일 것입니다.

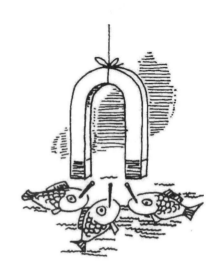

　그러나 작은 못을 꽂아 놓으면 자화(磁化)시킬 때 대단히 귀찮으니까, 다음과 같이 하면 편리할 것입니다. 먼저 가늘고 긴 철사나 뜨개바늘을 구해서 자화시킨 후 펜치로 그걸 끊습니다. 해머로 두드려 끊으면 안 됩니다―그 충격으로 자기(磁氣)를 잃어버리고 말 테니까요.

　가만 있자, 틀림없이 자석의 작용이 가장 강한 곳은 양 극이었지요. 그렇다면 긴 뜨개바늘을 잘라 여러 개의 짧은 막대를 만들어 봤자 자석으로서 작용하는 것은 막대의 양쪽 끄트머리밖에 없지 않겠습니까?

　그런데 그렇지가 않습니다. 뜨개바늘을 두 동강을 내면 뜨개바늘의 끊어진 곳이 양쪽 다 하나의 극으로서 작용하게 되는 것입니다. 그리고 새로 극이 된 그 부분은 처음부터 극이었던 부분과 마찬가지로 끌어당기거나 반발하거나 하는 것입니다. 자석이라고 하는 것은 그것을 아무리 작은 조각을 내더라도 극이 하나밖에 없는 자석 따위를 만들 수는 없습니다. 어떠한 자석에도 반드시 극은 두 개가 있습니다.

8. 자석의 힘이 순식간에 사라졌다!

마술사는 흔히 테이블 위에 놓은 물건들을 관객들이 보고 있는 눈앞에서 사라져 버리게 할 때 다음과 같은 말을 할 것입니다.

"방금 여기 있던 게 사라져 버렸습니다!"

정녕 즐겁게 해주기 위해서 그런 말을 하겠지만, 어쨌든 내가 이전에 보았던 마술사도 이런 말을 하던 것을 기억하고 있습니다. 이제부터 우리들도 그와 같은 요술을 부려 보기로 합시다. 다만 사라져 버리는 것은 공이나 손수건, 살아 있는 비둘기 따위가 아니고 『자석』입니다. 좀 더 정확히 말하면, 그것은 같은 자리에 까딱도 않고 그대로 있는데……그렇지만 마술에 대한 자세한 설명은 뒤로 미루기로 합시다.

지름 10밀리미터, 길이 100밀리미터 이하 되는 쇠로 된 굵은 나

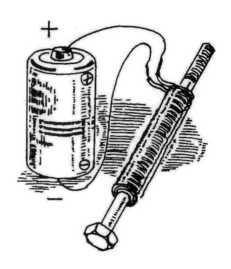

사못을 준비하십시오. 그 나사못에 굵기 0.2~0.3밀리미터, 길이 15
미터쯤 되는 에나멜선을 친친 감습니다. 감는 요령은 한 바퀴 한
바퀴 감을 때마다 야무지게 꽉꽉 감습니다. 에나멜선을 나사못의
5~6센티미터의 길이까지 곱게 감았거든 그 위에 마찬가지로 2중,
3중으로 친친 감습니다. 이것을 다 감고 나면 400회쯤 감은 셈이
될 것입니다. 에나멜선의 양 끝을 10센티미터쯤 남겨놓고, 코일(도
선)이 풀어지지 않도록 굵은 끈으로 친친 감아, 나사못 둘레를 덮
어씌우듯이 붙들어 맵니다. 코일 양 끝은 절연용(絕緣用) 에나멜을
벗겨냅니다.

그러면 나사못의 대가리에 바늘핀이나 못 등, 즉 강철이나 보통
의 쇠로 만들어진 자질구레한 물건을 가까이 가져가 보십시오. 몇
번 해보아도 전연 붙지 않습니다. 우리들 철제 나사못은 자석으로
서는 소용이 없습니다.

그런데 여기서 나사못에 코일(도선)의 양 끝을 건전지로 연결하
여 다시금 실험을 되풀이해 봅시다. 이번에는 착 달라붙지 않습니

까. 달라붙는 것은 바늘핀만이 아니라 큰 나사못이나 펜치나 그리고 더 무거운 것도……이 에나멜선(구리선)을 감은 나사못은 자석이 된 것입니다.

하지만 요술쟁이와 나사못이 무슨 관계가 있을까 하고 여러분은 생각할지도 모릅니다. 그렇다면 이렇게 해보십시오. 요술쟁이처럼 주문을 외면서 전지를 떼어냅니다. 하나, 둘, 셋, 툭 툭 툭! 거기에 달라붙어 있던 모든 쇳조각은 순식간에 나사못에서 떨어지고 말 것입니다. 나사못은 자석이 되는 일을 그만둬 버린 것입니다. 『방금 여기 있던 것이 사라져버린』 것입니다.

또다시 전지에 접속시키면 그 나사못은 또 자석이 됩니다. 이 자석은 영구자석이 아니라 일시적으로 자석이 되는 것입니다. 이와 같은 자석은 코일(도선)에 전류가 흐르고 있는 동안만 자석으로서 작용을 합니다. 이것은 『전자석(電磁石)』이라 불리는 것입니다.

전자석은 영구자석보다도 자력이 강하고 간단히 만들 수 있습니다. 그리고 중요한 점은 자석이 되거나 안 되거나 하는 조작을 마음대로 할 수 있으므로 대단히 편리합니다.—『방금 있던 것이 사라져버리는』것이니까요. 이리하여 전자석은 공업제품에 꽤 널리 응용되고 있습니다.

9. 자석의 쥐와 그 친척

자석을 사용하면 유쾌하게 돌아다니는 생쥐 장난감을 만들 수 있습니다. 자석은 말발굽형(U자형)의 것이 좋습니다. 그리고 데커레이션 케이크가 들어 있던 종이상자가 필요합니다(물론 비슷하게 생긴 상자를 써도 상관없습니다). 그 상자 속에는 베니어판 위에 회전대가 붙은 나무틀이 들어갑니다. 그것은 그림에 그려져 있는 것과 같은 것입니다.

회전대를 받치는 나무틀을 두 장의 옆 판자와 윗 판자로 만듭니다. 다음에 케이크상자의 높이보다도 1.0~1.5센티미터 정도 짧은 못을 한 개 준비합니다. 그리고 그 못보다도 조금 굵직한 구멍을 윗 판의 한가운데와 그 윗 판의 바로 밑에 놓은 작은 베니어판에 뚫습니다.

이와 같이 한 다음, 나무틀을 조립하여 못을 박거나 또는 접착제로 고정합니다. 그 다음에 윗 판의 구멍에 긴 못을 넣어, 못의 아래쪽 끝이 윗 판의 바로 밑에 있는 작은 베니어판의 구멍에 정확히 들어가도록 합니다.

이 밖에 또 한 가지가 있습니다. 즉, 자석을 얹는 회전대인 원형으로 자른 베니어판이 필요합니다. 처음에 긴 못을 이 판에 박아 꿰뚫고 나오게 한 다음, 그 판 위에 자석을 얹어 실로 판에다 붙들어 매거나, 또는 접착테이프로 붙이도록 합니다. 회전대를 나무틀에 질러 넣어 가볍게 회전하는지 어떤지를 확인한 다음, 틀 안쪽의 못이 있는 곳에 끈을 감아주십시오. 끈의 한쪽 끝을 잡아당기면 자석을 얹어 놓은 회전대가 못의 회전과 함께 돌아갈 것입니다.

쥐—이것은 가벼운 잿빛 털실뭉치에다 꼬리를 붙이면 간단히 만들 수 있습니다. 쥐의 배(아래쪽)에는 클립이나 생철조각을 붙여둡

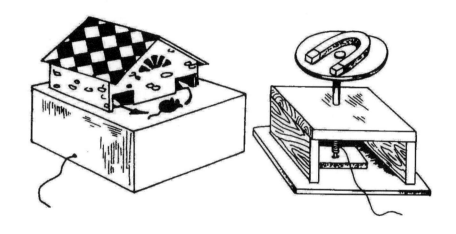

니다. 이렇게 해서 만들어진 실험용 회전대가 붙은 베니어판에 종이상자를 씌웁니다. 이때 회전대 위에 얹어 놓은 자석은 뚜껑 바로 밑, 즉 뚜껑과 거의 스칠락 말락 하는 위치에서 회전하도록 해둡니다. 뚜껑의 옆면에 구멍을 뚫어, 그 구멍에서 끈의 한쪽 끄트머리를 끌어내 놓는 것도 잊지 마시기를! 그리고 자석의 한쪽 극(極)의 바로 위, 즉 상자의 뚜껑 위에 쥐를 얹어 놓습니다.

자, 그러면 실험을 시작합시다. 가만히 끈을 잡아당겨 주십시오. 자석이 붙은 회전대가 돌기 시작하면 쥐는 원을 그리면서 돌기 시작합니다. 겉으로 봐서는 어떻게 해서 쥐를 달리게 한 것인지 알 수 없을 것입니다. 상자에 뚜껑이 덮여 있으니까요. 그 뚜껑 위에 두 개의 문이 있는 집을 붙여 놓는 것도 재미있을 것입니다—그러면 쥐는 한쪽 문에서 집 안으로 들어갔다가는 다른 한쪽 문으로 빠져나올 것입니다.

이것은 작은 생쥐이지만 그 친척은 대단히 크고 훌륭합니다. 세계의 어디에나 다 있는 거의 모든 전동기가 그것입니다. 좀 더 정

확히 말하면 교류식(交流式) 비동기전동기(非同期電動機)입니다. 이것을 발명한 것은 구 소비에트의 유명한 전기공학 기사인 미하일 오시포비치 돌리보도브로볼스키*였습니다.

비동기전동기에서는 자석이 달린 회전대가 도는 것은 아닙니다. 전동기의 내부에는 전자석이 있는데, 그것은 고정되어 있습니다. 그 코일(도선)은 정교하게 만들어져 있으며, 전류가 흐르면 자기를 띤 물결이 일어나는 구조로 되어 있습니다. 이 물결은 마치 우리들이 만난 장난감인 회전하는 자석의 극처럼 끊임없이 빙글빙글 돌아갑니다. 그것이 다시 전동기의 회전자를 잡아당기듯이 회전시키는 것입니다―마치 잿빛 털실로 만들어진 생쥐가 자석에 끌려서 빙글빙글 돌았던 것처럼!

타임머신 이야기

시간의 패러독스

理學博士 츠즈키 타쿠지 / 홍영의 옮김

초광속 입자와 메타 상대론

明文堂

즐거운
365일
수학

전 미국 수학교사협의회 편

누구도 풀 수 있지만, 누구나 풀 수는 없다!
초등학생부터 수학박사까지 같이 푼다!
공식을 외워서 푸는 문제는 하나도 없다.

明文堂

재미있는

물리 이야기

개정판 인쇄일 / 2023년 12월 15일
개정판 발행일 / 2023년 12월 20일
☆
L. J. 가리펠시타인 저
홍영의 옮김
펴낸이 / 김동구
펴낸데 / ◉明文堂
(창립 1923년 10월 1일 창립 100주년)
서울특별시 종로구 윤보선길 61(안국동)
우체국 010579-01-000682
☎ (영업) 733-3039, 734-4798
(편집) 733-4748
fax. 734-9209
e-mail : mmdbook1@hanmail.net
등록 1977. 11. 19. 제 1-148호
☆
ISBN 979-11-91757-99-6   03740
☆

값 20,000원